Eine egoistische Gesellschaft?

Eine egoistische Gesellschaft?

Leben zwischen Individualismus
und Solidarität

Büchergilde Gutenberg

1. Auflage 2004

www.buechergilde.de

Der Text wurde als Eröffnungsrede
des Brucknerfestes in Linz am 12. 9. 2004 gehalten.
Reihengestaltung: Klaus Detjen, Holm
Umschlagfoto: Walter Breitinger, Frankfurt am Main
Lektorat: Petra Wägenbaur, Tübingen
Herstellung: Thomas Pradel, Frankfurt am Main
Satz: Dörlemann Satz, Lemförde
Druck und Bindung: Ebner & Spiegel, Ulm
Printed in Germany 2004 · ISBN 3-7632-5499-4

Inhalt

Editorische Notiz

»EGOISMUS ÜBERWINDEN – GEMEINSINN FÖRDERN« titelte die *Frankfurter Rundschau* am 26.3.2004 anlässlich der Regierungserklärung des Bundeskanzlers. Wer ist da wohl gemeint? Die Vorstände und Manager der Banken und Großkonzerne, Politiker im nationalen wie im Europa-Parlament oder die Arbeitnehmerinnen und Arbeitnehmer, die einen Job haben?

»Könnte es nicht sein, dass die verbreitete Klage der Politiker über den schwindenden Bürgersinn falsch ist und das eigentliche Problem einer demokratischen Bürgergesellschaft darin besteht, dass die längst vorhandenen Solidaritätsbereitschaften der Bürger durch die vorhandenen Institutionen nicht erschlossen werden?« (Helmut Dubiel)

Und wie entsteht oder entstand die diagnostizierte Entsolidarisierung in unserer Gesellschaft? Wie ist es um die Medienberichterstattung bestellt?

Im Rahmen des von der *Büchergilde* und der *taz* ausgeschriebenen Essaypreises »Eine egoistische Gesellschaft? Leben zwischen Individualismus und Solidarität« sind knapp 150 Beiträge eingegangen. Geschrieben haben mitten aus unserer Gesellschaft Schriftsteller, Journalisten, Ärzte, Psychologen, Studierende, Arbeitslose, Angestellte aus den verschiedensten Berufen,

Rentner und viele andere. Von Jahrgang 1924 bis 1984 reicht die Beteiligung und zeigt nicht nur einen repräsentativen Querschnitt unserer Gesellschaft, sondern auch ein Verständnis von Mitverantwortung über alle Generationen hinweg.

Es war demzufolge nicht einfach für die unabhängige Jury, die zehn Beiträge auszuwählen, die in diesem Band versammelt sind. Einen unverbrauchten Blick auf den Zustand unserer Gesellschaft und unterschiedlichste Perspektiven bietet diese Auswahl. Es entsteht dabei ein anderes und differenzierteres Bild als das offiziell vermittelte über Gemeinsinn und Egoismus. Und es entwickelt sich durch die Perspektivenvielfalt eine spannende Diskussion, jenseits der öffentlichen Meinung unserer politischen Eliten und inflationären, ermüdenden Talkshows.

Zukunft schaffen durch Individualismus in Solidarität

Von Horst Böttinger-Thyssen

IST DIE GESELLSCHAFT, in der wir leben, tatsächlich zunehmend vom Egoismus geprägt, und entfernen wir uns von Freiheit, Gleichheit und Brüderlichkeit? Sind Individualismus und Solidarität gegensätzliche Pole, zu denen jede gesellschaftliche Organisation tendieren muss, oder bezeichnen diese Begriffe Triebkräfte, die, ähnlich wie Beuger und Strecker, den Staatskörper in einem stabilen Gleichgewicht halten sollen? Wann wird das Streben eines Einzelnen zur krankhaften Ichsucht, und wann wird der Gemeinsinn als Terror der Solidarität empfunden?

Vermutlich haben die Menschen in jeder Phase ihrer Geschichte ein Zuviel oder Zuwenig an Solidarität ausgemacht, und erst das entschlossene, eigensinnige Handeln Einzelner dürfte bisweilen verbreiteten Stillstand überwunden haben. Im fernen Neandertal hat sich unsere Spezies bereits durch die Organisation der Sippe Vorteile gegenüber Feinden und Jagdopfern verschafft. Doch es dürfte immer wieder der Neugier und dem Mut Einzelner zuzuschreiben sein, dass neue Techniken entwickelt oder unbekannte Lebensräume erforscht wurden. Naturkatastrophen und die Unwirtlichkeit der Umwelt ließen sich in der Gemeinschaft besser überstehen, während Beobachtungen und Experimente von Individuen zu einem genaueren Naturverständnis führten. Dennoch sind diese neuen Erkenntnisse immer erst auf der Basis des bereits Erkannten möglich, fließen in das kulturelle Erbe der Menschheit ein und sind Vermächtnis an kommende Generationen. Ich gehe davon aus, dass erst das Vorhandensein von Solidarität und Individualismus zu Fortschritt und Erkenntnisgewinn führen.

Sind wir momentan an einem Punkt angelangt, an dem eher die Befreiung der Individuen von den Zwängen der Solidarität zu einer Beherrschung der gegenwärtigen Herausforderungen führt, oder kann dies nur durch eine Erweiterung des solidarischen Handelns erreicht werden? Meine These lautet, dass wir sowohl die Solidarität in unserer Gesellschaft vertiefen wie auch zur Suche nach neuen Wegen und Wahrheiten, frei von gesellschaftlichen Konventionen, ermuntern müssen.

Die Menschheit sieht sich großen, vielleicht unlösbaren Aufgaben gegenüber. Allzu leicht vergessen wir, dass nicht etwa der Punktestand des DAX, die Arbeitslosenstatistik, die Staatsquote, die Beitragshöhe zur Krankenkasse oder die Einhaltung der Maastricht-Kriterien die wirklichen Überlebensfragen umreißen. Eine wachsende Weltbevölkerung sieht sich mit Hunger, Seuchen, Wasser- und Rohstoffknappheit konfrontiert. Das Überleben der Menschheit wird durch die Erwärmung des Klimas, durch Seuchen, durch Plündern der Ressourcen, durch die Ausrottung von Tier- und Pflanzenarten, durch die Verschmutzung der Meere und der Atmosphäre oder die Vergiftung von Ackerböden bedroht. Unser Handeln muss zuallererst darauf gerichtet sein, den Lebensraum Erde zu erhalten. Gelingt dies nicht oder nur unzureichend, sieht sich in kurzer Zeit ein großer Teil der Menschheit ihrer Lebensgrundlagen beraubt.

Zu allem Übel schaffen wir Menschen es nicht, Verschuldung abzubauen, Ungerechtigkeiten zu beseitigen, Nahrungsmittel gerecht zu verteilen und den Hass zwischen den Völkern zu beenden. Solche Konflikte werden dann gewaltsam ausgetragen und enden in Krieg und Terror.

Gemessen an diesen unausweichlichen Aufgaben ist es schon erstaunlich, auf welchem Niveau sich politische und gesellschaftliche Diskussionen derzeit in Deutschland bewegen. Wir können uns monatelang darüber streiten, ob der Eckrentner im Jahr 2030 nur noch 40, 50 oder 60 Prozent seines letzten Nettogehaltes aus der staatlichen Rentenkasse erhalten wird, ohne zu wissen, ob er damit noch gesunde Nahrungsmittel kaufen oder ob der Staat überhaupt noch die Schuldenlast tragen kann.

Als Gesellschaft sind wir nicht mehr willens und in der Lage, die Frage nach Sinn und Unsinn unseres Schaffens zu stellen. Uns interessiert nicht, in welchem Zustand wir die Erde unseren Nachkommen hinterlassen. Dies ist der stärkste Ausdruck eines grassierenden Egoismus. Unsere Selbstsucht kennt keine Beschränkung. Längst sind wir bereit, für unser Vergnügen die eigenen Lebensgrundlagen, unsere Ökosphäre, aufs Spiel zu setzen.

Woher kommt diese Blindheit, dieses Wegsehen, diese tatenlose Lähmung? Seit mehr als 30 Jahren sind die Grenzen des Wachstums bekannt. Nationale wie internationale Konferenzen und Kommissionen beschäftigen sich mit diesen Themen, legen Abschlussberichte vor, richten warnende Worte an verantwortliche Politiker und finden oftmals sogar ein Echo in den großen Medien. Doch all diese Aktivitäten zeigen wenig Auswirkungen, weder auf die Akteure der Politik noch auf die Masse der Konsumenten. Kritische Worte gehen im Strudel der täglichen Informationsflut unter. Auch deutliche Stimmen verhallen im Rauschen der Medien. Diese Gesellschaft will ihren Konsumrausch ausleben, was danach kommt, interessiert nicht.

Vielleicht ist es auch Ausdruck einer inneren Gewissheit, dass der point of no return längst überschritten ist. Wir feiern noch eine gigantische Party angesichts einer Pestepidemie, der zu entkommen unmöglich ist. Mit Hilfe unserer emotionalen Intelligenz haben wir längst erkannt, dass kein Weg an der globalen Katastrophe vorbeiführt. Haben also die Konzerne der Welt zu einer finalen Schnäppchenjagd geblasen, damit alle, denen Kredit gewährt wird, sich daran beteiligen können? Verprassen wir gerade das Erbe der Menschheit, und alle, die von der Ausweglosigkeit überzeugt sind, machen guten Gewissens mit? Sind wir konsumgeilen Verbraucher – wir verbrauchen die weltweiten Ressourcen – schon einen Schritt weiter als jene Politaktivisten, religiösen Spinner und Askeseprediger, die noch an eine Rettung der Welt glauben? Ist die Abwendung vom vernünftigen Handeln so zu verstehen wie die Enthaltung vieler Wähler bei den Wahlen zu den Parlamenten der Welt? Fragen wir doch mal ehrlich, ob die Zusammensetzung eines Parlaments tatsächlich einen Einfluss auf die oben genannten Überlebensfragen der Menschheit hat? Gerade die Menschen in den Vereinigten Staaten, Heimat der mächtigsten Konzerne und Finanzgruppen, haben sich mehrheitlich von diesem Wahlspektakel verabschiedet. Dies schreiben wir gerne einer massiven Verblödung des durchschnittlichen US-Bürgers zu. Doch vielleicht spüren diese Menschen lediglich schon länger, dass die Abgabe einer Wahlstimme keinen wirklichen Einfluss auf die Entwicklung der Gesellschaft hat. Politik greift nur kosmetisch in einen Prozess ein, der scheinbar losgelöst von der menschlichen Vernunft nach den Regeln der Kapitalwirtschaft abläuft. Während politisch engagierte Menschen noch nach Auswegen aus den überall auftauchenden Krisenherden suchen, ahnen Nichtwähler und Kreditkartenkonsumenten, dass wir unserem verdienten Ende nicht entkommen werden.

Wie verhalten sich die Eliten der Industriegesellschaften angesichts dieser Besorgnis erregenden Entwicklungen? Es lässt sich eine enorme Geschäftigkeit feststellen. Entsprechend der allgemeinen Beschleunigung aller Lebensbereiche sind gerade auch die Eliten zu einem schnelleren Denken und Handeln verdammt. Kaum hat die Wissenschaft die Übertragung von großen Datenmengen erforscht, erkaufen sich erfolgabhängige Manager zu konzerngefährdenden Preisen UMTS-Lizenzen. Dies zwingt wiederum ganze Entwicklungsabteilungen zu pausenlosem Arbeiten, damit man schneller als die Konkurrenz zu Potte kommt. In jedem Fall sollte ein Produkt auf den Markt kommen, bevor die nächste technische Innovation den UMTS-Standard überflüssig macht. Urlaubsorte müssen in immer kürzeren Zeiträumen immer größere Investitionen tätigen, damit die Touristen nicht aus- und sie selbst auf der letzten Schuldenwelle sitzen bleiben. Fluggesellschaften müssen ständig ihre Flugzeugflotte erneuern, um ihren Teil vom Kuchen abzubekommen. Politiker und Medienmenschen müssen sich zu einer Vielzahl von Fragen äußern, ohne genügend Zeit zur Recherche zu haben. Das Thema könnte schon nach kurzer Zeit durch neue Fragen aus dem öffentlichen Interesse entschwunden sein. Außerdem sinkt das öffentliche Interesse an Diskussionsbeiträgen nach wenigen Tagen deutlich ab. Es interessiert der Stein, der ins Wasser geworfen wird, nicht aber die entstehenden Wellen. So sind unsere Eliten ebenfalls Opfer einer beschleunigten Welt und tragen ihren Teil zur Temposteigerung bei. Erfüllt dies unsere Erwartungen an Eliten überhaupt? Gewähren wir diesen Menschen nicht gerade deshalb einen überdurchschnittlichen Lebensstandard, damit sie ihre Lebenszeit, ihre überdurchschnittliche Ausbildung, ihre Intelligenz oder ihre künstlerischen Fähigkeiten nutzen können, um Antworten auf die Gefahren für unsere Gesellschaften zu finden? Das Gegenteil scheint der Fall zu sein. Das Kapital erkauft sich zumeist diese Eliten, was deren Arbeit entwertet oder gänzlich überflüssig macht.

Ein besonders krasses Beispiel bieten die Wirtschaftswissenschaften. Seit Jahren errechnen sie enorme Wachstumsraten, bescheinigen eine Zunahme des Wohlstandes. Dennoch stehen plötzlich alle Staaten vor enormen Haushaltslöchern und blicken auf Schwindel erregende Schuldenberge. Dabei ist diese Zunft besonders gut alimentiert. Zahlreiche Universitäten haben volks- und betriebswirtschaftliche Fakultäten eingerichtet. Unternehmen, Industrieverbände, Gewerkschaften, Banken, Versicherungen und Forschungsinstitute beschäftigen Heerscharen von Volks- und Betriebswirten. Diese produzieren auch bergeweise Gutachten, Prognosen und Dossiers zur wirtschaftlichen Situation. Doch die Frage, wie eine Volkswirtschaft ohne wirtschaftliches Wachstum funktionieren kann, bleibt unbeantwortet. Sie wird nicht einmal gestellt. Dabei weiß jeder Mensch, dass ein ständiges Wachstum nicht möglich ist. Nur die ausgewiesenen Fachleute dürfen sich diese Frage nicht stellen. Für das Kaffeesatzlesen aus Aktienkursen wird der Nobelpreis verliehen. Banken bezahlen hochkarätige Fachleute, um Risikoanalysen bei der Kreditvergabe zu erstellen. Selbst Gewerkschaften lassen für viel Geld Studien zur internationalen Produktivitätsentwicklung erarbeiten.

Aber die grundsätzlich wichtigen Fragen bleiben ungestellt und somit auch unbeantwortet, beispielsweise, wie unser Geldsystem funktioniert. Schon auf die Frage, was Geld ist und wie es entstanden ist, kann uns die Wissenschaft keine einhellige Auskunft geben. Für einen Zusammenhang zwischen der Höhe der Verschuldung eines Staates und dem angehäuften Vermögen in Händen weniger seiner Bürger sind diese Wissenschaftler anscheinend blind. Jedem Normalbürger, auch ohne Hochschulstudium, ist klar, dass eine steigende Verschuldung irgendwann in den Ruin führen muss. Die Hohepriester im Turm der Wissenschaft dürfen diese Frage aber gar nicht untersuchen. Sie bleibt im öffentlichen Interesse einfach ausgeblendet. Bedingt ein Anwachsen der privaten Vermögen auf der einen Seite eine Verschuldung von Staat und Bürgern andererseits, damit das Geld im Umlauf bleibt, um alle Waren des Marktes zu kaufen? Auch dafür interessiert sich die feine Zunft der gut bezahlten Wirtschaftsweisen nicht.

Silvio Gesell hat schon vor 100 Jahren die Mängel einer auf Zins basierenden Finanzordnung erkannt und daraus ein Alternativmodell entwickelt. Sein Schwundgeld wird aber von Fachleuten, sofern sie überhaupt davon gehört haben, bestenfalls belächelt. Dabei dürften die Finanzjongleure angesichts der zusammenbrechenden Finanzmärkte nicht mehr viel zu lachen haben. Tagtäglich melden sich edel gekleidete Herren in den Nachrichtensendungen zu Wort, vermelden die Vergabe von Rettungsaktionen zugunsten des Rubel, von Zinssenkungsrunden in der Eurozone oder vom überbewerteten Dollar. Ihre Sprache soll Sachverstand vermitteln, dabei täuscht ihr Finanzkauderwelsch bestenfalls über die Hilflosigkeit der Akteure hinweg. Zu gerne würde ich sehen, wie diese Leute mit den grundsätzlichen Konstruktionsfehlern unseres Geldsystems konfrontiert würden.

Es gibt noch viele Beispiele, die dieses irrationale Verhalten der modernen Gesellschaften belegen. Wie süchtige Roulettespieler hoffen wir bis zum Schluss auf das große Glück. Wir sind überzeugt, dass unser System aufgehen muss. Wir halten mit kindlicher Naivität an der Illusion fest, dass sich Probleme irgendwann von alleine zum Guten wenden werden. Seit fast 50 Jahren spaltet die Nutzung der Kernkraft die Gesellschaften des Nordens. Sicher wird jeder ehrliche Politiker oder Wissenschaftler zugeben, dass diese Technik bestenfalls eine Übergangstechnologie zu einem Zeitalter mit Formen intelligenterer Energieerzeugung darstellen wird. Wir wissen, dass die Rohstoffe zur Herstellung von Brennelementen nur begrenzt vorhanden sind; und niemand wird ernstlich das Entsorgungsproblem bestreiten. Wir erzeugen radioaktiven Müll, für den uns noch viele kommende Generationen verfluchen werden.

Vielleicht hoffen einige Spieler darauf, diesen Schrott irgendwann auf dem Mond oder besser gleich auf dem Mars zu entsorgen. Doch warum dürfen Politiker, Wissenschaftler und Unternehmer weiterhin öffentlich von einem Ausbau der Kernenergienutzung träumen, ohne zuvor ein schlüssiges Entsorgungskonzept vorzulegen? Oder müssten diese Anlagen nicht umgehend abgeschaltet werden, da seit 40 Jahren Atommeiler betrieben werden, obwohl die atomaren Fachleute keinen Schritt vorangekommen sind? Ich stelle mir vor, Karl der Große hätte uns Giftlager hinterlassen, die uns ständig bedrohen, und wir müssten riesige Summen aufwenden, diese Lagerstätten abzudichten, zu kühlen, zu untersuchen und zu überwachen. Nur weil die Menschen damals zu dumm waren, auf intelligentere Weise ihre total unnützen Rüstungen herzustellen, müssten wir heute noch im Schatten einer Katastrophe leben, ohne einen Nutzen davon zu haben.

Längst ist doch allen Menschen klar, dass diese Technologie eine Sackgasse ist. Wir haben als Gesellschaft einen Schleier der Scham über diese Fortschrittsruinen gelegt und sind nicht gewillt, diesen abzulegen, ehe er nicht als Leichentuch weiter verwendet werden kann. Wie ein Raucher ignorieren wir die täglichen Hustenattacken. Wir schenken den Untersuchungen Glauben, die keine eindeutigen Zusammenhänge zwischen Glimmstengel und Gefäßverengung feststellen können. Wir erzählen vom Opa eines Nachbarn, der bis zum neunzigsten Lebensjahr geraucht hat. Doch all diese zurechtgelegten Argumente sind nichts anderes als ein Schleier über der längst gewonnenen Erkenntnis von der Gefahr des Rauchens.

Die Diskussionen um die Erderwärmung, um das Artensterben, die Abholzung der Regenwälder, die Versteppung fruchtbarer Ackerböden oder die Überfischung der Meere werden nach demselben Strickmuster geführt. Obwohl die Bedrohungsszenarien bekannt sind, bestimmen fadenscheinige Argumente die öffentliche Diskussion. Entscheidungsträger werden nicht gezwungen, Konsequenzen aus dem Wissen um solche Sachverhalte zu ziehen. Im Gegenteil, wir belohnen diejenigen mit Wiederwahl, die uns ein Noch-recht-lange-weiter-so versprechen.

Woher kommt diese Ignoranz? Warum blenden wir unlösbare Probleme und himmelschreiende Widersprüche einfach aus? Anstatt Antworten auf offensichtliche Fragen einzufordern, geben wir uns mit Politentertainment zufrieden. Unsere kulturellen Wurzeln lassen wir verkümmern und konsumieren desto intensiver Schwachsinn, Sex, Kriminalität und Horror. Diese unheilige Allianz aus Bequemlichkeit, Lottospielermentalität und seichtem Berieseln der Sinne in jedem Einzelnen von uns und der kapitalistischen Entwicklungsdynamik des Gesellschaftssystems führen zu dieser Verdrängungsleistung. Diese Wahrnehmungs- und Handlungsblockade zu durchbrechen gelingt wahrscheinlich erst dann, wenn uns pure Not dazu zwingt, weil die Wachstumsblase geplatzt ist. Sollte die Vernunft im Stande sein, zuvor bereits die Spirale zurückzudrehen? Können uns kleine Kataströphchen aus der Spielhölle des Casinokapitalismus hinaustreiben? Leider ist damit nicht zu rechnen.

Uns bleibt auch nach 5000 Jahren des Nachdenkens über uns selbst nur die schwache Hoffnung, ein Funke möge auf die Massen überspringen, der Gier zu entsagen und zu einem solidarischen Handeln bereit zu sein. In Handwerkstechniken, in Ritualen, im gesprochenen oder geschriebenen Wort manifestieren sich die Errungenschaften unserer Kultur, werden festgehalten und weitergegeben. Der Mensch hat sich immer schon als Teil einer größeren Wirklichkeit gesehen. Unser Handeln war immer schon begrenzt, nicht nur durch die Bedingungen der Umwelt, sondern auch durch die Vorstellungen vom Eingebundensein in einen spirituellen Zusammenhang mit Natur und Kosmos. Handwerkliche Fertigkeiten, naturwissenschaftliche Erkenntnisse, spirituelle Vorstellungen und die

Organisation unseres Zusammenlebens bilden gleichberechtigt den Kanon unserer Kultur. Dichter und Denker waren zu allen Zeiten bemüht, dieses Wissen zusammenzufassen und Zusammenhänge zu erforschen. Auf jeder Stufe der Zivilisationsentwicklung haben Menschen erkannt, dass ein geordnetes Miteinander größere Erfolgsaussichten bietet als die Verfolgung von Einzelinteressen nach dem Motto »Jeder gegen jeden«. Das führte vermutlich zur Organisation immer größerer Sippen, von Verbänden bis hin zu Völkern und Staaten. Der letzte Schritt, die Vernetzung zu einer weltweiten Einheit, liegt allerdings noch in weiter Ferne. Damit ist auch angesichts der globalen Bedrohungen nicht zu rechnen.

Der Zusammenschluss zu einem Staatsgebilde erfolgt durch Festlegen einer verbindlichen Ordnung, aus der sich Verhaltensregeln für die Einzelnen ergeben. Philosophen zu aller Zeit haben dabei erkannt, dass die Freiheit des Einzelnen zum Quell von Unfreiheit eines anderen werden kann. Ebenso oft finden sich Aussagen bei den großen Denkern zum Zusammenhang von Reichtum und Armut. Dass Armut aus dem Reichtum Einzelner entsteht, zählt schon lange zu den Erkenntnissen der Menschheit. Zins wurde verboten, in vielen Gesellschaften und in religiösen Schriften sogar als Wucher verteufelt. Eher käme ein Kamel durch ein Nadelöhr als ein Reicher in Gottes neue Welt, soll Jesus diesen Zusammenhang auf den Punkt gebracht haben.

Doch zu allen Zeiten verhinderten Gier, Streben nach Macht und Reichtum, dass solche Weisheiten das Kollektiv über die Gier der Wohlhabenden erhob. Und wo dies doch geschah, in den mehr oder weniger glorreichen Revolutionen, entwickelten diejenigen, die plötzlich zu Macht und Ruhm gelangten, alsbald Gefallen am Wohlstand. Auch kleine Vorteile, verglichen mit dem ungleich hemmungsloseren Kapitalismus, waren es wert, gesichert und verteidigt zu werden. Selbst in Kirchen und Glaubensgemeinschaften, beseelt von dem Gedanken, dass der Dienst am Nächsten und die Fronarbeit in der Gemeinschaft die Götter besänftigt und das Wohlgefallen des Herrn erregt, gilt es Annehmlichkeiten zu wahren, die mit einer bestimmten Position in der Glaubenshierarchie verbunden sind. Wenn selbst die Aussicht auf ein ewiges Leben oder die Angst vor den Höllenqualen die Menschen nicht zu einem bescheidenen Leben zum Wohle aller anhalten, so darf es nicht verwundern, dass in einer Welt, die sich von solchen Dämonen befreit glaubt, die Gier den Gemeinsinn erdrosselt. Und längst haben wir uns eine Wirtschaftsordnung gegeben, die die Entfesselung dieser Gier zur größten Tugend erklärt. Nur das grenzenlose Streben nach Gewinn kann uns in die Zukunft führen. Nur ständiges Wachstum schafft Arbeit für alle. Und wir haben eine Geld- und Finanzordnung, die diese Art des Wirtschaftens erforderlich macht.

Wo sind heute die Propheten, die ein Leben in Bescheidenheit zur Begrenzung der Gier fordern? Wo sind die schlauen Köpfe, die in angehäuften Vermögen und in jährlichen Wachstumsraten den Ausdruck der Krise sehen und nicht die Lösung aller Probleme? Wo sind die Wirtschaftsprofessoren, die Unternehmensberater, die Analysten und Finanzverwalter, die über die Funktionsweise unseres Geldkreislaufs nachdenken und die darin enthaltenen Widersprüche zu ergründen suchen, anstatt neue Charttechniken zu entwickeln? Woher rührt die Unfähigkeit, über den eigenen Tellerrand zu schauen und die größeren Zusammenhänge zu erkennen? Ein Lottospieler weiß um die Wahrscheinlichkeit, all sein eingesetztes Geld zu verlieren. Die meisten wissen auch, dass die Masse der Spieler die immensen Gewinne der Wenigen finanziert. Und dennoch treibt sie Woche für Woche der Wunsch, zu den Wenigen zu gehören, in die Lottoannahmestellen. Nur ein Verbot des staatlichen Lottospiels könnte diese Geschöpfe von ihrem inneren Zwang befreien. Es gibt diese Bereitschaft zu irrationalem Handeln, sobald auch nur ein kleiner Gewinn in Aussicht steht. Unabhängig vom Bildungsniveau scheint diese Lottospielermentalität vorhanden zu sein. Und das Geldsystem, das Tausch- und Wertaufbewahrungsfunktion in sich vereinen will, ist dazu der perfekte Katalysator. Könnten wir nur Äpfel horten, würde uns bald die Sinnlosigkeit dieses Tuns offenbar. Doch anders als bei Äpfeln oder anderen verderblichen Gütern, scheint das Horten von Geldvermögen gefahrlos möglich zu sein. Während der Besitzer von Äpfeln seinen Reichtum täglich mehr und mehr in Fäulnis übergehen sieht, bildet sich der Geldbesitzer ein, seinen Wohlstand über alle Zeiten hinweg retten zu können. Auch das Wissen um die Inflation von 1923, das Ende der Reichsmark oder geplatzte Spekulationsblasen lassen ihn nicht wirklich zweifeln. Geld- und Lottoscheine üben eine ähnliche Magie auf ihren Besitzer aus. Vom Verlangen geblendet, wird der größere und offensichtliche Zusammenhang ausgeblendet.

Es darf nur so viel Geld im Umlauf sein, wie auch Waren auf dem Markt sind. Damit aber alle Waren gekauft werden können, muss diese ominöse Geldmenge auch ständig als Tauschmittel zur Verfügung stehen und darf nicht gehortet werden. Führen die Tauschaktionen doch zur Anhäufung von Geldvermögen, so müssen diese als Kredite wieder in den Kreislauf zurückfließen. Damit der Waren- und Geldkreislauf funktioniert, muss also den Vermögen eine entsprechende Summe an Schulden gegenüberstehen. Dieser einfache Zusammenhang ist einleuchtend. Dennoch richtet sich unser Blick bei Geldfragen nur auf das eigene Konto und nicht auf den größeren Zusammenhang. Die Begierde nach Wohlstand macht blind für einfache Einsichten. Wir wollen gar nicht glauben, dass dieses System nicht funktionieren kann. Wie bei einem Kettenbrief sehen wir nur die sagenhafte Aussicht auf Reichtum und schließen die Möglichkeit aus, zu jenen zu gehören, die unvermeidlich von den Hunden gebissen werden. Was bei der großen Masse der vom Geld Geblendeten mit Blick auf ihren mageren oder schrumpfenden Kontostand noch hingenommen werden kann, ist bei Wirtschaftsweisen und Verantwortungsträgern völlig inakzeptabel. Doch gerade diese Brut verweist mit Blick auf höchste wissenschaftliche Auszeichnungen derzeit nur auf den Schuldenberg und erwähnt die krankhaften Geldgeschwüre mit keinem Wort. Begriffe wie Sparen, Kostensenkung, Verschlankung oder Ausgabenreduzierung sind in aller Munde. Dass dies aber mit einem Abbau der Vermögen einhergehen müsste, bleibt unerwähnt. Dieses Wegschauen vom größeren Zusammenhang ist völlig unverständlich. Vernebelt vom eigenen Hoffen auf Wohlstand, endet unser Blick bei Fragen, die dieses Streben als Gewinnsucht entlarven könnten.

Ein anderes Beispiel für die Offensichtlichkeit von Wahrnehmungsdefekten ist der weit verbreitete Glaube an das Wachstum. Niemand kann ernstlich behaupten, dass ein grenzenloses Wachstum möglich sei. Weder kann sich die Weltbevölkerung beliebig oft verdoppeln, noch können endlos Autobahnen, Siedlungen, Parkplätze oder Autos gebaut werden. Schon gar nicht können Müllberge in den Himmel wachsen oder Schadstoffe unbegrenzt freigesetzt werden. Doch der ehrfürchtige Glaube an immer größeres Wachstum verdrängt gerade diese Binsenweisheit von den natürlichen Grenzen. Wir blicken starr auf die Bedeutung von Wachstum in unserem Wirtschaftssystem und stellen nicht die auf der Hand liegenden Fragen nach den Folgen dieser beschleunigten Tätigkeit. Es ist schon erstaunlich, mit welcher Selbstverständlichkeit Politiker aller Parteien von der Notwendigkeit des Wachstums sprechen. Kaum ein Interview zu Fragen der Arbeitslosigkeit, in dem nicht auf das geringe Wachstum verwiesen wird als Ursache des Arbeitsplatzabbaus. Gleichzeitig sehen diese hoch angesehenen Persönlichkeiten ernsthaft eine Lösung des Problems nur in einem stärkeren Wachstum. Dass wir irgendwann einen Punkt erreicht haben, an dem kein weiteres Wachstum mehr möglich sein wird, ist unter den Wachstumspredigern und den Anhängern dieser Heilslehre ein Tabuthema. Auch hier wird der offensichtliche Zusammenhang ignoriert. Mit einer demütigen, unterwürfigen Blindheit lauschen wir den Versprechungen der Hohepriester des Wachstums wie der Erzählung von des Kaisers neuen Kleidern. Wer hat den Mut, zu sagen, dass der Kaiser nackt dasteht?

Das Glaubensbekenntnis vom immerwährenden Wachstum wird auch bei anderen Sachfragen mantraartig wiederholt. Arbeitgeber werden nicht müde zu erklären, dass die Löhne und die Lohnnebenkosten viel zu hoch sind und den Standort Deutschland für Investoren unattraktiv erscheinen lassen. Neoliberale aller Parteien fordern den Abbau von Arbeitnehmerrechten. Arbeitsmarktforscher geben die These zum Besten, dass Vollbeschäftigung möglich wäre, wenn nur das Lohnniveau nach unten unbegrenzt wäre, also die Menschen zu jedem Preis zur Arbeit gezwungen werden könnten. Politiker, die sich mit fetten Diäten, üppigen Übergangsgeldern und satten Pensionsansprüchen absichern, erklären alle Arbeiten für zumutbar, womit die Arbeitslosigkeit einfach verschwindet. Solche Thesen gehen allesamt von einer weiteren Steigerung der Produktion aus. Dies setzt aber voraus, dass genügend große Märkte vorhanden sind, um die ständig steigende Warenmenge abzunehmen. Bei jährlich gesteigerter Produktivität müssten diese Märkte auch entsprechend wachsen, genauso wie die Kaufkraft der Verbraucher. Ist die Welt demnach momentan unterversorgt mit Waren aller Art? Oder zumindest der Teil der Welt, der genug zu essen hat und darüber hinaus noch über zusätzliche Kaufkraft verfügt? Selbst an den Stammtischen würde man schallendes Gelächter ernten, wollte man den trinkfesten Gästen weismachen, dass ihre Kaufzurückhaltung an mangelnden Biervorräten liegt und nicht etwa an der Ebbe in den Geldbörsen. Argumente dieser Art werden an den Theken und Tresen der Republik auch nur nachgeplappert. Erfunden werden solche Kausalketten von hoch bezahlten Wissenschaftlern. Das Schlimme an diesen Thesen ist aber nicht, dass sie überhaupt geäußert werden. Das Beängstigende ist, dass derart unbrauchbare Vorschläge nicht hinterfragt werden. Solche Aussagen können gemacht werden, ohne dass Widerspruch zu befürchten ist, obwohl jedem einleuchtet, dass irgendwann Warenmenge und Märkte nicht mehr wachsen können. Unbrauchbar sind solche Vorschläge, weil sie darauf zielen, einen momentanen Vorteil gegenüber den konkurrierenden Industrienationen zu erzielen, aber in keiner Weise eine Lösung der Gesamtproblematik anstreben, sondern diese noch verschlimmern und beschleunigen. Wer am Ast sägt, auf dem er selbst sitzt, wird normalerweise als dumm bezeichnet. Unter Wirtschaftswissenschaftlern führt solch kurzsichtiges Denken hingegen zur Aufnahme in den Rat der Weisen.

Die Diskussionen um Renten und Krankenkassenbeiträge werden ähnlich kurzsichtig geführt. Der gute Herr Riester hat eine umfassende Reform der Rentenversicherung vorgenommen. Rentenrechtler waren mit der Ausarbeitung der Gesetzestexte beschäftigt. Viele Mathematiker haben die künftigen Rentenhöhen und Beitragszahlungen abgeschätzt. Und heute ist fast alles schon wieder Makulatur. Pensionskassen wurden eingerichtet, in die ein Teil des Gehalts direkt einbezahlt werden kann, was vorher nur den Besserverdienern möglich war. Diese Beiträge müssen dann nur pauschal versteuert werden. Auch die Beiträge zu den Sozialversicherungen reduzieren sich dadurch. Und plötzlich sind wir überrascht, dass die Kaufkraft der fleißigen Rentensparer schrumpft, dass Krankenkassen weniger Beiträge erhalten und auch die Pflegeversicherung weniger Einnahmen verzeichnet. Da es momentan die gemeinsame Überzeugung aller Fachleute ist, dass eine solche Entlastung automatisch zu mehr Wachstum und somit zur Schaffung von Arbeitsplätzen führen muss, wurde das Gesetzespaket durchgewunken. Dass Entlastung aber immer bedeutet, dass anderswo Einnahmen entfallen, müsste auch den überzeugtesten Neoliberalismusjüngern einleuchten. Die Hoffnung, dadurch das

Wachstum der Märkte anzustoßen, ist nicht etwa ein Naturgesetz, sondern reine Spekulation, Wunschdenken, eben Lottospielermentalität. Jetzt, wo der wundersame Aufschwung ausbleibt oder viel zu schwach ausfällt, hört man konservative Politiker und die Ökonomenfachwelt jammern, dass die Entlastungen viel zu gering vorgenommen wurden. Auch Wissenschaftler können sich irren, das sei ihnen zugestanden. Doch die Augen zu verschließen und die Konsequenzen der eigenen Vorschläge nicht wahrhaben zu wollen, hat mit wissenschaftlichem Arbeiten nichts zu tun. Dies entspringt einer Zockermentalität, die sich anscheinend beim Thema Geld unvermeidlich einstellt. Dieser Blinde Fleck der Ökonomen ist bezeichnend, doch weitaus beängstigender ist auch hier das Schweigen der Gesellschaft. Wir alle wollen nicht wahrhaben, dass diese Milchmädchenrechnung nicht aufgeht, und blenden damit das Zentrum für logisches Denken aus.

Das Gezerre um die Verteilung der Gelder im Gesundheitswesen ist nicht minder abstoßend. Das ehrenvolle Gewerbe, Menschen von Krankheiten zu heilen, ist zum schnellen Weg zu persönlichem Reichtum mutiert. Nicht der warme Handschlag der Geheilten ist dem Arzt lieb und teuer, sondern nur allzu oft das Auto vor der Praxistür. Alle, die an der Verteilung dieses Kuchens mitwirken, haben sich an üppige Portionen gewöhnt. Die Menschen sollten aber gesünder werden und nicht etwa häufiger beim Arzt erscheinen, mehr Pillen schlucken und öfter in der Klinik sein. Doch auch diese Einsicht ist schwer vermittelbar in einem System der Gewinnmaximierung. Gleich von mehreren Seiten wird das solidarische Versorgungssystem von egoistischen Interessen ausgehöhlt. Die kassenärztlichen Vereinigungen, die Pharmakonzerne, aber auch Ärzte, Kliniken und Therapeuten wollen immer mehr aus einem Topf schöpfen, der nach Meinung der neoliberalen Zukunftsgestalter kleiner werden muss. Zu so einem verantwortlichen Handeln aller, die aus dem Topf satt werden wollen, wären vermutlich nicht einmal kirchliche Organisationen im Stande. Die private Vorsorge zu stärken heißt aber auch, die Solidarität in der Gesellschaft abzubauen. Man kann nicht den Einzelnen zwingen, mehr an sich zu denken, für sein eigenes Wohl Verantwortung zu tragen, und gleichzeitig erwarten, dass die Bereitschaft wächst, sich für gesellschaftliche Belange zu engagieren und für Fehlentwicklungen geradezustehen. Die Solidarität der Bürger eines Landes ist ein hohes Gut. Allzu fahrlässig wird bei uns damit umgegangen. Staatliches Eigentum wird verscheuert. Steuergelder werden oftmals unsinnig ausgegeben, wie der Rechnungshof alljährlich feststellen muss. Die Entwicklung teilt die Menschen in Gewinner und Verlierer ein. Dabei können die möglicherweise unlösbaren Probleme nur solidarisch angegangen werden. Rente, Krankenversicherung, Pflege von pflegebedürftigen Menschen, Abbau des Staatsdefizits, größere Anstrengungen im Bildungsbereich, vorhandene Arbeit auf viele Schultern verteilen sind Aufgaben, die nur in solidarischem Miteinander gemeistert werden können. Und doch ziehen auch hier die neoliberalen Vorkämpfer ins Feld mit dem Schlachtruf, jeder sei seines Glückes Schmied. Der Einfluss des Staates müsste auf ein Minimum reduziert werden und alle Schwierigkeiten lösten sich in Wohlgefallen auf. Solidarität klingt fast schon wie ein unbrauchbares Relikt aus den Zeiten der sozialistischen Gleichmacherei. Dagegen genügt es, das Wort Privatisierung als eine Art Zauberformel auszusprechen, und allen Zuhörern ist augenblicklich klar, dass dieser Mensch sein Handwerk versteht. Für diese Umdeutung der Begriffe werden wir noch büßen müssen, da wir uns des einzigen Mittels entledigen, mit dem sich eine Gesellschaft wirklich reformieren könnte. Schon jetzt scheitern die Reformversuche an den egoistischen Bremsern einer entsolidarisierten Gesellschaft. Der Prozess um die Mannesmannmillionen kann als Symbol gesehen werden für eine Gemeinschaft, in der sich jeder nur fragt, wie er für sich die größten Fleischstücke aus den solidarischen Töpfen fischen kann. Dabei müsste sich jeder Einzelne fragen, welchen Beitrag er für die Gestaltung der gemeinsamen Zukunft leisten kann.

Doch diese Wertediskussion wird nicht geführt. Roman Herzog war bemüht, in seiner »Berliner Rede« diesen Diskurs anzustoßen. Sein Aufruf, ein Ruck müsse durch Deutschland gehen, alle müssten Opfer bringen und Abschied von lieb gewonnenen Besitzständen nehmen, war Wasser auf die Mühlen der Globalisierungsmodernisierer und rief bestenfalls zu einem beschleunigten Abbau des Wertes Solidarität auf. Er konstatierte eine Erstarrung der Gesellschaft, diagnostizierte eine mentale Depression und beklagte den Verlust der wirtschaftlichen Dynamik. Derart parteiisch und oberflächlich lassen sich die Menschen nicht vor einen Karren spannen, dessen Eigentümer sie nur noch zu geringen Teilen sind, der immer tiefer im Morast versinkt unter der Last der darauf geladenen Besitztümer, und das bei schwindenden Körperkräften. Eine Wertediskussion, geführt, um das Wohl der Gewinner zu sichern, kann bei den Verlierern nur Hohn und Spott oder eben Nichtbeachtung ernten. Eigentlich hätte dem ehemaligen Bundespräsidenten selbst auffallen müssen, dass sein Aufruf, sich zusammenzureißen, die wirklichen Krisenverursacher außen vor ließ und nur die Krisengeschädigten, oder solche, die bald dazugehören werden, getroffen hat. Auch er wollte oder konnte nicht über die Systemgrenze von wachstumsorientiertem, globalem Kapitalismus hinausdenken. Wie schon bei Hängematten-Kohl vor ihm, bestand Herzogs Wertekanon aus einseitigen Vorwürfen an die tatsächlichen oder potentiellen Verlierer. Werte müssen von den Menschen als tauglich für das eigene Leben erkannt werden, um sie als wichtig und unverzichtbar einzustufen. Solche Werte entstammen zumeist aus unserem christlichen oder abendländischen Weltbild. Die Einteilung der Woche in Arbeitstage und mindestens einen Ruhetag ist dafür ein Beispiel. Nun werden die neoliberalen Wirtschaftsankurbler aber nicht müde, den Sonntag zu einem normalen Arbeitstag zu machen. Ihren Glaubensgrundsätzen zur internationalen Wettbewerbsfähigkeit soll endlich dieses anachronistische Überbleibsel geopfert werden. Den meisten Menschen ist aber klar, dass damit ein Stück unserer gelebten Kultur verloren geht. Überdies ahnen wir alle, dass wir auch an 52 verkaufsoffenen Sonntagen nicht mehr einkaufen können, als unser Geldbeutel jetzt bereits hergibt.

An diesem Beispiel kann man auch sehen, dass die Wertediskussion selten offen geführt wird. Gerne werden äußere Bedrohungsszenarien aufgebaut, um den Kapitalismus hemmende Werte abzubauen. Oder aber die Marketingfuzzis und Produktmanager der großen Konzerne legen fest, welche Werte erhalten, abgeschafft oder neu kreiert werden sollen. Diese Ohnmacht der Menschen, mitzubestimmen, welche Werte an unsere Kinder und kommende Generationen weitergegeben werden sollen, treibt viele in die innere Isolation, in Kirchen, Sekten, nationalistische Organisationen oder zu einer willfährigen Konsumhaltung. Politik, Industrie und Interessenverbänden ist überhaupt nicht klar, dass ihr Einreißen von gesellschaftlichen Mauern (z.B. Gentechnik), tradierten Ritualen (Sonntagsruhe), die Erzeugung von Konsumwünschen oder das Verändern der Mobilität (Auto, Flugzeug) tiefer liegende Werte verletzt, und dies nur um des Profits willen.

Die natürliche Entwicklung eines entgrenzten Kapitalismus mit seiner zinsbasierten Geldumlaufsicherung lässt die Wohlstandsschere immer weiter auseinander klaffen. Immer mehr Völker, Nationen und Staaten verarmen oder werden gänzlich aus dem Welthandel ausgeschlossen. Aber auch innerhalb der reichen Länder vergrößert sich das Wohlstandsgefälle. Die Reichen werden reicher, die Armen werden zahlreicher. Dies erzeugt Hass unter denen, die sich bereits am gesellschaftlichen Rand befinden, und Angst unter denen, die sich zunehmend an den Rand gedrängt fühlen. Eine Wertediskussion jenseits der Sicherung der Grundbedürfnisse ist für eine wachsende Zahl von Menschen nicht nachvollziehbar. Jede Auseinandersetzung über Werte des menschlichen Zusammenlebens kann nur stattfinden, wo Essen, Wohnen, Arbeiten, Bildung, Gesundheit und Freiheit gesichert sind. Sind diese Bereiche aber durch eine systematische Umverteilung von Arm zu Reich gefährdet, dürfte auch die Bereitschaft schwinden, darüber hinausgehende Wertvorstellungen zu teilen. In religiösen Gesellschaften werden solche Werte a priori gesetzt und sind für alle gültig. In ethischen Gemeinschaften müssen alle Mitglieder diese Ethik als sinnvoll, für das eigene Wohlsein und Glück wichtig erachten. Eine Wirtschaftsordnung aufrechtzuerhalten, die das eigene Leben zusehends bedroht, kann unmöglich als Wert geteilt werden. Das Heuchlerische der neoliberalen Pferde-Hafer-Theorie, wonach für die Spatzen immer ein paar Körner abfallen, solange nur die Gäule genug zu fressen haben, wird von immer mehr Menschen erkannt. Dies auch noch als gesellschaftlichen Wert zu stilisieren, indem beispielsweise Eliteförderung gefordert wird, ohne deren Beitrag für die Gemeinschaft festzulegen, fördert nur Entsolidarisierung. Sicher ist es wichtig, dass eine Gesellschaft die freie Entwicklung jedes Einzelnen unterstützt, dass die sozialen, technischen oder künstlerischen Potentiale zur Vollendung und Reife gelangen. Doch nur wenn dies zum Wohle aller Bürger beiträgt, werden auch alle bereit sein, diese Entfaltung aktiv mitzutragen. Wo aber die eigene Ausgrenzung das Resultat dieser Entfaltung ist, muss die Bereitschaft zu solidarischem Verzicht schrumpfen. Der konservative Appell, ohne Neid auf die Erfolgreichen zu blicken, die Möglichkeit des eigenen Vorwärtskommens nur in deren Fahrwasser zu sehen, ist wie ein Aufruf, jetzt erst recht Lottoscheine auszufüllen. Wenige werden gewinnen, viele haben Hoffnung, und die Zahl der Verlierer muss zwangsläufig stark anwachsen. Je mehr Menschen aber durch Ausgrenzung, durch erhöhte Abgaben, mittels Rentenkürzung oder Praxisgebühren, also letztlich einen Kaufkraftverlust, zwangsweise desillusioniert werden, umso stärker schwinden Hoffnung und Selbstvertrauen. Bleibt da wieder nur der rassistische Nationalismus, auf den sich neues Selbstbewusstsein gründen lässt?

Erstaunlich ist auch das Starren auf den Exportüberschuss, den wir seit Jahren erzielen. Geradezu enttäuscht sind wir, wenn uns Japan vom ersten Platz verdrängt. Wie kann es aber angehen, dass wenige Länder über Jahrzehnte mehr exportieren als importieren? Woher nehmen die Importeure das Geld, um unsere Wirtschaft auf diese Art zu alimentieren? Mit solchen Fragen konfrontiert, wird jeder vernünftige Mensch augenblicklich ahnen, dass dies nur über einen begrenzten Zeitraum möglich ist. Doch unsere besten Köpfe, Politiker, Unternehmer, Bankmanager und natürlich die Wirtschaftsweisen dürfen bei den jährlichen Handelsbilanzüberschüssen nicht ins Grübeln geraten. Aber auch hierbei ist die eigentlich beschämende Tatsache nicht die Blindheit der über unser Glück entscheidenden Eliten, sondern die Stummheit der Gesellschaft. Müsste nicht ein Aufschrei des Entsetzens folgen, wenn Entscheidungsträger von herrlichen Überschüssen in Ewigkeit reden? Doch statt tätä-tätä-tätä und eines dreifach donnernden Helaus werden die Überschussökonomen noch mit einem weiteren Doktorhut – honoris causa – ausgezeichnet.

Seit John Maynard Keynes weiß die Fachwelt um die Folgen von sinkender Nachfrage im Wirtschaftskreislauf. Dennoch wird beispielsweise eine sinkende Bevölkerungszahl nicht zuerst als Schwächung der Nachfrage begriffen. Stagnierende, bisweilen sogar schrumpfende Löhne werden als verringerte Lohnkosten gefeiert. Einnahmeverluste der Sozialversicherungen begrüßen wir als Reduzierung der Lohnnebenkosten. Dass all dies geschieht, um auf einem begrenzten Weltmarkt konkurrieren zu können, um weiterhin unsere Überschüsse zu erzielen, bleibt dezent im Hintergrund. Ein weltweit freier Handel mag bei einem Exportweltmeister auf offene Ohren stoßen, doch sollten die Nebenwirkungen dennoch damit in Verbindung gebracht werden. Gerade Sir Keynes ist auf der Konferenz von Bretton Woods mit dem Vorschlag aufgetreten, dass alle Nationen nur kurzfristig eine unausgeglichene Handelsbilanz aufweisen dürfen. Dies war seine Lehre aus dem Zweiten Weltkrieg und der Weltwirtschaftskrise, die zum Erstarken des Faschismus führte. Erstaunlich, dass solche Erkenntnisse in Vergessenheit geraten. Warum werden bei uns die Überschussapologeten in Politik und Wirtschaft nicht als Kriegstreiber gebrandmarkt? Man könnte entgegnen, dass schließlich die Vereinigten Staaten von Amerika für ihre Nachfrage auf Pump ja auch nicht für den Friedensnobelpreis vorgeschlagen werden. Auch dieser Aspekt des globalen Handels wird ausgeblendet. Die Akteure werden nicht mit den Konsequenzen ihrer Forderungen, Empfehlungen und Entscheidungen konfrontiert.

Es wird wohl künftigen Historikern vorbehalten bleiben, die Ursachen dieser Massenamnesie zu ergründen. Kopfschüttelnd werden sie feststellen, dass die Gesellschaften des ausgehenden zweiten und zum Beginn des dritten Jahrtausends die Verschuldung ihrer florierenden Wirtschaften bis zum Zusammenbruch steigerten. Zugunsten weniger Gewinner wurden große Gruppen in den Gesellschaften vom Erfolg ausgeschlossen. Ganze Staaten wurden durch ein ausbeuterisches System des Welthandels zerstört. Doch auch die vermeintlichen Sieger zerbrachen an der ungerechten Verteilung der angehäuften Reichtümer. Spannend, aber sicherlich grausam wäre es, zu wissen, wie diese Hochphase der menschlichen Zivilisation endete. Werden künftige Naturforscher der hemmungslosen Ausbeutung der lebensnotwendigen Güter, wie sauberes Wasser oder reine Luft, den Untergang zuschreiben? Werden Sie feststellen, dass die Erwärmung der Atmosphäre, die Unfruchtbarkeit der Ackerböden und die Plünderung der Meere große Teile der Menschheit dahinraffte? Werden kommende Generationen von einem finalen Krieg erzählen, der mit Atomwaffen geführt wurde, im

Irrglauben, damit die angehäuften Reichtümer vor der Vernichtung zu bewahren? Oder wird von einem schrittweisen Niedergang die Rede sein, in dessen Verlauf immer mehr Menschen und Völker dahinsiechten? Wird ein dreißigjähriger Zerfall auf die globale Vernetzung folgen, in dessen Verlauf immer mehr Regionen in Bürgerkriegen versanken, in denen sich Banden und Paramilitärs, Drogenkartelle und Mafia bekriegten? Dies dürften die wahrscheinlichsten Szenarien sein, in denen ein großartiges, aber größenwahnsinniges Kapitel Menschheitsgeschichte zu Ende ging.

Wesentlich unwahrscheinlicher wäre ein Übergang zu einem Gleichgewicht. Eine bewusste Entscheidung zu Bescheidenheit in den Industrienationen. Ein negatives Wachstum über mehrere Jahrzehnte, bis ein nachhaltiger Zustand erreicht würde. Schulden- und Vermögensgeschwüre würden auf ein sozial verträgliches Maß abgeschmolzen. Die enorm gesteigerte Produktivität erzeugte Güter für eine sich einpendelnde, ja sogar schrumpfende Weltbevölkerung. Die vorhandene Arbeit würde auf viele Schultern verteilt. Die neu gewonnene Freizeit würde genutzt, um sich sozial in seiner Nachbarschaft zu engagieren, aktive Gesundheitsvorsorge zu betreiben und die kulturellen Leistungen der eigenen Nation zu leben und zu fördern. Die Kulturleistungen der anderen Völker würden mit Respekt geachtet. Die Statussymbole aus dem vergangenen Zeitalter des Konsumterrors würden durch gesellschaftliche Wertschätzung der sozialen oder künstlerischen Leistungen des Einzelnen ersetzt.

Was für eine Utopie. Utopisch ist diese Vorstellung, weil momentan keinerlei Anzeichen einer solchen Entwicklung erkennbar sind. Wir alle nehmen die Verschärfung der Widersprüche wahr. Ob bei den unlösbaren Umweltproblemen, einem Welthandel, der immer mehr Menschen in die Armut treibt, zunehmender Gewalt oder der Bedrohung durch Krankheiten. Wir spüren die Ausweglosigkeit. Wir fühlen, dass die Suche nach einem Superstar, die Beobachtung von Menschen in einem Container oder die endlosen Talkrunden nur unsere Angst vor der Zukunft vernebeln sollen. Doch all diesen endzeitlichen Krisensymptomen zum Trotz finden sich kaum Menschen, die über einen Weg aus der zerstörerischen Spirale nachdenken.

Künstler, Philosophen, Literaten, Dramaturgen oder Filmschaffende müssten sich aufgerufen fühlen, nach Auswegen zu suchen. Aber auch Gewerkschaften, Kirchen oder Wirtschaftstheoretiker müssten eine Vision von Zukunft entwerfen und Wege dahin aufzeichnen. Politiker aller Parteien sollten sich genötigt fühlen, über den nächsten Konjunkturzyklus und die laufende Legislaturperiode hinaus mehrheitsfähige Zukunftsmodelle zu entwickeln. Doch alle unsere Meinungsführer sind zu feige, sich mit so einer Vision dem Hohn der Kollegen auszusetzen. Dies bleibt natürlich auch jedem selbst überlassen. Aber die Öffentlichkeit müsste an solchen Aussagen interessiert sein. Im Brennpunkt des öffentlichen Interesses stehen dagegen die Echtheit der Haarfarbe von Politikern oder deren Urlaubsorte. Ich kann mich an kein Politikerinterview erinnern, in dem nach der Vorstellung von einer besseren oder doch zumindest überlebensfähigen Zukunft gefragt wurde. Natürlich müsste sich die Frage nach dem Weg zur Verwirklichung einer solchen Vision anschließen.

Was bei Politikern noch mit dem Wunsch nach Wiederwahl entschuldigt werden kann, ist aber bei den freischaffenden Geisteseliten nicht akzeptabel. Diese verkriechen sich im Elfenbeinturm der hohen Künste und diskutieren lieber Stilfragen, inszenieren ihre eigene Wichtigkeit und haben oft nur das Bestreben, die mediale Aufmerksamkeit zu erregen. Damit bleiben sie aber nur Teil der Dekadenz unserer Zeit und tragen nichts zur Entwicklung einer Überlebensstrategie bei. Leider unterscheiden sich die Theoretiker der Systemfehler, die linken wie die rechten Systemkritiker, die Publizisten, die scharfsinnigen Analytiker, die spitzzüngigen Zyniker und die hoch gebildeten Wissenseliten nicht wirklich von den im Rampenlicht stehenden Politikern und Künstlern. Obwohl deren Bezüge und berufliches Weiterkommen weniger stark vom Auftreten in der Öffentlichkeit abhängen, findet man auch in deren Publikationen kaum Hinweise auf eine Alternative zu den erkannten Systemfehlern. Bei all den Schwarten, die sich mit den Fragen der Globalisierung beschäftigen, begnügen sich die Autoren damit, den Ist-Zustand zu beschreiben. Doch die wirklich spannende Frage, wie eine überlebensfähige Zukunft aussehen könnte und, vor allem, welcher Weg dazu einzuschlagen ist, wird meistens gar nicht erwähnt. Oder aber das entsprechende Kapitel dazu fällt so dürftig aus, dass der Leser resigniert das Buch aus der Hand legt. In seinem Wissen um das Schlechte in der Welt bestätigt, versinkt er in Lethargie, weil man ja eh nichts daran ändern kann.

Dass sich unser Leben zwischen Individualismus und Solidarität bewegt, war die Ausgangsthese, und es war zu untersuchen, ob in einer zunehmend egoistischen Gesellschaft die Solidarität verloren geht. Beide Erscheinungen dürften dabei Ausdruck des Entwicklungsstadiums unserer globalisierten Wirtschaft sein. Der Abbau der Solidarität ist Element dieser Entwicklung. Dass wir dies nahezu widerspruchslos hinnehmen, zeugt dagegen von einem Mangel an Individualismus. Dieser Gesellschaft ist der Mut abhanden gekommen, offensichtliche Fehlentwicklungen anzuprangern. Es müssten sich doch aber Individuen finden, die, ungeachtet der gesellschaftlichen Übereinkunft, bestimmte Widersprüche nicht zu hinterfragen, sich auf die Suche nach einem Ausweg machen. Aufzeigen der Widersprüche alleine genügt nicht. Der Mut zur Vision ist gefragt. Somit greift auch das Essaythema viel zu kurz oder belegt die grassierende Angst davor, eine Vorstellung von Zukunft zu entwickeln.

Wie also könnte eine Zukunft aussehen, und gibt es einen Weg dahin? Ein Deutschland im Jahre 2050 sollte eine Reihe von Entwicklungen abgeschlossen haben. Wie alle anderen Staaten der Erde exportieren auch wir nur so viel, wie wir von anderen Ländern importieren. Energieverbrauch, Versorgung mit gesunden Nahrungsmitteln oder der Verbrauch von Trinkwasser erfüllen das Nachhaltigkeitskriterium. Wir entnehmen der Erde nicht mehr, als die Ökosphäre wieder selbst regenerieren kann. Bei der Produktion unserer Waren entsteht kaum Müll, so dass wir künftigen Generationen einen intakten Lebensraum hinterlassen. Unser Gemeinwesen ist schuldenfrei, und die großen Privatvermögen gibt es nicht mehr. Leider müssen wir noch immer die Castoren in den Zwischenlagern für radioaktive Abfälle bewachen, obwohl die Menschen schon vor vielen Jahren die teuflischen Kernkraftwerke abgeschaltet haben. Spät hatten sie erkannt, dass durch sparsames und effizientes Verwenden von elektrischer Energie der Betrieb dieser Anlagen überflüssig wurde. Mit der Rückbesinnung auf nationale Grenzen wurden die vorher transnational agierenden Konzerne wieder zu Gesellschaften, die Interesse an einer nationalen Entwicklung fanden, die zum Steueraufkommen beitrugen und die keinen Markt mehr für gentechnisch veränderte Lebensmittel, Rüstungsgüter oder Atomtechnik sahen.

Wie ist so eine Entwicklung möglich? Eine Rückbesinnung auf religiöse Traditionen wird es in unserer aufgeklärten Gesellschaft nicht geben. Allerdings kann ein gelebter christlicher oder anderer Glaube ein wesentliches Moment sein beim Übergang zu einer nachhaltig wirtschaftenden Gesellschaft. Die nationalen Grenzen sind die Grenzen unseres Kulturraumes. Die Mitgliedschaft in der Europäischen Gemeinschaft wird diese Grenzen nicht beseitigen. Auch die global geschlossenen Abkommen und Rechtsnormen heben den nationalen Rahmen nicht auf. Im Gegenteil, sie tragen zu einer Entwicklung unserer kulturellen Eigenständigkeit bei. Motor des Wandels sind die Veränderungen in unserer Geldordnung und unserer demokratischen Verfassung.

Mit der Einführung des Euro sah sich der Staat zunächst eines wichtigen Handlungsinstruments beraubt, um das wirtschaftliche Wachstum in Absatzkrisen anzukurbeln. Die Europäische Zentralbank war an einem starken Euro interessiert, und der Stabilitätspakt erforderte Sparmaßnahmen auch dann, wenn durch ein größeres Defizit die Binnennachfrage hätte gesteigert werden müssen. Die visionäre Einführung von regionalen Währungen brachte die Wende. Der Umlauf dieses Geldes wurde ohne die Zahlung eines Zinses gesichert. Gehortetes Geld wurde mit einer Abschlagssteuer versehen, was als Anreiz genügte, geplante Anschaffungen vorzuziehen, um diese Verluste gering zu halten. Waren anfangs nur wenige Güter und Dienstleistungen für das Alternativgeld zu haben – ein Teil der Steuern und Abgaben konnte damit beglichen werden –, so stieg die Akzeptanz des regionalen Geldes schnell, nachdem die Vorteile erkannt wurden. Mit der Zeit benutzten wir den Euro nur noch zur Wertaufbewahrung, als Reisevaluta oder für bestimmte Anschaffungen. Immer mehr Güter des täglichen Bedarfs konnten mit Regionalgeld bezahlt werden. Auf diese Weise wurden die Regionen immer weniger abhängig von den Zinsentscheiden der EZB und den Turbulenzen an den internationalen Märkten. Mit der Zeit entstanden Nachbarschaftshilfen zur Versorgung von Pflegebedürftigen, zur Betreuung von Kindern oder zur Gesundheitsvorsorge. Dies stärkte die Solidarität unter den Menschen und machte weitere Transaktionen in Euro unnötig, da solche Leistungen in einer Tauschbörse verrechnet wurden.

Zugegeben, eine solche Vision hat Haken und Ösen und muss gut durchdacht sein, bevor sie als Weg in die Zukunft begangen werden kann. Doch es ist höchste Zeit, mit dem Nachdenken darüber zu beginnen.

Neben den Veränderungen in der Organisation unserer Wirtschaft ist eine Reform der Demokratie erforderlich. Ein erster Schritt könnte die Einführung und das verstärkte Abhalten von Volksentscheiden sein. Mit den neuen Medien müssten solche Entscheide doch mit geringem Aufwand möglich sein. Unsere Medien- und Interessensgruppendemokratie ist nicht mehr durchschaubar. Gerade Volksentscheide könnten aber dazu beitragen, dass in Einzelfragen die Interessenslagen deutlich werden. Politische Diskussionen stoßen wieder auf größeres Interesse bei den Menschen, je mehr die transnationale Machtelite an Einfluss verliert. Macht und Bedeutung der Medienkonzerne schrumpfen durch das Anwachsen der regionalen Entscheidungsstrukturen. Der Entscheidungsspielraum der Politik dürfte dadurch eher größer werden, weil das öffentliche Interesse an Einzelfragen zunimmt. Sobald ein Thema öffentlich diskutiert wird, wachsen die Handlungsmöglichkeiten. Das Beispiel BSE zeigt, dass sogar feste Strukturen aufgebrochen werden können, sobald öffentlicher Druck entsteht. Die wachsende Bedeutung der regionalen Währungen führte auch dazu, dass politische Entscheidungen dezentralisiert wurden. Es entstand geradezu ein Wettbewerb der Länder und Regionen um die besten Systeme in Bereichen wie Bildung, Forschung, Abfallvermeidung und -entsorgung, Verkehrsplanung, soziale Sicherung oder Kulturförderung. Auch viele Immigranten fühlten sich durch die Rückbesinnung auf kulturelle Werte gefordert, ihre Erfahrungen in diesen Prozess einzubringen, was ein außerordentlich wichtiger Faktor auf dem Weg zu einer solidarischen Gemeinschaft war. Die Profiteure der Globalisierungsphase des Kapitalismus mussten erkennen, dass ihr Reichtum die Ursache der weltweit anwachsenden Armut war und dass die immensen Guthabenberge ohne funktionierende Rechtsstaaten völlig wertlos sind.

Dies ist mein Traum einer überlebensfähigen Zukunft. Einer Zukunft, die durch Solidarität und Individualismus zu schaffen ist. Einzelne müssen zur Entwicklung neuer Ideen ermuntert werden. Indem sich jeder die Frage stellt, was er für die Gemeinschaft leisten kann, wächst die Solidarität. Ich möchte dazu ermuntern, Zukunftsvorstellungen klar zu formulieren. Nicht nur Fehlentwicklungen zu analysieren, also auf halbem Wege stecken zu bleiben, sondern Wege sollen aufgezeichnet werden, die zu einer nachhaltigen Gesellschaft führen. Eine solche Visions- und Wertediskussion kann allerdings erst geführt werden, wenn die Ziellosigkeit der momentan herrschenden kapitalistischen Entwicklungsstufe erkannt wird. Dazu ist es notwendig, Entscheidungsträger in dieser Gesellschaft mit den Konsequenzen ihres Tuns zu konfrontieren. Diese wichtige Aufgabe fällt jedem Einzelnen, Verbänden und Organisationen, den Medien und den geistigen Eliten gleichermaßen zu. Es darf nicht länger öffentlich von Wachstum geträumt werden, ohne die Zerstörungskraft anzusprechen, die diesem Wachstum innewohnt. Es darf nicht weiter von Schuldenabbau geredet werden, ohne die Frage aufzuwerfen, ob diese Schulden Teil eines Geldsystems sind, das überhaupt nicht funktionieren kann. Es darf keiner den Betrieb oder gar Neubau von Kernkraftwerken fordern, ohne ein Entsorgungskonzept vorzulegen, das künftige Generationen weder bedroht noch finanziell belastet. Wir alle müssen die Lottospielermentalität aufgeben, die scheinbar Gewinner schafft, in Wahrheit aber immer mehr Menschen in die Armut zwingt.

Lösungen sind nur denkbar, wenn eine Vorstellung von Zukunft gegenwärtig ist, wenn Unausweichlichkeiten wahrgenommen und die entscheidenden Fragen gestellt werden.

Betrachtungen von unten

Von Maren Hombrecher

DISKREDITIERE ICH MICH selbst, wenn ich es gleich vorwegnehme? Ich bin arbeitslos. Ich habe nämlich erst neulich so eine unangenehme Erfahrung gemacht, die meine bereits aus den Medien abgeleitete Vermutung bestätigte, dass man als Arbeitsloser einfach nicht existieren darf, außer in Form von Statistik. Taucht man doch ungebeten irgendwo auf, so sollte man besser den Mund halten und nichts von seinem Null-Status verraten, will man nicht unversehens zur Persona non grata erklärt werden. Als Arbeitsloser hat man nicht nur einen denkbar schlechten Ruf, sondern geradezu ein Stigma, und alle würden am liebsten stante pede fliehen, wenn sie versehentlich auf einen Arbeitslosen treffen, denn Not zieht Not an und Verlierer haben keine Lobby in einer Gesellschaft, in der der Dreisteste von allen alles kriegt. Ich sage mal nur mal einen Namen, um das zu illustrieren: Ron Sommer, der noch schnell einen zweistelligen Millionenbetrag aus den Sparstrümpfen seiner geneppten Anleger kassierte, bevor er sich, fröhlich in die Presse winkend, von den Geschröpften verabschiedete.[1] »Pech für die«, muss er sich wohl gedacht haben, »das sind eben die Regeln der freien Marktwirtschaft. Wer nicht aufpasst, kommt unter die Räder.« Hauptsache ist offenbar, das Geld reicht aus für die Jacketkronen des strahlenden Lächelns des Siegers.

Arbeitslose sind meistens keine solchen PR-Genies. So ganz ohne Berater sitzen ihre Anzüge schiefer. Und je erbärmlicher ihr Zustand, desto mehr minimieren sich ihre Aussichten, jemals zu Sabine Christiansen eingeladen zu werden oder auf einer Bühne aufzutreten, es sei denn, ein gewisser Herr Schlingensief hat mal wieder seine Hände im Spiel.

Arbeitslose sind so offenkundig nutzlos, man könnte sagen, überflüssiger geht es gar nicht. Ein guter Arbeitsloser schämt sich deshalb auch seiner selbst, und das wiederum wirkt so beschämend im Zeitalter des Superstars, dass es eher Abscheu erweckt, als Einschaltquoten zu erhöhen. Und das will natürlich kein Programmchef riskieren, so leichtfertig am eigenen Stuhl zu sägen, denn der Sturz könnte tief sein und bei der derzeitigen Lage endgültig. Und falls aber doch einmal jemand das öffentliche Gespräch mit einem Exemplar dieser Spezies sucht, dann geschieht das meist aus taktischem Kalkül. Oft sind dann Wahlen in greifbare Nähe gerückt, und christliche Nächstenliebe soll endlich wieder groß geschrieben werden oder auch irgendetwas Soziales. Oder es handelt sich um die Sendung von Jürgen Fliege. Man führt das Schicksal dann dort vor, hinter einer Schattenwand und doch dem Voyeurismus Genüge tuend. Ein vollkommen funktionsloser Mensch hat außer sei-

---

1 Angeblich erhielt Ron Sommer von der Telekom (deren Kurs sich im Juli 2002 bei seinem Ausscheiden – zum Missbillen von 3 Millionen Anlegern – im tiefsten Keller befand) keine Abfindungszahlung, sondern »nur« 11,6 Millionen Euro »ausstehende Bezüge« aus dem noch bis 2005 laufenden Vertrag. Z.B.: http://www.netzeitung.de/wirtschaft/206799.html.

nen Selbstmordphantasien natürlich meist nur wenig Interessantes zu berichten. Und davon geht man ja als Betrachter auch eigentlich gar nicht aus. Man erwartet eher ein gesenktes Haupt, eine zur Schau gestellte Opfermiene, Däumchen-Drehen, als einen unverschämt geschliffenen Vortrag. Diese Erwartungshaltung durchbricht der Arbeitslose besser nicht. Denn wenn herauskommen sollte, dass er sich in seiner viel geneideten Freizeit zu beschäftigen weiß, wie einem preisgünstigen Hobby nachzugehen, zum Beispiel nachdenken und Aldi-Tee trinken, statt bloß dumpf vor sich hin zu brüten, dann heißt es ja gleich wieder, der ruhe sich doch nur auf unsere Kosten aus. Stopp, schrieb ich da gerade »unsere«, so als wäre ich noch ein Teil dieser Steuerzahlermenge? Dabei bin ich doch arbeitslos. Das betone ich jetzt immer lieber gleich mehrmals, seit jenem Abend, an dem es so ungewollt und daher doppelt peinlich zu meinem Outing kam.

Ich saß mit mehreren Menschen in einer Kneipe zusammen. Wir kamen aus einer Theateraufführung. Einige der Leute am Tisch gehörten zu den Schauspielern des Stücks. Die anderen waren wohl größtenteils Architekten, denn sie sprachen unentwegt über Bauvorhaben und Landschaftsplanung. Ich kannte diese Menschen alle nicht, außer meiner Freundin, die mich mitgenommen hatte. Ganz unerwartet wandte sich mein Nachbar zur Linken an mich und fragte, wohl aus Höflichkeit, weil ich zu dem Gespräch noch nicht viel beigetragen hatte: »Was machst du denn so?« Ich überlegte, ob ich zu einer ausschweifenden Erklärung ausholen sollte, stattdessen sagte ich aber dann einfach nur: »Nichts.« In diesem Moment verstummte das Gespräch in der ganzen Runde. Alle starrten mir neugierig ins Gesicht, gespannt, wie ich es nach dieser Quasi-Bankrott-Erklärung noch wahren wollte. Ich spürte, wie ich errötete, vor allem weil zugleich meine Freundin, die nur meine Ehre retten wollte, vehement widersprach: »Nein, das stimmt doch gar nicht!« Sie brachte mich aber dadurch in eine noch peinlichere Lage, denn jetzt stand ich irgendwie auch noch als Lügnerin da. Ich ergänzte daher: »Ich schreibe gerade an einer Kurzgeschichte.« »Ach so«, soufflierte die Freundin des Fragers mir aufatmend, »du bist also Schriftstellerin!« Aber alles in mir sträubte sich gegen diese Schublade, weil ich befürchten musste, versehentlich einen Etikettenschwindel zu begehen. Ich wusste wirklich nicht, ab wann man sich getrost Schriftstellerin nennen durfte. Das hing doch auch davon ab, mit welchen Kriterien es die anderen maßen. Gingen sie zum Beispiel, für den Fall, dass ich ja sagte, dann davon aus, ich hätte schon ein ganzes Buch veröffentlicht, beträfe mich diese Berufsbezeichnung gar nicht. Bei einem: »Das kann man so nicht sagen«, beließ ich es also, erklärte mich lieber nicht weiter. Am Ende hätte das noch eher nach Rechtfertigung ausgesehen. Als meine Freundin schnell noch etwas von meinen Webdesigns erzählte, die ich machen würde, wären bloß Aufträge da, da hörte schon keiner mehr richtig hin. Ich war vergessen, und mein Schicksal war klar. Für den Rest der Abends wandte sich niemand mehr an mich. Nur der Frager schien ob seines Fauxpas etwas bekümmert und erzählte mir von einem seiner Brüder, der sich auch »so durchschlage«, was sich ein bisschen nach schwarzem Schaf anhörte. Aber vielleicht projizierte ich das auch, denn später offenbarte er mir, wenngleich er dabei vertraulich die Stimme senkte, dass er selber letztes Jahr auch schon einmal Geldprobleme gehabt hätte. Die Baubranche hätte es ja gerade auch nicht leicht. Am Ende bezahlte er mir sogar noch ungebeten meine Coca Cola. Das war natürlich nett, zollte aber wohl auch seinem Gewissen Tribut, da er mich versehentlich so bloßgestellt hatte. Und ich dankte ihm noch ausdrücklich. So weit war es also schon mit mir, dass ich Almosen annahm.

Ich beziehe ja auch jeden Monat um die 500 Euro Arbeitslosenhilfe, und das gezwungenermaßen, denn auch ein Arbeitsloser hat ja laufende Kosten zu zahlen, klar. Dazu kommen dann noch um die 90 Euro Wohngeld. Ich hänge also unfreiwillig in dem sozialen Netz rum, das zwar bereits zu faulen begonnen hat, mich aber noch trägt. Deshalb versuche ich auch, es nicht über Gebühr zu belasten. Nur scheinbar hat sich mein Lebensstil-»Light« noch nicht genug meiner neuen Situation angepasst, denn wenn ich von diesem Geld erst einmal meine Ausgaben abgezogen habe, dann stehe ich gleich zu Monatsanfang mit sehr wenigen Euros da, ohne auch nur die allernotwendigsten Extras, wie die Nahrungsaufnahme, mit einkalkuliert zu haben.

Mittlerweile kaufe ich mein Essen im so genannten Sozialladen ein. Ich lebe in Berlin-Friedrichshain; das heißt ja jetzt Friedrichshain/Kreuzberg, denn man hat im Rahmen der Wiedervereinigung die beiden ärmsten Bezirke der Stadt von Ost und West zusammengelegt. Hier wohnen mit 13,5 Prozent aller Bewohner mit Abstand die meisten Sozialhilfeempfänger.[2] Ich habe mich, als ich erstmals von den Zusammenlegungsplänen hörte, gefragt, ob das wirklich Sinn machen könne, denn wo massenweise Arbeitslosigkeit herrscht, da herrsche doch folgerichtig auch ein regerer Andrang auf die Ämter. »Sollen wir jetzt noch länger Schlange stehen?«, hatte ich mich geärgert. Diese Stadtverordneten, die hatten sich wohl gedacht: »Wer schon keine Arbeit hat, hat wenigstens Zeit zu warten.« Aber da habe ich ihnen Unrecht getan. Es ist jetzt wirklich alles viel besser als vorher. Neulich musste ich erstmals bei meinem neuen Arbeitsamt vorstellig werden, und ich kam sofort dran. Das ist mir vorher noch nie passiert. Kann also doch sein, dass es noch Grund zur Hoffnung gibt, dass sich »die da oben« doch ganz doll Mühe geben, die Umstände für *alle* Beteiligten zum Besten zu wenden. Man soll ja immer optimistisch bleiben,

2 Nach einer Studie des Instituts für Angewandte Demographie (IFAD) von 11/2003, in: »motz«, Berliner Straßenmagazin, Ausgabe Nr. 5/04 vom 20. 2. 2004, S. 4/5.

weil »positiv thinking« schon die halbe Miete sei. Und ich finde auch, selbst die kleinsten Fortschritte verdienen Lob und Anerkennung.

Diese Sozialläden sind jedenfalls eine super Erfindung! Allerdings weiß ich gar nicht genau, ob das staatlich geförderte Initiativen sind oder private. Hier in Friedrichshain gibt es davon seit Neuestem gleich fünf Stück. Das sind so kleine Geschäfte im Tante-Emma-Format, die von den großen Supermarktketten mit deren fast (oder auch bereits ganz) »abgelaufenen« Gütern beliefert werden, und manch humanistisch gesonnene Bäckerei gibt dort ihre unverkauften, nur ein wenig angetrockneten Brötchen ab. Alles ist dort wesentlich billiger als in den übrigen Läden. Ich schätze mal im Durchschnitt um die 50 Prozent. Das macht sich in einem so kleinen Geldbeutel wie meinem rasch bemerkbar.

Ich esse jetzt immer, was so an- oder vielmehr abfällt. Hätte ich nie von mir gedacht, dass ich mal so ein Müllschlucker werde. Aber im Grunde esse ich jetzt besser als zuletzt, als der Kühlschrank öfters mal warm blieb beziehungsweise die Küche kalt. Sicher riecht es im Sozialladen nach Schimmel, weil nicht jedes Element sich noch im verkaufsfähigen Stadium befindet. Aber wer suchet, der findet. Und manchmal sind das eben Luxushäppchen. Die Wohlhabenderen scheinen auch weniger für Essen übrig zu haben, und so vergammeln Lachs, Garnelen, Wachteleier, Kaviar beinahe, würde ich sie nicht retten. Nein, ich übertreibe. So paradiesisch geht es in Wahrheit nicht zu im Sozialladen. Und man braucht auch – nur um das eben anzumerken – einen Berechtigungsausweis. Aber immerhin gibt es dort Markenartikel, sonst war ich immer auf die No-Name-Produkte geeicht. Das Restrisiko wegen des Verfallsdatums ist übrigens minimal. Ich hatte bislang erst einmal Pech und verdorbene Ware im Beutel.

Das einzig Dumme am Sozialladen ist, dass ihn mittlerweile schon so viele entdeckt haben. Es kommt zwar noch nicht zu

Handgemengen dort, aber es ist doch ein ganz schönes Gedrängel. Früher gingen dort nur ein paar Rentner einkaufen. Aber heute gibt es einen regelrechten Run auf die Bude, nachmittags, wenn zwischen 2 und 3 Uhr die neuen Lieferungen kommen. Wer da den Kürzeren ziehen muss, ist klar: die Humpelnden. Seitdem auch viel jüngeres Volk allmählich die Hemmschwelle überwand und sich hereinwagte in den sozialen Absturz, leicht von außen durchs Glasfenster zu bezeugen, trifft man hier auf Arbeiter neben brotlosen Akademikern, Künstlern und Filmemachern, die man leicht an ihren schwarzen Hornbrillen erkennt.

Irgendwie hat sich die Sache dann rumgesprochen und ist auch über Sprachbarrieren hinweg ins Ohr mancher Ausländer gedrungen. Diesseits der Spree, im ehemaligen Osten, da leben ja nur ziemlich wenige Nichtdeutsche. Aber jenseits, da leben Massen. Kreuzberg heißt im Volksmund ja deshalb Klein-Istanbul. Jedenfalls kommen die Ausländer nun im Sozialladen einkaufen und multiplizieren die frohe Botschaft rasch. Immer mehr kommen her, bald sind es Heerscharen, die die Regale abgrasen. Zugegeben, auch deutsche Frauen sieht man bisweilen mit ganzen Rudeln den Laden invasionsgleich stürmen, Oberhäupter von sozial schwachen Großfamilien, deren Nachwuchs völlig außer Rand und Band durch den kleinen Laden tobt, als hätten sie noch nie zuvor im Leben Süßigkeiten live gesehen. »O Mama, Nikoläuse!« Natürlich vom Vorjahr. Jetzt im Frühjahr haben die hier Saison. Die Kinder stehen mit glänzenden Augen vor der betagten Ware, und am Kühlregal greifen sie gerne nach den giftigbunten Götterspeisen, die im Laden für Normalsterbliche einfach niemand haben wollte.

Jedoch, man muss schon zugeben: Im geburtenschwachen Deutschland gilt eine Großfamilie heute eher als Anachronismus, weswegen man sie nun rententechnisch auch bevorzugen will, bevor wir noch aussterben. Nachwuchssorgen haben die meisten ausländischen Familien dagegen kaum. Bei ihnen kann sich das auf engem Raum geballte Zusammenleben noch als beliebteste Existenzform behaupten. Ob aus Xenophobie oder aus echter Präferenz, Ausländer gruppieren sich wesentlich häufiger zur … ich hätte fast Sippe geschrieben. Aber ich weiß gar nicht, ob Sippe nicht ein rassistischer Ausdruck ist.

Ich beobachte mich diesbezüglich nämlich im Moment genauer, ob ich im tiefsten Inneren doch das Zeug zu einer Rassistin habe, denn ich habe mich neulich – und zwar zum ersten Mal – bei merkwürdig gereizten Gedankengängen ertappt, die Ausländer betrafen und die in so eine komische Richtung gingen. Das geschah eben im Sozialladen, als ich mich im Stillen doch tatsächlich darüber ärgerte, dass eine junge Ausländerin alles gleich säckeweise in tausend Körbe packte. Allein mindestens zehn Tüten randvoll mit Brötchen! »Mensch, fahr doch gleich mit nem Lieferwagen vor«, dachte ich und stellte mir vor, wie sie und ihre Verwandten, die draußen ja schon warteten, gleich nach Kreuzberg rüberfahren würden, um die hier billig erstandenen Güter zu Normaltarifen auf dem türkischen Frischmarkt oder wo auch immer in den Handel zu bringen. Geschäftstüchtig waren die ja, die Ausländer, so dachte ich pauschal. Gleichzeitig sah ich mir erstaunt beim Denken über die Schulter und wunderte mich, dass ich tatsächlich gehässig genug war, eine gewisse Genugtuung zu empfinden, als die Frau, die sicherlich einige Mäuler mehr zu stopfen hatte als nur die zwei Nervensägen, die ihr bereits kreischend an der Schürze hingen, ein paar der Brotbeutel zurücklegen musste, weil die Kassenfrau dem Masseneinkauf einen Riegel vorschob und verstimmt herumgrummelte. Hätte die wohl eine deutsche Kundin genauso grob und respektlos zurechtgewiesen?, fragte ich mich. War die auch tendenziell national gesonnen? Ich war mir nicht sicher, spürte aber, wie ich mich durch diesen Gedanken doch allmählich mit der Ausländerin solidarisieren konnte und das entflohene alte Feindbild-Vorurteil sich wieder kleinlaut auf seinen angestammten Platz zurückschob.

Trotzdem hat mich dieser Vorfall bedenklich gestimmt. Toleranz, glaube ich, sprießt besonders in Zeiten des Wohlstands gut. Genauso verhält es sich wohl mit der Großzügigkeit, denn früher hatte ich den Bettlern immer mehr zu geben. Die edle Geste kann sich eben nur leisten, wer es sich wirklich leisten kann. In solchen Zeiten gedeihen auch die noblen Gedanken, dann sinnt man auf Gleichberechtigung, dann etablieren sich Frauen und Behinderte plötzlich per Quote neben dem Mann, Kinder und Tiere dürfen nicht mehr gequält werden, und ganz wichtig: Ausländer muss man immer nett behandeln.

Ich bin ja ein Kind der Siebzigerjahre, als in breiten Schichten der Bevölkerung, einer wachsenden Schicht aus Wohlstandsemporkömmlingen, die Toleranz noch Blüten trieb. Neger sagen durfte man da nicht. Das war ein Zeichen für schlechte Bildung. Schwarze wäre besser, hieß es damals, oder – was meine Mutter aber völligen Unsinn fand – Farbige. Die sind doch gar nicht farbig, mokierte sie sich. Aber letztendlich traf Schwarz die Sache ja auch nicht immer richtig. Als ich den ersten Dunkelhäutigen meines Lebens traf, da dachte ich sofort an Schokolade, verfressen wie Kinder nun mal sind. Lecken an dem Mann durfte ich aber nicht. »Sei bloß still«, sagte Mutter verlegen und zerrte mich schnell weiter. Ehrlich gesagt, ich glaube, wir waren alle ziemlich verunsichert, ob der korrekten Bezeichnung, so dass wir im Zweifelsfall lieber gar nichts sagten. Wir kannten ja auch keine – ich sag jetzt einfach mal – Hottentotten persönlich, und daher konnten wir auch keinen fragen, was die nun wollten, wie wir sie nennen sollen.

Nein, aber im Ernst, die Ausländer, die stören mich im Grunde gar nicht. Den meisten geht es ja noch viel schlechter als mir, so dass ich zumindest den Versuch unternehmen könnte, mich an dem Gedanken aufzurichten, so wie man es früher mit den Kindern in Afrika tat. Alle Probleme, die man hatte, waren ja dazu in Relation gesetzt nur äußerste Lappalien. Ausländer, so halte ich mir vor Augen, haben hier noch nicht mal Wahlrecht. Wen wundert es da, dass sie sich auf Familie, Clan und Ethnie konzentrieren? Sie sind ja von vornherein Ausgeschlossene aus der republikanischen Gemeinschaft und nicht erst mit Verlust des Arbeitsplatzes Ausgestoßene.

Tatsächlich kann ja in einer schwierigen Situation die absurdeste Überlegung zum Halt werden. Ich tröste mich zum Beispiel auch mit dem Gedanken, dass ich an den Zustand der Geldlosigkeit schließlich nun schon so lange gewöhnt bin, dass ich mich wenigstens nicht neu anzupassen brauche. Denn als ich noch selbstständig tätig war, da vegetierte ich auch bereits weit unter der Armutsgrenze. Etwas zu weit anscheinend. Nach dem letzten Lohnsteuerjahresausgleich, bei dem ich wegen der erschreckenden Geringfügigkeit meines Einkommens keine Steuern zu zahlen hatte, bat mich das Finanzamt sogar, doch nun bitte mal offen zu legen, wovon ich eigentlich leben wolle. Das konnte sich der bearbeitende Beamte eben nicht vorstellen, wie das gehen sollte, mit so wenig Geld. Ich konnte es ihm aber getrost verraten: »Ich lebe in äußerst bescheidenen Verhältnissen, ohne Auto und ohne mir teure Klamotten zu kaufen, geschweige denn Bücher, CDs oder Freunde zum Essen einzuladen. Und investieren in technisches Equipement, also in meine Zukunft, ist schon gar nicht drin.« »Ist ja schon gut«, sagte der Herr vom Finanzamt, der offenbar schnell von Begriff war. Bei mir war einfach nichts zu holen. Und damals ging es mir noch relativ gut.

Jetzt ist selbst meine Wohnung mittlerweile einfach zu teuer für mich geworden, auch wenn ich das nicht wahrhaben will. Manchmal fürchte ich, ich lande eines Tages doch noch im Bauwagen oder auf der Straße. Es gibt ja bereits eine hinlängliche Zahl von Obdachlosen in dieser Stadt, auch wenn man das gerne verdrängt, solange man nur selbst ein warmes Dach über dem Kopf hat. Allein der Gedanke, in einer Unterführung oder einem Notlager zu schlafen, ist schon so ungemütlich, dass einen ein Frösteln überkommt. Tatsache ist aber: Auch viele meiner Freunde haben mittlerweile erhebliche Schwierigkeiten, ihre Mieten zu bezahlen. Und zahlreiche Menschen können es gar nicht mehr. Die Mietschulden steigen in Berlin rasant an. Sie betragen derzeit rund 180 Millionen Euro.[3] Das ist gewiss kein Pappenstiel. Aber was will man machen? Einem sprichwörtlich nackten Mann in die Tasche zu greifen bringt gar nichts. Dank der Wirtschaftsflaute, der Reformen und insbesondere seit der Euroeinführung haben die Leute ja alle nur noch halb so viel Geld im Portemonnaie zum Verbrauchen und zum Pflichterfüllen. Obwohl manche Politiker und Preisforschungsinstitute ja nicht müde werden zu behaupten, wie mir scheint kontrafaktisch, das sei nur das subjektive Empfinden des Verbrauchers und mit der Teuerungsrate sei alles o.k.!

Man muss auch fairerweise zugeben, dass es zunächst einmal nicht die Mieten waren, die sich mit der Einführung des Euros so schlagartig ver-x-facht haben. Aber auch in diesem Sektor verschärft sich nun die Lage. Hier, in der Metropole, hat man jetzt die alten Kappungsgrenzen, sprich die Mietobergrenzen, in den 15 bestehenden Sanierungsgebieten abgeschafft. Ich selbst bin davon betroffen, ich wohne in so einem Viertel. Bei Abschluss meines Mietvertrags wurde noch darin festgeschrieben, was ich maximal nach der anstehenden Sanierung zu bezahlen haben würde. Das ist aber nun genauso hinfällig wie das Haus selbst, denn durch das neue Gesetz wurde die Vertragsklausel im Nachhinein außer Kraft gesetzt. Der Beschluss des Berliner Oberverwaltungsgerichtes (OVG) ermöglicht es den Hauseigentümern in Zukunft, die Modernisierungskosten auf die Mieter umzulegen. Der Berliner Mieter-

---

3 »Mit Hartz in die Wohnungslosigkeit«, vgl. Anm. 2.

verein bewertete diese Entscheidung als Katastrophe, weil sie 20 Jahren behutsamer Stadterneuerung ein Ende setze und weil die größeren Spielräume für Mieterhöhungen naturgemäß zur Verdrängung von den Bewohnern führen würden, die sich diese Kosten nicht mehr leisten könnten. Das Straßenmagazin »motz«, Sprachorgan der Obdachlosen, kommentierte das Gesetz so: da in der Praxis damit zu rechnen sei, dass sich die Mieten nahezu verdoppeln könnten, bliebe den Bewohnern möglicherweise nur noch der Umzug in einen der zahlreichen leer stehenden Plattenbauten in den Ostbezirken. Sollte der beabsichtigte massenhafte Abriss dieser Häuser dadurch überflüssig werden, so hätte der rot-rote Senat zumindest die notwendigen Kosten für den »Rückbau« gespart.

Peter Strieder von der SPD (damals noch nicht über die Tempodrom-Affäre gestolpert und somit noch nicht Ex-Stadtentwicklungssenator) begrüßte dieses neue Urteil dagegen als längst überfällig. So eine pauschale Mietobergrenze sei vom Senat nie gewollt gewesen.[4]

Wenn ich so etwas lese, so einen trockenen, um nicht zu sagen kaltschnäuzigen Kommentar zu einem Beschluss, der für viele Menschen nichts anderes bedeutet, als in Kürze in eine akute Notlage zu geraten, dann frage ich mich manchmal, ob die Politiker eigentlich noch Bodenhaftung haben oder ob sie in ihren Stadtvillen oder ihren Tipp-Topp-Appartements, verbucht als staatlich bezuschusste doppelte Haushaltsführung, völlig in andere Sphären abgehoben sind und möglicherweise jeglichen Realitätssinn längst verloren haben. Nur so lässt es sich erklären, dass in Anbetracht der Verhältnisse nun auch noch Gesetze auf den Weg gebracht werden, die nichts weniger tun als helfen, jedenfalls nicht den Armen.

---

4 Alle Angaben und Zitate zu Mietobergrenzen in: »Die Mieten wachsen in den Himmel«, »motz«, Berliner Straßenmagazin, Ausgabe Nr. 5/04 vom 20. 2. 2004, S. 6.

Sehen wir uns zum Beispiel mal Hartz IV an. Laut diesem Gesetzespaket zur Sozialhilfe- und Arbeitsmarktreform soll demnächst Mietschuldenübernahme nur noch auf Darlehensbasis und an die »konkrete Aussicht auf eine Beschäftigung« geknüpft, gewährt werden können.[5]

Kerstin Bauer (PDS), die Sozialstadträtin von Friedrichshain/Kreuzberg, äußerte dazu, sollten die Pläne in der jetzigen Form umgesetzt werden, drohe eine massive Zunahme von Obdachlosigkeit. Die Übernahme von Mietschulden würde nur noch bei einem Bruchteil der Klienten in Betracht kommen. Folgerichtig werde der Wohnungsverlust drohen. Im 2. Quartal 2003 hätten nach Angaben der Senatssozialverwaltung berlinweit 3091 Räumungsklagen vorgelegen, die in 1449 Fällen vollstreckt wurden. Ursache hierfür, schreibt die »motz«, sei die restriktive Praxis der Sozialämter, Mietschuldenübernahmen bereits jetzt immer häufiger zu verweigern.[6]

Man kann sich natürlich als Steuerzahler auf den Standpunkt stellen, dass es einfach nicht Sache des Staates sein kann, für die Mietschulden seiner Bürger zu haften. Man sollte aber dabei nicht vergessen, dass die 180 Millionen Euro ein Klacks sind gegen die 21 Milliarden, mit denen das Land nun für die Berliner Bankgesellschaft haftet, die durch ihre Machenschaften maßgeblich zur Pleite dieser Stadt beigetragen hat. Auch hier geht es nämlich unter anderem um Miethaftungen.

Die Bankgesellschaft kaufte massenhaft schlecht gehende Objekte mit hohem Leerstand oder besser gesagt Schrott-Immobilien auf. Ein Beispiel ist die Mietskaserne in Wolfsburg-Westhagen. Die Wohnungen verwahrlosen, es regnet durch die Fenster, Wände verschimmeln und Bäder müssten dringend saniert werden, doch nichts geschieht. Wer kann, zieht dort weg. Mehr als die Hälfte der Bewohner von einstmals tausend Fami-

5 »Mit Hartz in die Wohnungslosigkeit«, vgl. Anm. 2.
6 Ebd.

lien hat diese Wohnsiedlung bereits verlassen.[7] Wieso, fragt sich da sicher mancher, unterzeichnet überhaupt einer einen solch dubiosen Fonds? Das wird bei einem Blick in den Prospekt der Banktochter IBV deutlicher, in dem alle Immobilien aufgelistet sind, denn einzigartig sind die Garantien, die dem Anleger von der Bank gegeben werden. Zunächst sichert eine meist über 25 Jahre gegebene Mietgarantie feste Mieteinnahmen. Ob diese Immobilien dann wirklich auch Mieteinnahmen erbringen, ist für den Gewinn der Anleger nicht relevant. Deshalb müssen sie sich um die Bausubstanz und die Bewohner auch keine Sorgen machen, denn sie bekommen ihr Geld auf jeden Fall. Zusätzlich gewährt die Bankgesellschaft den Anlegern Andienungsgarantien.

Die Anleger können ihre Anteile nach 25 Jahren zu 100 Prozent und nach weiteren fünf Jahren sogar zu 115 Prozent der investierten Summe an die Bank zurückverkaufen. Der tatsächliche Marktwert der Immobilien spielt hierbei keine Rolle. Was für eine famose Sparbüchse! Für die von der Landesbank gegebenen Garantien haftet die Bankgesellschaft. Hinter der steht das Land Berlin, und hinter dem Land Berlin steht die Bundesrepublik Deutschland, die bekanntlich durch Steuergelder finanziert wird. Besser als mit solch einer Haftungskette kann also wohl kein Anleger versichert sein. Außerdem können die Fondszeichner dann meist noch zwischen 50 bis 80 Prozent ihrer ursprünglichen »Investition« von der Steuer absetzen, ohne irgendeine Leistung zu erbringen und ohne jegliches Risiko. Ich nenne das eine genial-kriminelle Selbstbereicherungsmaschine. Kein Wunder also, dass die Fonds wie warme Semmeln weggingen. Auf der Liste der Zeichner fanden sich dann, als der Skandal aufflog, neben Persönlichkeiten aus den oberen Etagen der Bankgesellschaft Personen aus deren privatem

---

7 Reinhard Laska (ZDF, Frontal 21), »Mit Garantie in den Ruin«. Nach: http://www.berliner-bankenskandal.de/pressespiegel.

Umfeld und prominente Namen aus der Landes- und Bundespolitik.[8]

Und die Justiz? Na ja. Das Bundesaufsichtsamt forderte im März 2001 zwar den Rücktritt von fünf Vorstandsmitgliedern, aber zum Trost der Ausgeschiedenen belaufen sich deren »Versorgungsbezüge« monatlich immerhin auf zwischen 15000 und 20000 Euro, und diese Pensionen werden lebenslänglich bezahlt.[9]

Haftbar gemacht für den Skandal werden also nicht etwa die Verantwortlichen, sondern indirekt der Berliner Steuerzahler. Durch die zugeführte Finanzspritze von 1,75 Milliarden Euro, die zur akuten Rettung der Bankgesellschaft vor dem Konkurs im Jahre 2002 bereits nötig war, verfügt das Land Berlin nun über 81 Prozent der Anteile am maroden Unternehmen.

Aber bei diesen Zahlungen wird es wohl nicht bleiben. Ab 2004 sollen jährlich 300 Millionen Euro zugeschossen werden. 21,6 Milliarden hat der Senat von Berlin für die Risikoabdeckung der nächsten 25 Jahre angesetzt, und die Summe, die im Antrag an den EU-Wettbewerbskommissar Monti genannt wird, liegt sogar bei 35 Milliarden. Das ist eine Größenordnung, die fast das Doppelte des Landeshaushalts von Berlin ausmacht.[10]

Warum hat man die Bankgesellschaft nicht aufgelöst? Ein Volksbegehren der Initiative Berliner Bankenskandal, das die Insolvenzführung anregen wollte, wurde abgeschmettert, mit der juristischen Begründung, dass Volksbegehren, die den Haushalt beträfen, nicht zulässig seien, was wohl bedeuten

---

8 Informationen zu den Mietfonds nach: Benedict Ugarte-Chacon. »Woher nehmen, wenn nicht stehlen?« Politiker und Bankgesellschaft plündern Berlin, http://www.berliner-bankenskandal.de/hintergrund.

9 Manager-Gehälter der Berliner Bankgesellschaft, http://www.berliner-bankenskandal.de/texte/AnzeigeAblehnung_150204.html.

10 *Offener Brief* der Initiative Berliner Bankenskandal, http://www.berliner-bankenskandal.de/Hintergrund.

mag, wo es um Geld geht, hört die Demokratie auf.[11] Dabei hätte die Erfüllung von Miet- und Andienungsgarantien durch die Insolvenz wohl verweigert werden können.[12]

Die Arbeitsplätze der Angestellten sollten hier kaum als Argument gelten, weil es nicht sein kann, dass auf Kosten einiger eine ganze Stadt vor dem Ruin steht, denn nun werden der Hauptstadt jahrzehntelang Millionen Euro Steuergelder nicht zur Verfügung stehen. Dadurch werden wohl viel mehr Arbeitsplätze verloren gehen oder nicht entstehen, denn natürlich fehlt dieses Geld nun für Anderweitiges, wie Kindertagesstätten, Schulen, Universitäten, soziale Projekte, Kultureinrichtungen, Bäder, städtische Infrastruktur und Personal.

Die Stadt übernimmt also bereitwillig auch die Mietausfälle der Fondsanleger, aber in Zukunft will keiner mehr für Mietschulden sozial schwacher Menschen haften, die auf Unterstützung nun wirklich dringend angewiesen wären.

Man kann den Eindruck gewinnen, dass an die Bürger dieses Landes bei ihrer Interessenvertretung durch die Regierenden zwei unterschiedliche Maßstäbe angelegt werden. Wer Geld und Einfluss besitzt, wird von diesem System bereitwillig getragen, nicht aber die Bedürftigen. Da, wo es ohnehin schon an allen Ecken und Kanten mangelt, da muss eisern gespart werden, aber für die kriminellen Machenschaften einer Bankgesellschaft, mit denen sich ohnehin schon reiche Politiker und Manager schamlos noch mehr bereichert haben, da soll der Steuerzahler geradestehen, der sich nicht dagegen wehren kann, außer alle vier Jahre mal, mit einem Kreuzchen auf dem Wahlzettel.

---

11 »Eine Klage ist unausweichlich«, »motz«, Berliner Straßenmagazin, Ausgabe Nr. 5/04 vom 20. 2. 2004, S. 7.

12 Benedict Ugarte-Chacon, vgl. Anm. 8.

Anhand dieses Beispiels lässt sich erahnen, dass der gesellschaftliche Sozialvertrag wohl stärker durch die reichen Bürger ausgehöhlt wird als, wie es oft propagiert wird, vorrangig durch die schwächsten Mitglieder der Gemeinschaft. Und doch richtet sich der Ärger meistens gegen sie, weil sie in den Medien keine Stimme haben und weil die Diffamierungskampagnen der Mächtigen im Volkszorn ihre Früchte tragen. So spricht der hessische Ministerpräsident und mögliche künftige Kanzler Roland Koch in unglaublicher Verdrehung des ursprünglichen Wortsinnes von »Ausbeutung«, wenn er die legitime Inanspruchnahme von staatlicher Unterstützung thematisiert. Seiner Ansicht nach würden durch die »steigende soziale Sicherheit« (wo die eigentlich steigen soll, weiß wohl keiner) die »Ausbeutungsvorstellungen auf immer höherem Niveau immer normaler werden«.[13] Dass die wirklichen Räuber des Sozialstaates aber in den oberen Etagen sitzen und letztendlich ein paar Privilegierte viel mehr zu seiner Zerstörung beitragen als die meist unverschuldet Armen, ist eine leider zu wenig verbreitete Tatsache. Ende der Neunzigerjahre wurden die staatlichen Einnahmeverluste durch Steuerflucht und Steuerhinterziehung auf über 50 Milliarden Euro geschätzt, wogegen der durch »Sozialmissbrauch« entstandene Schaden sich nur auf rund 1 Milliarde belief, schreibt der Ökonom Klaus Heidel in seiner Studie aus dem Jahr 2002 zum Thema Armut und Reichtum in Deutschland.[14]

---

13 Thomas Ahbe, »Arbeit hat auf die Dauer nur der Gezüchtigte«, in: »Freitag«, Ausgabe vom 27. 2. 2004, S. 11.

14 Klaus Heidel, »Reichtum und Armut in Deutschland. Eine Problemanzeige in ökumenischer Perspektive«. Als digitales Format – wie es mir vorliegt – im Internet leider nicht mehr abrufbar. Aber in Buchform erhältlich: hg. von der Werkstatt für Ökonomie im Auftrag des Zentrums Gesellschaftliche Verantwortung und des Zentrums Ökumene der EKHN und des Diakonischen Werks in Hessen und Nassau, Heidelberg, 2002.

Vielleicht sehe ich das zu schwarz, aber ich frage mich manchmal, ob wir bald russische Verhältnisse kriegen werden, in dieser Stadt, in der im Rahmen der allgemeinen Sparmaßnahmen Polizisten als Berufseinsteiger nur noch 740 Euro verdienen sollen, was nicht wesentlich mehr ist als der derzeitige Sozialhilfesatz.[15] Dass ein solcher Beschluss, der derzeit in Planung ist, die Sicherheit der Berliner ohne Bodyguards gefährdet, das ist wohl logisch, denn eine Folge von Unterbezahlung ist ja nicht nur fehlende Motivation zu arbeiten, sondern auch Frust, und immerhin sollte man nicht vergessen, dass diese Leute dann nicht nur wütend sind, sondern auch bewaffnet.

Man soll den Teufel nicht an die Wand malen, aber wo wir gerade schon bei russischen Verhältnissen sind, will ich nur kurz erwähnen, dass man regelrecht dabei zusehen kann, wie die Armut in dieser Stadt grassiert, wo die Flohmärkte jeden Sonntag weiter an die Straßenränder wachsen, da die Menschen schon anfangen, ihr letztes Hab und Gut zu verscheuern, sofern sie nicht doch lieber ihr letztes Hemd anonym beim Boom-Unternehmen Ebay versteigern. Was? Das tun die aus Spaß am Schnäppchenmachen? Stimmt, darin sind wir ja auf der Weltrangliste Nummer 1, und vielleicht kann man das umdichten zu einer besonderen nationalen Fertigkeit, um am Ende kollektiv besonders stolz darauf zu sein.

Tatsache ist aber: Viele Leute brauchen wirklich dringend Geld. Und auch wenn das für manchen unvorstellbar erscheint: Es gibt wieder Hunger in Deutschland! Und damit meine ich jetzt nicht die typische Klientel für Suppenküchen, Obdachlose und arme Witwen, denn das wäre nichts Neues, sondern eine frisch verarmte Schicht von hoch gebildeten, tüchtigen, beispielsweise einstmals selbstständigen Leuten, die seit neuestem bar jeden Einkommens und ziemlich ratlos da-

15 »Berliner Billigpolizei«, »Der Spiegel«, Ausgabe Nr. 9, vom 21. 2. 04, S. 20.

stehen. Vermeintliche Karrieristen sind das, mit ihren gescheiterten Ambitionen im Rücken. Diese Leute fallen nicht nur durch ihre eigenen Erwartungshaltungen, sondern auch durch die Maschen des sozialen Netzes und somit jeglicher Statistik, da viele von ihnen ihren Weg zum Sozialamt noch nicht angetreten haben. Einige wohl aus Scham, andere, weil sie sich weigern zu realisieren oder es einfach nicht glauben können, dass es so ist, wie es ist, nämlich äußerst bescheiden. Es gibt davon zahlreiche Fälle in meinem engeren Bekanntenkreis. Architekten, Fotografen, Künstler, Designer, Schauspieler, Übersetzer, Programmierer, usw. Diese Kette lässt sich beliebig fortsetzen, und diese Leute hungern bisweilen. Wenn sie kein Geld haben, ist Schmalhans Küchenmeister. Ein freier Journalist zum Beispiel, der hatte neulich mal sechs lange Tage nichts anderes zu essen als puren Reis. »In der Dritten Welt ist das natürlich an der Tagesordnung«, sagte ich lapidar, als ich davon erfuhr. Das klang vielleicht etwas herzlos. Aber ich kannte diese Diät schon aus eigener Erfahrung, nur mit Nudeln, deshalb war ich nicht besonders geschockt. Mein Bekannter lachte und sagte, er beschwere sich auch gar nicht. Und seine Eltern hätten ihm irgendwann ein Paket mit Nahrungsmitteln zugesandt.

Ich musste, als ich das hörte, sofort an die Care-Pakete meiner Oma denken, die sie mir am Anfang noch regelmäßig schickte, als ich gerade in Berlin gelandet war und auch nicht so schnell Arbeit fand. Oma war in den ersten Berliner Jahren meine Luftbrücke aus dem wohlhabenderen Westen, mein persönlicher Rosinenbomber quasi. Aber da war ich erst Mitte zwanzig, hatte das Diplom frisch in der Tasche, und es war mir damals schon unangenehm, dass ich auf Omas Hilfe angewiesen war. »Das sollst du doch nicht tun! Ich fresse dir ja noch deine Rente weg«, sagte ich jedes Mal, wenn ich mich bei ihr telefonisch bedankte. Obwohl die Renten damals noch nicht gekürzt waren. Und vielleicht waren meine Schuldgefühle auch unbegründet, denn manche behaupten ja, dass wir heute die reichste Rentnergeneration aller Zeiten hätten. Sie führen den Mallorca-Jetset an, dekadente Greise mit Cocktails, Tennissocken, Limousine. Andere kontern, mit durchschnittlich 1100 Euro könne man nun wirklich trotz Billigflügen und so weiter keine großen Sprünge machen.

Ich persönlich finde 1100 Euro natürlich wahnsinnig viel Geld, und wenn ich jeden Monat so viel hätte, dann fände ich mich steinreich. Deshalb ist das auch so eine kniffelige Sache mit den Begriffen »arm« und »reich«. Das ist ja immer auch eine Frage des Maßstabs. Aber welchen man anlegen soll, selbst innerhalb von Deutschland, da sind sich die Experten noch uneins. So kann einem keiner sagen, wo die Armutsgrenze denn nun genau liegen soll. Noch weniger Konsens gibt es über das, was man unter Reichtum versteht.[16] Fest steht aber, dass man mehr Aspekte berücksichtigen muss als nur den der »Flüssigkeit«, will man die Begriffe füllen. Man muss auch fragen, wie sich die Verteilung der Vermögen im unterschiedlichen Zugang zu politischen, sozialen, wirtschaftlichen und kulturellen Rechten[17] widerspiegelt, denn wenn Geld beispielsweise in der Bildung keine Rolle spielen würde, warum studieren Menschen aus einkommensschwachen Schichten dann deutlich seltener als die aus wohlhabenden, obwohl sie laut Verfassung genauso guten Zugang dazu hätten?

»Wir sind das Industrieland mit der höchsten Zugangshürde zur höheren Bildung für Kinder aus armen Familien«, sagt Joschka Fischer[18], und ich sage, Zufall oder nicht, die Quoten der schlechten Noten steigen in Deutschland laut PISA-Studie an, und zwar analog zum weiteren Auseinanderklaffen der Vermögensschere. Vielleicht ist diese Analogie ein »Kurzschluss«.

---

16 Heidel, vgl. Anm. 14.

17 Heidel, ebd.

18 Interview mit Joschka Fischer. »Elite – Das ist falsch«, in: »Der Stern«, Ausgabe Nr. 4, vom 15. 1. 2004, S. 42.

Aber eines steht doch wohl fest: dass arme Menschen nun auch noch zunehmend ignorant bleiben, das wäre doch fatal, in einer Gesellschaft, wo an der Quelle der Informationen zu sitzen gleichbedeutend ist mit höhere Überlebenschancen zu haben. Wissen ist das Gold der Zukunft, die wichtigste Handelsressource im Zeitalter der Globalisierung, in dem mit Buddeln, Legen, Stellen, Setzen kaum noch einer seine Brötchen verdienen kann, jedenfalls nicht in unseren Breiten. Die Manufakturarbeit ist ein Relikt aus Zeiten der Industrialisierung. Und die haben wir als weit entwickelte Westnation längst hinter uns gelassen. Trotz verzweifelter Kohlesubventionen befinden wir uns in einer Post-Bodenschatz-Plünderungsphase, und der typische Fabrikarbeiter steht doch heutzutage knapp vor seiner Entlassung.

Ob Bildung also nun ein Rohstoff wird, den es künstlich zu verknappen gilt, damit er im Marktwert steigt? Alles deutet sehr darauf hin, verfolgt man die Bestrebungen der WTO und des EU-Parlaments, so genanntes »geistiges Eigentum« rechtlich durch Verträge wie das TRIPS[19] zu schützen und Bildung im Rahmen des GATS zu privatisieren.[20] Die daraus folgende Konsequenz ist die zunehmende Kommerzialisierung von Wissen auf Kosten der mittellosen Leute. In diesen allgemeinen Trend passte dann auch das Erscheinen einer PISA-Studie, mit deren Ergebnissen man der erschreckten Bevölkerung einleuchtend klar machen konnte, dass die althergebrachten Bildungssysteme auf der Basis von rein staatlicher Förderung nicht mehr effizient und zeitgemäß seien. Schon schallt der Ruf nach Eliteuniversitäten und Eliteschulen durch unser Land. Natürlich bin auch ich dafür, dass Deutschland sich im internationalen

---

19 TRIPS = Agreement on Trade related aspects of intellectual property rights. http://www.attac-austria.org/aktuell/linz/trips.php.

20 GATS = General Agreement on Trade in Services. http://www.attac.de/gats/hintergrund/bildung.php.

Vergleich messen kann und dass das Bildungsniveau steigt. Aber ich bezweifele, dass es gut ist, etwas so Kostbares wie die Bildung allein dem Wettbewerb zu überlassen, denn, wie wir gesehen haben, fördert der nicht nur die Qualität, sondern bisweilen auch die Korruption. Und wo Wettbewerb ist, da gibt es auch Verlierer. Wer werden wohl die Profiteure und wer die Benachteiligten sein? Und wo sollen die hunderttausend Stipendien für die ärmeren, aber deshalb nicht geistig minderbemittelten Studenten plötzlich herkommen, die man zur ausgleichenden Gerechtigkeit von erhobenen Studiengebühren verspricht? Und schließlich, was macht man eigentlich mit der Elite, die schon da ist und die gar nicht erst eine Chance bekommt, zu arbeiten? Eine ganze Generation fertig ausgebildeter Studenten sitzt auf der Straße, trotz des Pillenknicks. Sind diese Akademiker alle zu unqualifiziert für die Welt? War ihre Ausbildung so schlecht?

Mein Studium haben meine Eltern sich einiges kosten lassen, ich hatte keinen Anspruch auf BaföG. Wir waren zu wohlhabend. Mein Vater sagte, er investiere in meine Zukunft. Ich habe nie nachgerechnet, wie viel das insgesamt gewesen ist, aber heute komme ich mir vor wie eine Aktie, die steil im Kurs gefallen ist. Dabei bin ich wirklich motiviert gewesen und habe an meine Chancen geglaubt.

An unserem ersten Studientag sagte ein Professor, der das Empfangsgremium für die Erstsemester anführte: »Seien Sie sich stets bewusst, welches Privileg Sie da genießen. Und vergessen Sie auch nie die Müllmänner, die das mit ihrer Arbeit erst möglich machen.« Ich verstand nicht, wie er das jetzt genau meinte, fasste es aber mal so auf, dass wir gefälligst keine Standesdünkel kriegen sollten, denn damals galt das Kommunikationsdesign-Studium noch als etwas Besonderes, heute würde man wohl wieder Elite sagen dürfen, ohne falsche Bescheidenheit vorzuschützen. Tatsächlich gab es diesen Studiengang nur an fünf Unis in Deutschland, und man versprach uns eine goldene Zukunft, wenn wir nur bis zum Abschluss durchhalten würden.

In Wirklichkeit ist die Sache dann anders verlaufen. Hauptproblem: Ich war am Computerzeitalter in der Ausbildung fast vollständig vorbeigeschrappt. Draußen in der Realität lief ohne diese neumodischen, grauen Dinger aber nichts mehr ab. Ich musste es bald einsehen, mir fehlte einfach das digitale Knowhow für den Berufsalltag einer Grafikerin, und ich konnte zu meiner Überraschung auch nicht gleich Art-Direktorin werden. Das gab ein böses Erwachen.

Das spricht natürlich dafür, dass es Sinn machen würde, die Universitäten zu reformieren, jedenfalls was ihre Strukturen betrifft. Studenten dürfen nicht in einer behüteten Nischeninstitution ihr Dasein fristen, lösgelöst von der Wirklichkeit, die sich mit rasender Geschwindigkeit im Sekundentakt verändert, in der eben noch aktuelle Wissensstände schon in der nächsten halben Stunde widerlegt sein können und in der die Quantensprünge der technischen Entwicklungen sekündlich größer werden. Aber so war das auch nicht. Schon in den Neunzigerjahren hieß das Schlagwort der Stunde Interdisziplinarität. Viele meiner Professoren hatten längst begriffen, was heute alle fordern, dass es notwendig sei, die Bildung mit der Welt der Wirtschaft und Forschung wesentlich enger zusammenzubringen, so dass am Ende des Studiums Diplomanden rauskommen, die in der Gesellschaft auch ihren Platz finden und nicht vor verschlossenen Türen stehen.

Ich bin bereit, mein persönliches Scheitern auf mich zu nehmen, weil es sein kann, dass ich zu sehr von der Kunst geträumt habe und dass meine Vorstellungen vom Berufsleben zu ideal gewesen sind. Trotzdem möchte ich darauf hinweisen, dass gerade die Neunzigerjahre Zeiten radikalen Wandels waren. Man sprach von einem Paradigmenwechsel. Ich meine, keine Erfindung der letzten Jahre hat die Welt so nachhaltig geprägt und verändert wie das Internet, dessen Verbreitung erst Mitte des letzten Jahrzehnts um sich griff, als ich schon fast eine Absolventin war. Ob eine solch rasante Entwicklung überhaupt für die Vorausplanenden vorausschaubar gewesen ist, das halte ich für fraglich, und deshalb beschuldige ich weder Politiker noch Universitätsprofessoren, für mein berufliches Missgeschick verantwortlich zu sein – obwohl ich beileibe kein Einzelschicksal bin.

In den ersten Semestern haben wir uns noch mit Bleisatz beschäftigt, was heute schon nach Steinzeit klingt. Man malte und zeichnete noch mit der Hand, nicht mit einer Maus, und wenn wir einen Film schnitten, dann geschah das analog, mit U-Matic oder Schere, und nicht etwa mit einem Avid, der damals noch den Preis eines Kleinwagens hatte. Wir besaßen für rund 300 Studenten einen Computerraum, mit acht Computern drin. Selbst simple PCs und MACs waren da noch längst nicht so erschwinglich, dass sich mal eben jeder schnell einen hätte kaufen können. Deshalb plädiere ich natürlich für eine bestmögliche Ausstattung von Universitäten und weiß zugleich, wenn den Studenten stets die allerneuesten Geräte zur Verfügung stehen sollen, braucht man Geld. Aber immerhin ist Deutschland nach wie vor die drittgrößte Industrienation, und wenn sie es bleiben will, dann sollte die Bildung, die ihr zu Recht so am Herzen liegt, auch in deutschem Ressort bleiben. Wenn die reichen, weltweit agierenden Wirtschaftsunternehmen dieses Landes ihre Steuern in das soziale Netz einzahlen würden, statt ihre Gewinne durch geschickte Winkelzüge zu verschieben, dann bräuchte man sie jetzt nicht als private, die Demokratie aushöhlende, die Welt in ihrem Sinne steuernde Sponsoren. Denn obwohl die Gewinne in den letzten Jahren überdurchschnittlich gewachsen sind, trägt der Faktor Kapital immer weniger zur Finanzierung gesamtgesellschaftlicher Aufgaben bei. Besonders dramatisch sind die Verluste bei der Einkommensteuer, die 1960 noch rund 31 Prozent des Steueraufkommens erbrachte, 2000 aber nur noch 2,7 Prozent. Demgegenüber entfielen im Jahre 2000 über 35 Prozent des Steueraufkommens allein auf die Lohnsteuer, womit der Faktor Arbeit mehr als dreifach so stark im Vergleich zu 1960 belastet wurde. Es findet also eindeutig eine fiskalische Umverteilung des Reichtums von unten nach oben statt. Mittlerweile tragen die »Massensteuern« drei Viertel des gesamten Steueraufkommens, dreimal so viel wie der Faktor Kapital.[21] Es ist die Masse der Durchschnitts- und Wenigverdiener, auf deren bereits geschwächten Schultern unser Sozialstaat ruht, wogegen die reiche Wirtschaft, die vom Staat immerhin profitiert, sich – man kann es nicht anders sagen – unehrenhaft aus der gesellschaftlichen Verantwortung stiehlt.

Diese Schelte der Wirtschaftsbosse soll aber jetzt nicht als Argument gegen die engere Vernetzung der Universitäten mit Wirtschaft und Forschung angeführt werden, die ich, wie gesagt, für sehr wünschenswert halte, nur wünsche ich mir eben einen solch interdisziplinären Zusammenschluss nicht auf der Basis von Wettbewerb. Ich bezweifele nämlich nicht nur, dass mit mehr Wettbewerb auch mehr Gerechtigkeit entsteht, ich bezweifele auch, dass alleine durch den Wettbewerb automatisch mehr Qualität zustande kommt, denn Wettbewerb an sich ist weder ethisch noch anspruchsvoll. Gerade die geplatzte Blase der Neuen Medien ist ein Gegenargument dafür, denn wie ist es da abgelaufen?

Ein neues Marktsegment wurde entdeckt, das einträglich war, und plötzlich stürzte sich halb Deutschland in diesen Berufszweig, und Hinz und Kunz war plötzlich Webdesigner oder -master. Dementsprechend sah das Internet auch aus, Quantität ja, Qualität null. Das ist das Wesen des Wettbewerbs. Man arbeitet, solange der Rubel rollt, und das ist nicht unbedingt im-

21 Alle Angaben zu Steuerverhältnissen nach Klaus Heidel, vgl. Anm. 14.

mer einem höheren Anspruch zu verdanken, weil der Rubel, wie die Börsenkurse, oft irrationalen Kurven folgt.

Ich wäre ja als Designerin gerne für das Internet in die Bresche gesprungen, das hätte mich gereizt, aber meist machten jugendliche Quereinsteiger das Rennen. Einen Abschluss brauchte man gar nicht. Mein umfassendes Studium war ganz umsonst gewesen, denn Spezialistentum war in der Branche angesagt, das man sich selbst am PC aneignen konnte. Erst ließ ich in den Bewerbungen meine Fremdsprachen weg, dann die Semester in Philosophie und irgendwann nach der x-ten Absage dachte ich, am besten verschweige ich das Diplom gleich ganz. Ich verbrannte die Zeugnisse … nein, das ist nicht wahr, aber ich hätte es getrost tun können. Nach der feierlichen Überreichung hat mich nie wieder einer danach gefragt. Das hätte man sich also sparen können … fast …, nicht ganz.

Bei den Ämtern, die als träges Abbild den gesellschaftlichen Entwicklungen wie eine lahme Ente hinterherhinken, hatte man immerhin als Absolvent einen gehobenen Status, da galt der »Dippel« noch was. Und so hatte ich Glück, dass Akademiker bevorzugt waren bei Kohls Aufbau-Ost-Wiederwahlprogramm. Schnell wurde aus irgendwelchen EU-Töpfen ein Geldsegen über den strukturschwachen Zonen der vereinten Republik ausgeschüttet, auch über der armen, frisch gebackenen Hauptstadt Berlin, wo ich mittlerweile ansässig war. Ich bekam also die Chance, eine einjährige Weiterbildung zur Fachfrau Screendesign zu machen und somit ein für alle Mal meine Defizite am Computer auszubügeln, gefördert von Vater Staat. Und ehrlich, ich war so was von überrascht und froh über die unverhoffte Rettung aus meiner Notlage, denn meine Sparbücher waren mittlerweile bis zur Neige geplündert, nach anderthalbjährigen Überlebenskünsten auf Basis von Aushilfsjobs.

Auf die Idee, Sozialhilfe zu beantragen, war ich gar nicht gekommen, denn das Sozialamt existierte damals noch gewissermaßen außerhalb meines Denkhorizonts. Sozialhilfe, das war doch was für sozial Schwache, und so sah ich mich nun einmal gar nicht, als Erziehungsprodukt eines ambitionierten Mittelstandes, in dessen Reihen man noch an den unendlichen Aufstieg glaubte, als gerechten Lohn für Fleiß und Arbeit. Dabei sind ja die Schotten längst dicht.

Nur sehr wenige schaffen noch den Sprung in den Reichtum, obwohl die privaten Haushalte statistisch gesehen immer reicher werden. Nur ist dieser Reichtum eben sehr ungerecht verteilt. Vier Fünftel der deutschen Bevölkerung verdient so wenig Geld, dass sie nur auf 33 Prozent der Ersparnisse kommt, und von dem anderen Fünftel ist ein minimaler Teil so reich, nämlich 0,5 Prozent, dass diese Leute nach Schätzungen einer Privatbank aus dem Jahre 2001 mehr als ein Viertel der gesamtdeutschen Ersparnisse besitzen. Und diese Vermögenskonzentration dürfte eher zu- als abnehmen, da die Mobilität an den Rändern der Einkommensverteilung stetig abnimmt. Diese Beobachtungen, schreibt Klaus Heidel, seien sozialpolitisch bedeutsam, denn sie legten nahe, dass die Polarisierung der Verteilung seit den Neunzigerjahren dauerhafter werde: Wer reich sei, bliebe dies mit großer Wahrscheinlichkeit auch in Zukunft, und wer arm sei, werde nur selten den Aufstieg schaffen.[22]

Ich halte den Ausdruck Chancengleichheit mittlerweile für eine Farce. Es geht gar nicht um Eliten, das ist nichts als Propaganda. Es geht bei der Privatisierungskampagne von Bildung nicht nur um die Erschaffung eines neuen Marktes, sondern auch um die Zementierung bereits bestehender Vorteile in der Riege der Reichen. Es ist ja hinlänglich bekannt, dass die Wirtschaftsmagnaten ihren Nachwuchs lieber aus den eigenen Reihen rekrutieren. Wie viele Manager kommen denn aus der Unterschicht herauf? Die kann man wohl lange und letztlich

22 Alle Angaben zur Verteilung der Vermögen nach Klaus Heidel, vgl. Anm. 14.

vergeblich suchen, genauso vergeblich wie die berühmte Nadel im Heuhaufen. Der Adel kehrt über den Umweg des Geldes zurück, das ist es, was ich glaube.

Joschka Fischer sagt: »Bildung darf nicht vom Geldbeutel der Eltern abhängen.«[23] Sein Wort in Gottes Ohr. Noch kostet der Schulbesuch ja nicht viel mehr als damals, als ich auf das Gymnasium ging. Nur dass zusehends mehr Kinder für die Klassenfahrten Fördergelder benötigen und weniger schöne Tornister tragen. Sie haben auch weniger Geld für beliebtheitssteigernde Markenklamotten und Tausch-Accessoires. Zu meinen Schulzeiten tauschte man »Liebe-ist«-Bilder aus. Im Moment sind gerade Diddl-Hefte und Diddl-Briefpapiere angesagt, jedenfalls bei den Zweitklässlern. Das sehe ich bei den Kindern meiner Freundinnen. Diddl, das ist so eine hässliche gezeichnete Maus, wenn man die sieht, glaubt man es nicht, aber die ist gerade ungeheuer modern. Nina, die Tochter von Maria, zeigte mir neulich einen ganzen Ordner voll von dem Zeug, stolz wie Oskar, nur aufs Haben. Ich sagte: »Hey Nina, das ist Briefpapier, und das schiebt man nicht in Klarsichtfolien, um es herumzuzeigen, da schreibt man Briefe drauf und steckt es dann in Umschläge, die man wiederum in Briefkästen steckt.« »Das mache ich. Aber erst wenn die wieder out sind«, sagte die Achtjährige kess, die die Regeln dieser Welt bereits begriffen zu haben schien.

Jetzt wundern Sie sich sicher, das ich eben andeutete, meine Freunde wären durch die Bank in ihrer Existenz bedroht, und wer so viel Geld für blödsinnigen Schnickschnack ausgebe, der könne doch gewiss auch noch ein paar Cent für Bildung opfern. Ja, sicher. Doch Maria ist wirklich eine ziemliche Ausnahme in meinem Bekanntenkreis, da sie noch Arbeit hat. Als in ihrer Firma letztes Jahr über 30 Leute entlassen wurden, da

23 Interview mit Joschka Fischer, vgl. Anm. 16.

blieb sie ungekündigt. Sie hat riesiges Glück gehabt, wenn man mal davon absieht, was das für eine aufreibende Angelegenheit ist, als Alleinerziehende Kind und Arbeit unter einen Hut zu bringen. Ich sehe, wie sie sich Tag für Tag abhetzen muss. Ihr Leben läuft nach einem strikten Zeitplan ab. Sie muss ja zwei Terminkalender synchronisieren. Aber immerhin hat sie noch einen Job, auch wenn sie nur wenig Zeit hat, ihr Geld auszugeben.

Wenn man überlegt, was das für eine komische Gesellschaft ist, in der manche für zwei schuften, also doppelt belastet sind, und andere dagegen gar nichts zu tun haben! Wirklich unsinnig. Vielleicht muss ja auch der Begriff der Arbeit neu definiert werden, denn das, was er zu bezeichnen vorgibt, mutiert seit Jahren vor sich hin und nimmt bisweilen schon groteske Züge an.

Auf der Schule habe ich gelernt, die arbeitende Bevölkerung sei dank der Gewerkschaften etc. wesentlich autonomer, freier, rechtlich geschützter und finanziell besser gestellt als etwa ein armer Weberknecht zu Marx' und Engels Zeiten. Aber nun sehe ich, die Arbeitsbedingungen aus den Zeiten der Industrialisierung kehren schleichend zurück, und zwar durch den Druck der breiten Entlassungswellen auf die verbliebenen Angestellten.

Aus Not tut der Mensch einiges und so wundert es keinen, dass in Zeiten wirtschaftlicher Engpässe mancher zu Konditionen arbeitet, die ihn früher abgeschreckt hätten. Ein Freund von Maria arbeitet zum Beispiel in einer Internetfirma, wo sich die Gewerkschaften nie blicken lassen. Die Arbeitszeit reicht von 9 Uhr morgens bis 9 Uhr abends, und wer sich profilieren will, der bleibt sogar noch länger. Die nervliche Belastung ist erheblich, nicht nur wegen der vielen abzuleistenden Stunden auf dem Sitzfleisch, sondern auch durch den enormen Lärmpegel, denn 50 Leute arbeiten in dem gleichen Raum.

Mich erinnern die Großraumbüros der Gegenwart an die riesigen Industriehallen von einst, die man von Kupferstichen kennt, wo Mensch an Mensch vor sich hin schuftet, nur dass man bei der heutigen Arbeit meist viel mehr als früher denken muss und dass sich unter solchen Umständen gut zu konzentrieren ein wahres Meisterstück ist. Da klingeln unablässig die Telefone, es wird gesprochen, um einen herum rennen Leute, wuseln Papiere durch, da klappern Tastaturen, rasseln Kaffeelöffel in den Kaffeetassen, fluchen die Kollegen über ihre abgestürzten Computer, die nicht abgestürzten Geräte brummen im Kanon, die Klimaanlage summt, und über allem flackert das Neonlicht im Wechselspiel mit 50 bläulichen Monitoren. Sehen wir mal vom Elektrosmog ab, denn dieses Phänomen ist in seinen Auswirkungen auf Mensch und Umwelt noch zu wenig erforscht, um es ins Feld zu führen, aber was ist mit dem Faktor Stress? Denn unter solchen Rahmenbedingungen Tag für Tag einer Tätigkeit nachzugehen, ist das etwa nicht Stress? Und da Stress nachweislich krank macht, ist ein so gestalteter Arbeitsplatz nicht eigentlich vom Gesetzgeber dringend einzustufen als Körperverletzung und wie das Rauchen in öffentlichen Räumen zu unterbinden?

Neulich las ich in der Zeitung einen Artikel mit dem Titel »Arbeit hat auf die Dauer nur der Gezüchtigte«. Darin schreibt der Autor Thomas Ahbe von der paradoxen Spaltung der Arbeitnehmer in ausgepowerte Arbeitsplatzbesitzer und niedergedrückte Arbeitslose. Die Peinigung der Arbeitslosen sei das Mittel, das die Arbeitenden zur Einpassung in ein System nötige, dessen Output für sie immer schlechter würde. Dabei sei die Idee, nach der nur der leben könne, der auch arbeite, heute obsolet. Am Ende resümiert er, der Kapitalismus brauche, wenn er nicht in Chaos und Terror versinken wolle, einen neuen Gesellschaftsvertrag.[24] Ähnlich drastisch sieht es Heidel,

24 vgl Anm. 13.

der aufgrund der sozialen Polarisierung von einem drohenden Auseinanderfallen der Gesellschaft spricht. Soziale Gerechtigkeit, sagt er, sei kein inhaltsleerer, sondern vielmehr ein Schlüsselbegriff der demokratischen Gesellschaft. Und er fordert, kein Gesellschaftsmitglied dürfe über so viel materielle Mittel verfügen, dass es über die damit verbundene Macht den politischen Prozess einseitig in seinem Interesse bestimmen könne. Soziale Ungleichheit sei so mit einer unteren und einer oberen Grenze zu versehen.[25] Das hört sich fast utopisch an, um nicht zu sagen visionär. Helmut Schmidt soll ja mal gesagt haben, wer eine Vision habe, müsse zum Arzt. Aber ich glaube, wenn sich die Forderung nach sozialer Gerechtigkeit in unseren Ohren bereits so anhört wie eine abgehobene Theorie, beweist das nur umso mehr, dass es mit dem ethischen Grundkonsens von gegenseitiger Solidarität nicht mehr weit her ist.

Tatsächlich fühle ich mich ganz und gar nicht in die Lage versetzt, an dieser Gesellschaft in einem Maße zu partizipieren, wie ich es mir wünsche, eben weil diese Gesellschaft mir nicht die Möglichkeit bietet, meinen Beitrag zu erbringen. Aber vielleicht kann ich das bald schneller, als mir lieb ist. Nicht, dass ich mich doch drücken wollte, aber man plant ja jetzt die Arbeitslosenhilfe und die Sozialhilfe in der Arbeitslosenhilfe II zusammenzulegen. Und vielleicht hat das dann ähnlich ungeahnte Vorteile für mich, wie die Zusammenlegung der beiden Viertel Friedrichshain und Kreuzberg. Aber ich befürchte, eher nicht, denn nicht nur gehen die ersten Agenturen für Arbeit bereits Pleite[26], sondern man ist auch ein Outlaw, was berufliche Rechte angeht. Da kann man nicht mehr nach einer Arbeit verlangen, die den eigenen Qualifikationen entspricht. Da muss man tun, was ansteht, sonst wird das Geld gestrichen. Im Detail

25 vgl. Anm. 14.

26 »Pleite nach Maß«, »Der Spiegel«, Ausgabe Nr. 9, vom 21. 2. 2004, S. 99.

wird sich ja noch um die Zumutbarkeitsregelung gestritten, aber ich kenne einen arbeitslosen Programmierer, der wurde bereits einmal abkommandiert zum Zigarettenkippen-Spicken. Und ich frage mich, kann es wirklich sein, dass unser Dienst an der Gesellschaft darin bestehen soll, begrünte Mittelstreifen oder Bahndämme von Staniolpapierchen und Hundehaufen zu befreien? Solche Dienste sollte man als Resozialisierungsmaßnahme für korrupte Manager erwägen, statt arme Bürger zu versklaven! Ich arbeite nämlich gerne, auch ohne Zwang. An meinem Monitor klebt sogar die Visitenkarte einer Designerin, die ich genial finde. Also die Karte meine ich. Darauf steht: I love work. Aber was soll ich machen? Mir Arbeit aus den Rippen schneiden kann ich nicht. Obwohl ich das auch schon versucht habe. Ich hielt mich noch längere Zeit mit der zugegebenermaßen nur wenig einträglichen Masche über Wasser: Arbeitslose Designerin baut Webseite für arbeitslose Fotografin, die arbeitslose Schauspieler fotografiert, etc. …

Meine Mutter machte mir neulich am Telefon den vorsichtigen Vorschlag, ich solle doch mal langsam ans Umsatteln denken. »Umsatteln zu was denn«, frage ich, »soll ich jetzt vielleicht noch eine Metzgerlehre an mein Studium anhängen, nur weil diese Branche gerade einen akuten Lehrlingsmangel hat? Und außerdem, vergiss es, ich bin einfach zu alt, die würden mich nicht mal nehmen.« »Krankenpflege geht aber immer noch«, beharrte meine Mutter. Viele ihrer Freundinnen hätten erst nach der Kindererziehung damit angefangen.

»Mami«, sage ich, »verstehst du das nicht? Es gibt gar nicht genügend Arbeitsplätze für alle Menschen in diesem Land. Und das ist schließlich nicht meine Schuld, sondern politisches Versagen und auch eine Folge von wirtschaftlichen und technischen Entwicklungen. Wer Menschen durch Maschinen ersetzt und Kinder in Thailand beschäftigt, der muss mit so was rechnen. Begreif es doch, der deutsche Arbeitsplatz gehört zu einer aussterbenden Art. Wenn ich jetzt also Krankenpflegerin werden würde, dann würde ich diese Stelle bloß jemandem wegnehmen, der vielleicht keine Möglichkeit hatte, ausgiebig zu studieren, eben jemandem, der mit seiner derzeitigen Qualifikation bloß Krankenpfleger werden kann. Und was macht der, so ohne jede Perspektive? Der wird natürlich wütend und kommt vielleicht auf dumme Gedanken, wird radikal oder läuft Amok. Du siehst also, ich kann deinen gut gemeinten Vorschlag schon aus moralischer Verantwortung nicht annehmen.« Vermutlich überzeugten diese Argumente meine Mutter nicht so ganz, aber sie kam während des restlichen Telefonats auch nicht mehr darauf zurück.

Es ist ja auch schwierig zu verstehen für meine Eltern. Sie haben sich das alles anders vorgestellt. Das Studieren, so dachten sie nämlich, denen es selber nicht vergönnt war, sei eine Einbahnstraße zum Erfolg, an deren Ende dicke schwarze Zahlen stünden, um die einzukassieren man gar nicht herumkäme, selbst wenn man es gar nicht darauf anlegte, reich zu werden, so wie ich, die ich in meinem jugendlichen Wahn eine künstlerische Arbeit aus reinem Idealismus anstrebte. Wegen Finanzangelegenheiten gerieten wir uns öfters in die Haare, als sie noch für meinen Unterhalt aufkamen. Meine kritische Einstellung gegenüber dem Geld und meine störrische Weigerung, es als Kompass meiner Laufbahn zu Rate zu ziehen, nach dem Motto: lieber arm als unglücklich; und ich will mich unbedingt verwirklichen, das alles hätte meine Eltern, die selber Armut noch gekannt hatten, ja zur Weißglut treiben müssen, hätten sie sich nicht trösten können, dass ein so degeneriertes Verhalten wohl nur auf meine überaus behütete Kindheit zurückzuführen war, in der ich die Erfahrung von materieller Not am eigenen Leib vollkommen entbehrt hatte. Sie dagegen hatten ihre Kindheit in der Nachkriegszeit verbracht. Harte Zeiten waren das gewesen, erzählen alle Beteiligten. Meine Mutter hat sich sogar, was für meine Geschwister und mich vollkommen unvorstellbar erschien, vor Hunger mit ihrem kleineren Bruder fast um die fette Haut auf der Milch, vor der wir uns so ekelten, geschlagen.

Ja, als ich jung war, da fand ich das Arm-Sein noch romantisch und verwegen. Heute will ich vermeiden, dass ich bald dahin komme, mich um Essen prügeln zu müssen. Auch deshalb engagiere ich mich politisch. Ich sehe keine andere Möglichkeit, als es zivilgesellschaftlich zu tun, bei attac, denn alle Volksparteien scheiden aus. Bei keiner von ihnen sehe ich nämlich glaubwürdige Konzepte, wie die wirtschaftliche Globalisierung mit sozialer Gerechtigkeit zu vereinbaren wäre. Wohl deshalb streiten sie sich den ganzen Tag um ihre Posten. Ein einziges Hickhack ist das, nichts als Ablenkung von der Vogel-Strauß-Mentalität, dem Ducken vor Sachzwängen, den WTO-Lobbys und Wirtschaftsbossen. Es ist so erbärmlich, die Tagesschau kann man kaum noch gucken. Bisweilen erscheinen mir die Politiker in ihren Entscheidungen gar so weltfremd wie Marie Antoinette. Zum Beispiel Ulla Schmidt. Aber angeblich muss man die Reformen ja nur besser vermitteln, so als ob das Volk – wenn es nur nicht so dusselig wäre – schon längst begriffen hätte, dass, wer kein Brot hat, eben Kuchen essen muss.

Manchmal denke ich, man müsste die Politiker allesamt in einen Bus packen, mal rausholen aus ihren weichen Ledergarnituren in Büro und Auto und mit ihnen eine Sightseeingtour durch unsere Stadt unternehmen. Hier in Friedrichshain könnten sie dann, um sich ein realistischeres Bild von den Gegebenheiten zu verschaffen, butterfahrtartig im Sozialladen shoppen gehen, als Highlight der Tour. Oder wenn Sonntag wäre, könnte man sie zum Flohmarkt verfrachten, um sie dort, natürlich mit gekürztem Taschengeld, just for fun, ein paar Schnäppchen machen zu lassen. Mal sehen, wie sie sich dabei anstellen. Und vielleicht wäre im Anschluss daran auch noch Zeit für ein paar ernsthafte Gespräche.

Genau, ich lade die Politiker einfach zu einer kleinen Stippvisite ein, sofern sie nicht wahlweise eine der Obdachlosen-Notunterkünfte als Treffpunkt vorziehen. Ein Restaurant wäre mir auch lieber, aber das kann ich mir nicht mehr leisten. Mein Kaffeekränzchen würde wohl auch etwas spartanisch ausfallen, aber das würde man mir sicherlich verzeihen, denn natürlich scheidet ein Arbeitsloser als guter Gastgeber aus. Bei Wasser und Brot würde ich den Politikern erklären, wie angewiesen ich auf meine Wohnung bin, dass ich sie wirklich tagein tagaus nutze, denn in einer freien Marktwirtschaft, wo jeder Quadratzentimeter kommerziell genutzt wird und ein Straßencafé am nächsten klebt, da ist die Welt ja eine Sperrzone für den Mittellosen. Man kann sich in der Öffentlichkeit doch höchstens noch kostenlos auf einen plakatierten Stromkasten setzen und selbst das ist nicht erlaubt. Aber wenigstens verscheucht einen da kein Kellner, und kein Kinoaufseher schmeißt einen sofort raus. Es steht zwar nicht »Eintritt ohne Geld verboten« an den Türen der Etablissements, doch ist man nicht verzehrwillig, so ist man recht unerwünscht. Der Kunde ist König, aber nicht der Unvermögende. Für den ist das öffentliche Leben oder das, was man so Kultur nennt, eine geschlossene Gesellschaft. Bleibt ihm nichts anderes übrig, als sich legal auf eine Parkbank zu verpflanzen, so wie die Penner es auch tun.

Aber wer weiß, wie das Wetter wird, und daher lade ich zu mir nach Hause ein. Auf meinen Second-Hand-Möbeln würde ich die Politiker um mich scharen, und wir würden den Dialog beginnen. Es würde wohl erst um die Steuern gehen. Man würde versuchen, mich zu demütigen, weil ich ja keine zahlen kann. Ich würde aber tapfer anmerken, dass ich schon welche zahlen würde, hätte ich nur Arbeit, und dass ihre steuerliche Begünstigung der großen Unternehmen ja null Arbeitsplätze mehr geschaffen hätte. Und sie sollten doch endlich aufhören, uns für blöd zu verkaufen und uns weiszumachen, dass wir Arbeitslosen an der Lage auch noch selber schuld wären, weil wir nicht fähig sind, unseren Job vernünftig auszuüben. Ich würde fordern, dass wir Bürger, unabhängig vom Kontostand, wieder stärker in die sozialpolitischen Entscheidungsprozesse eingebunden würden, statt uns auszugrenzen und zu entrechten. Schließlich wären wir in der Mehrzahl, und das wäre doch immer noch eine Demokratie hier, oder? Dann würde ich mein Glas erheben, einen Schluck Kranenberger trinken und rufen: »Nieder mit der Vogelperspektive!« Ob die Politiker wohl darauf mit mir anstoßen? Ich wäre so gespannt, was sie dann tun würden.

Die egolose Gesellschaft. Vom systematischen Ich-Schwund und der darauf folgenden Irrklage über Selbstbesessenheit

Von Stefan T. Gruner

DIE THESE: WIR leiden nicht an einer egoistischen Gesellschaft, wir lernen den Umgang mit Ich-losen Gesellen.

Das Bild: Frau schmust mit Mann an einer Mauer, bereit für einen Quickie. Der Mann geht, in Zeiten der Verhütung vor Kindern und Viren, noch schnell zum Kondomautomaten, wo ihn aus dem Augenwinkel eine neue Verlockung anlacht. Er zögert, zieht dann aus einem Nachbarautomaten ein Eis am Stiel und beißt, Gesicht orgasmisch verklärt, hinein: Ich und mein MAGNUM.

Da haben wir's. Der Hund. Tauscht Frau für Schleckerzeug. Macht Partner zur Ware und Ware zu Partnerersatz. Gefühlskrüppel. Nur noch der augenblicklichen Lust verpflichtet. Egoist. Reklameopfer sowieso.

Und so weiter.

Die Hilflosigkeit angesichts solcher medial stilisierten Genusstypen – pfiffiger Zynismus mit hohem Wiedererkennungswert! – reizt zu noch hilfloseren Wutausbrüchen oder Verachtungsbekundungen, verbunden mit dem Verweis auf diese und jene verhängnisvolle Ursache, einige seit Adam und Eva immer wieder abgeleiert.

Am plakativsten ist der Egoismusvorwurf im öffentlichen Raum, in der Politik, wo sich auch die größten Schnittflächen zur allgemeinen Sittenbildung, zur Religion und zur Stammtischkultur auftun. Eine je nach Interferenz durch die wechselnden Impulsgeber explosive Mischung, die neben den klassischen Printmedien bevorzugt in Talkshows und Internet-Schnatterräumen hochgeht. Hier gehört die Auseinandersetzung ja auch hin, hier drückt der ökonomische Schuh, hier fühlt jeder persönliche Konsequenzen. Bei Reizwörtern vom Kaliber »Egoismus« hat jeder sofort den Finger oben – der andere Finger zeigt auf die Ursache des Übels, auf das jeweils Offensichtliche, nur von Unerleuchteten noch zu Leugnende. Wobei gerade das ins Auge Springende, warnt Hegel, das Abstrakteste sein kann. Deshalb scheint eine Distanz zu dem »volksnahen« Meinungskarussell (Moment! Hab' ich das Pferd nicht schon hundertmal gesehen?) notwendig, um nicht Unschuldige anzufallen oder in eine nitratsaure Verbitterung zu versinken.

Wo der demographische Volksbaum von der gesunden Tanne zur bedrohlichen Tonnenfigur mit dem Hauptbauch beim rüstigen Rentner kippt, ist die Stimmung – im Klartext: die zur Veröffentlichung taugende Inszenierung – verschreckt bis panisch. Auf dem Boden dieser Beunruhigung lässt sich fast alles durchbringen, wonach einem der Sinn steht: Kulturpessimismus, Regierungsschelte, Arbeitszeitverlängerung, Immigrantenphobie, transzendentale Spekulationen und irdischer Generationenvertrag. In Deutschland wird einfach zu wenig gestorben: Das haben wir jetzt vom medizinischen Fortschritt! Der Deutsche hat das Kinderkriegen verlernt: Das haben wir jetzt von unseren Doppelverdieneransprüchen! Hau und ruck, fertig ist das Erklärungsmuster.

Endlich können auch wählerwirksam schneidige Worte gewagt werden: Verabschiedung vom Versorgungsstaat. Gesundheitswesen nicht länger bezahlbar. Ende des Freizeitparks Deutschland. Mehr Selbstbeteiligung. Mehr Solidarität. Schluss mit dem Egoismus. Her mit dem Kommunitarismus. Frag nicht, was der Staat für dich tun kann, frag, was du für den Staat tun kannst ... Heißt: Spieß umdrehen, die Jagd auf die vor sich hin lümmelnden Spaßsucher und Arbeitsscheuen eröffnen und dafür noch Beifall kriegen, wo es vor dreißig Jahren faule Tomaten geregnet hätte.

Wer könnte gegen die Ellenbogenmentalität nicht irgendetwas Profilbildendes und Profitabwerfendes beitragen? Günter Ogger geißelt die Ego-AG, während die Arbeitsämter die Ich-AG fördern. Ulrich Wickert kommt vom Übermaß an Individualität bei gleichzeitiger Vernachlässigung des Gemeinschaftsgedankens zu dem Schluss, der Ehrliche sei der Dumme, während der niedersächsische Ministerpräsident Christian Wulff anlässlich des 21. Tages der Ehrenamtlichen eben jene ehrlich Dummen lobt, »die öffentliche Ämter bekleiden, ohne nach Bezahlung zu fragen«. Amitai Etzioni denkt sich in mehr als zwanzig Büchern das Gemeinwesen »Jenseits des Egoismus« herbei, während Richard Herzinger ein »erfrischendes Bekenntnis zum Egoismus« abliefert. Heiner Geißler fragt sich, was Jesus zu alldem sagen würde ... Soll jeder entscheiden, was er wem noch abkaufen mag.

Aus dem Berufsleben: Ein Verhaltenstrainer geht in ein Unternehmen, um aus energisch vor sich hin und nebeneinanderher Arbeitenden ein zielorientiertes Team zu »bilden«. Kopf voran rennt er in ein knallhartes internes Konkurrenzgefüge, aus dem sich – inselartig – einander höchst zugewandte Teamplayer herausschälen sollen. Im schlimmsten Fall kollidieren die Teamziele noch mit den Einzelprämien. Der Trainer macht seine Auftraggeber auf die Widersprüche aufmerksam. Sie nicken. Sie halten Team im Kopf und Rambo im Herzen für eine dynamische Konstellation. Es geht ums Alibi. Team muss ja auch sein, irgendwie, mit irgendwem. Das darf dann auch kosten.

Ist der beklagte Egoismus also nur eine zwingende Folge kapitalistischer Systeme? Der periodische Katzenjammer brutaler Verwarung bis ins letzte Zwischenmenschliche? Offenbar. Doch – bakuningewitzt und kropotkingeschliffen – wissen wir, das Egoismusgefasel schwappt über den demokratisch-parlamentarischen Rahmen durchaus auch auf realsozialistische Analysen über. Da klappern die Begriffsnadeln nicht weniger gebetsmühlenartig wie beim Gegner, nur kommt halt unten statt einer positivistischen eine dialektisch gemusterte Geschichtssocke heraus. So bigott das Gehabe unserer Politiker ist, »Wasser predigen und Wein trinken«, so unergiebig ist das schadenfrohe »Hausgemacht!« der am besseren sozialistischen Wissen Teilhabenden – objektiv besserwissend nur, solange ein zu sich selbst kommendes gesellschaftliches Subjekt den Gang der Geschichte nachweisbar lenkt, was zum Zentrum der Erschütterung führt: Ich muss an dieses steuernde Subjekt glauben, bevor ich Objektiveres weiß.

Glaube. Ansicht. Meinung. Geschmack. Sensus communis. Wir kommen aus diesem Käfig nicht heraus, der zugleich unser Stützkorsett, unsere Gehhilfe und unser Schutzpanzer ist. Die anarchistische, anarchosyndikalistische, sozialistische, sozialdemokratische, christdemokratische, linksliberale, rechtsliberale, kapitalistische, faschistische Deutung des Egoismus ist genau das: Deutung, Sichtungsversuch, Teil der allgemeinen Geschmacksbildung, wie Kant sie für die Urteilskraft herausgearbeitet hat, nicht mehr, nicht weniger. Wer eine Meta-Sicht für sich reklamiert, auf dem Boden egal welcher Wissenschaft, lügt.

Das zur Entspannung. Wir bewegen uns nicht in der logischen Zwangsanstalt mathematischer Gesetze, allenfalls, wenn es denn sein soll, in Bereichen der Fuzzy-Logik, der Annäherungen. Den naiven Fakten! Fakten! Fakten! Brüllern wäre zu raten, den Kern ihrer Fakten! selber ernst zu nehmen – das factum: das Gemachte. Alle Belege für diese oder jene Meinung werden nicht außerhalb unserer Verhandlungen gefunden, sie werden durch unsere Verhandlungen hergestellt.

Argumentenmunition suchen die in der Öffentlichkeit stehenden, nach Veröffentlichung drängenden Kombattanten vorzugsweise am Rand der Arena, im Kreis der so genannten Unbeteiligten, die zwar nicht wirklich unbeteiligt sind, aber doch etwas mehr vom hitzigen Tagesgeplänkel entfernt.

Ein immer willkommener, weil den Egoismus pathologisierender Argumentenlieferant findet sich bei den Psychologen. Vorab eine Begriffsentwirrung: Die Alltagssprache geißelt im »Egoist« jeden Selbstsüchtigen auf Kosten anderer. Jemand, der mental oder sogar real über Leichen geht, um eigennützige Ziele zu befriedigen. Dieses Verständnis ist hinreichend klar. Es gibt kein besseres.

Einen »gesunden« von einem »gefährlichen« Egoismus zu unterscheiden, eine notwendige Selbstliebe von einer übersteigerten Selbstverliebtheit abgrenzen zu wollen, gar einen etymologischen Zauber zwischen selbstbewusst, selbstbehauptend, selbstsüchtig, Ich-bezogen, Ich-überzogen etc. vom Zaun zu brechen oder den Übergang von dem Aufklärungsideal des mündigen Individuums zur gesellschaftsbedrohenden Individualität auseinander zu fieseln heißt, Nebelbomben in eine ungetrübte Lichtung werfen.

Erich Fromm teilt den negativ besetzten, alltagssprachlichen Egoismus in eine am Haben orientierte Selbstsucht, die andere zur eigenen Selbstüberhöhung instrumentalisiert, und in einen Narzissmus, der andere nicht im vollen Sinne als real, sondern als Erweiterung des eigenen Selbst wahrnimmt. Beides sind missglückte Identitätsfindungen durch unausgewogenes Verhaftetbleiben in der Objekt- bzw. Selbstrepräsentanz.

Egoismus ist demnach das Resultat einer Entwicklungsstörung. Diese in mehreren entwicklungspsychologischen Varianten durchkonjugierte Meinung eignet sich hervorragend zur Ächtung aller egoistischen Verhaltensweisen. Egoisten sind *unreife* Menschen! Anders herum noch besser: Wirklich Ausgereifte sind automatisch Verantwortungsübernehmer! Wer sich drückt, belastet nicht nur die Gesellschaft, nein, er ist ein zuinnerst Unfertiger. Insofern auch ein behandlungsbedürftiges Opfer. Doppelte Last. Aus dem Chemiebad der so komponierten Psychomodelle entwickelt sich ein reifes Menschenbild von gesellschaftsgefälliger Naturgegebenheit, animal sociale, mit den Worten von Simone Weil: »Der Mensch möchte Egoist sein und kann es nicht.« Es sei denn, er ist fehlentwickelt?

Eine Etage tiefer stützt die kulturanthropologische Betrachtung das Bild vom gut ausgependelten Sozialwesen gegenüber dem aus der gesunden Balance gekommenen Egoisten. Eigennutz und Gemeinschaft »bilden in jeder Kultur ein Spannungsfeld«, so Dieter Haller, »die Individuen besitzen einen Spielraum des gerade noch Geduldeten«. Die Eigenwohl-Gemeinwohl Spannung scheint für den Kulturanthropologen universell. Der Eigennutz ist positiver Trieb. Zum Egoisten wird nur, wer das Eigenwohl dem Gemeinwohl überordnet. Er wird dann gerade nicht mehr geduldet.

Auf das Axiom des zur Grundausstattung jedes Menschen gehörenden Eigennutzes satteln die Silvio Gesells auf, um ihre Botschaft heimzureiten: Eigennutz gehört zu den Triebkräften des Menschen, die »natürliche« Wirtschaftsordnung wird daher auf dem Eigennutz aufgebaut sein müssen. Erst wo die Grenzen der Gerechtigkeit überschritten werden, schlägt der »natürliche« Eigennutz in »ungerechten« Egoismus um. Die Argumentationsfigur ist vertraut: Beim Naturtrieb, beim genetischen Imperativ endet die Diskussion. Die Stimme der Schöpfung hat gesprochen.

»Soll sich der Mensch seiner Natur entsprechend gebärden dürfen, so müssen ihn Recht, Sitte und Religion in Schutz nehmen, wenn er bei seinem wirtschaftlichen Tun dem berechtigten Eigennutz, dem Ausdruck des naturgegebenen Selbsterhaltungstriebes, nachgeht.«

Ein Verweis auf die »Natur« sollte seit je klären, ob der Mensch »an sich« altruistisch, egoistisch oder eben – mit einem wachen Auge auf die gesellschaftliche Duldung – im gesunden Sinne eigennützig ist.

In dem Zusammenhang unterliegen wir einem bemerkenswerten Reflex. Wer Verhaltensgründe sucht, will nur noch eins wissen: Was sagt die Biologie? Ebenso eingeschliffen baut sich die Assoziationskette Darwin … survival of the fittest … jeder gegen jeden … falsch … gemeint ist die Arterhaltung … also einer für alle … falsch … Neodarwinismus … Richard Dawkins … das *egoistische Gen* … richtig … da haben wir den Boden erreicht … da haben wir die eigentliche Triebfeder gefunden. Der egoistische Kampf läuft, ob es uns passt oder nicht, in den eigenen DNA-Segmenten ab. In uns, aber nicht für uns. Nicht für uns als Einzelwesen und schon gar nicht für unsere Arterhaltung! Das Eigennutzprinzip ankert in der Ursuppe. Der Mensch ist nur einer von vielen möglichen Mutterschiffen, eine »Überlebensmaschine«, die einzelnen DNA-Elementen zur Replikation dient. Über diesen Dienst hinaus hat das »Vehikel« Mensch keinen Sinn. Im Gegenteil, fänden die DNA-Replikatoren eine für sie noch günstigere Überlebensmaschine, landete der humane Wirt auf dem Evolutionsmüll.

Der Schreck sitzt tief. Das »egoistische Gen«, das klingt so final. Alle Ansätze, die um Herrschaftslosigkeit, Gegenseitigkeit, Selbstbestimmung ringen, suchen nun ihrerseits – empört, aber nicht unbeeindruckt – nach Belegen für altruistisches Verhalten in der Natur, suchen einen mindestens ebenbürtigen Hilfs- und Kooperations*trieb*. Eine gute Übersicht dieser Bemühungen gibt Alfie Kohns »Mit vereinten Kräften. Warum Kooperation der Konkurrenz überlegen ist«.

Die Unsinnigkeit solcher Trieb- und Ursuppenforschung zur Beantwortung ethischer Fragen wird deutlich, wenn wir uns gedanklich noch weiter zurückschrauben und uns von einem Mikrobiologen, Carl Woese, belehren lassen, dass wir den Gedanken an eine Urzelle für alles Leben aufgeben und durch das Bild »eines zerzausten Wurzelwerks« ersetzen müssen, das zwischen Bakterien, Archäen und einem Niemandsland frei schwebendes Erbmaterial »horizontal« tauschte, bis sich einzelne Zellen auf vergleichsweise hoher Komplexitätsstufe stabilisierten. Erst da schlug die Stunde »vertikaler« Vererbung. »So löste der Konkurrenzkampf der modernen Organismen den Kommunismus der Urmikrobe ab.«

Wir wären damit dümmer denn je. Wir könnten von hier aus gleich über die chemischen Elementenforschung – Vorbild Goethes »Wahlverwandtschaften« – in die Molekularphysik abtauchen und schlussendlich über das mögliche Samaritertum von Quanten sinnieren … Die Natur gibt schlicht auf keiner Stufe ihrer Beobachtbarkeit Antworten auf die Frage nach der Existenz von egoistischen oder altruistischen »Trieben«. Alle Beweise aus diesem Bereich sind metaphorisch. Ein sinnenbeleidigender Tümpel aus Sprachverunreinigungen und Übertragungsfehlern. Da ringt einem die Bemühung eines Spinoza am anderen Ende des Spektrums – beim Beweisversuch der Moral aus der Geometrie – fast noch mehr Respekt ab, wenn die Ergebnisse auch gleich untauglich sind.

Richard Dawkins rudert selber auf über 500 Seiten gegen den Schaden an, den er mit dem plakativen Titel vom »Egoistischen Gen« auf dem Umschlag angerichtet hat. Die Verwirrung in der menschlichen Ethik »spiegelt sich in einer entsprechenden Verwirrung in der Biologie wider«, räumt er ein, und Angriffe von Mary Midgley – »Gene können nicht egoistisch oder altruistisch sein, ebenso wenig wie Atome eifersüchtig, Elefanten abstrakt oder Kekse teleologisch sein können« – möchte er als Missverständnisse abtun, »die daraus entstehen, dass man meine Aussagen allzu wörtlich nimmt.«

Wo er auf Vogel- und Insektenniveau vom Kampf der Geschlechter, Krieg der Generationen, männlichem Verrat, weiblicher Tücke, kindlicher Täuschung redet, wo er resümiert, dass unsere Gene »wie erfolgreiche Gangster in einer Welt intensiven Existenzkampfes überlebt« haben, ist das nur bildlich zu verstehen! »Es ist eine Sprache, die aus Gründen der Bequemlichkeit benutzt wird.«

Bleibt zu fragen: Warum lädt er – und mit ihm viele angeblich streng induktiv Forschende – permanent Beobachtungen aus der Tierwelt bis zu Amöben und Bakterien mit suggestiven ethischen Vokabeln auf? Moral ist nun mal keine Sache der Gene, sondern der Meme. Eine Sache der Kultur. Der Verhandlung. Des Gesprächs. Der Interpretation. Dem einzigen »Fundierungsmaterial« jeder Ethik. Vor dem Hintergrund dieses Wissens pfusche ich nicht »aus Gründen der Bequemlichkeit« mit Sprachbildern herum, um ein mir gefälliges Weltbild abzufiltern, das Punkt für Punkt auch ethisch anders ausgelegt werden könnte.

Nur die Umgangssprache kann konstituieren, was sie im Namen trägt: den Umgang. Der Rest ist willkürlich verwendbares Spielmaterial.

Betrachten wir das Spielmaterial ohne ethisches Reizvokabular.

Wo »schurkische« Gene, im bequemen Sprachgebrauch Dawkins, nur »Trottel« suchen, auf deren Kosten sie sich ausbreiten können, ergibt sich nämlich die nahe liegende Frage, wieso diese Trottel nicht aussterben.

An dieser Stelle greift eine errechnete Simulation, die, aller moralischen Erwägungen unverdächtig, feststellt: »Nette Kerle kommen zuerst ans Ziel.« »Nett« wieder metaphorisch rückübersetzt: eine Gewinner-Gewinner-Strategie einsetzend. Das lässt aufhorchen. Es geht im Rahmen der mathematischen Spieltheorie um Kosten-Nutzen-Auswirkungen, die sich auf eine evolutionär stabile Strategie – eine ESS – einpendeln. So hat sich unter der Population bestimmter Grabwespen eine ESS zwischen Wespen herausgebildet, die ihre eigenen Nester graben, und denen, die fremde Gräben besetzen, weil ein Überhang an Grabern durch die vielen »freien« Angebote die Besetzer fördert, ein Überhang an Besetzern aber die Gräben so rar macht, dass die Population wieder zugunsten der Graber ausschlägt. Treten bei den Menschen »Zusammenarbeiter« und »Zusammenarbeitsverweigerer« gegeneinander – und gegen alle Spielvarianten dazwischen – an, stellt sich heraus, dass die Wie-du-mir-so-ich-dir-Strategie gegenüber allen anderen, insbesondere der Jeder-gegen-jeden- und der Willkürstrategie, den größten Nutzen (messbar an der Zahl der Nachkommen) abwirft. Eine entsprechende ESS wird aus einer überwiegenden Zahl von Wie-du-mir-so-ich-dir-Strategen mit einigen Nullsummenspielern, Strategiewechslern, probierfreudigen Vergeltern und, warum denn nicht, Trotteln bestehen.

Wäre dann Gleichbehandlung und Rücksicht am Ende gar keine Frage der Moral? Pendeln sich Gesellschaften aus reinem Nutzenkalkül – bewusst oder unbewusst durchgeführt – im Laufe ihrer Überlebensversuche auf die uns so banal erscheinende, wohltuend vertraute Wie-du-mir-so-ich-dir-Strategie ein, die sich nach oben zu göttlichen Geboten verdichtet, nach unten in die Strafgesetzbücher abfließt?

So scheint es, setzte die Strategie nicht etwas voraus, das in dem Wort Rücksicht schon mitschwingt: Die Fähigkeit des Nachtragens, des Nichtvergessens und der Rache. Ich muss *behalten* haben, was du mir angetan hast, um bei Gelegenheit mit gleicher Münze heimzuzahlen. Nur so kann sich die nutzengünstigste Strategie herausbilden. Es ist wieder das Moment des Mems, des Gedächtnisses, verschärft im besten Gedächtnisträger, der Sprache, das zu der stabilen Einstellung führt.

Sofern sie dazu führt. Denn eine evolutionär stabile Strategie der Marke »Nette Kerle kommen zuerst ans Ziel« ist kein zwangsläufiges Resultat. Die Nullsummenspieler könnten in einer für »Schurken« besonders geeigneten Phase die Oberhand gewinnen, eine kritische Menge überschreiten und die Population zugrunde richten. Das allerdings dann zwangsläufig; ein Zurück zu den »günstigeren« Ausgangswerten gibt es nicht.

Insofern bleibt uns die Moraldebatte, ob im Namen der gegenseitigen Nutzenstrategie oder der Sehnsucht, in einen anderen hineinzuschmelzen, immer erhalten. Selbst in dem »Kerbholz-Wort ...: Nichts ist wahr, alles ist erlaubt!« entdeckt der Meister der verbalen Moralzerhämmerung, Nietzsche, keinen billigen Aufruf zur allgemeinen Verlotterung, sondern höchsten Ansporn für den Freigeist. Gegen den Werde-der-du-bist-Auftrag verzwergt jede Ge- und Verbotsmoral.

Moral ist mithin aus nichts abzuleiten, bleibt Setzung, euphorisierende oder furchterregende Freiheit. Es ist, als hätte Nietzsche die Spieltheorie vorweggenommen: Alles ist erlaubt, das heißt, wir alleine, nichts anderes und niemand anderer, bestimmen den Ausgang unserer Überlebensstrategie.

An eben dieser Freiheit wird aus unterschiedlicher Sicht heftig gezweifelt. Die Suche nach Ansätzen für eine Überwindung des Egoismus brennt dann auf die Frage nieder, ob wir überhaupt anders könnten, selbst wenn wir wollten. Moraldebatten hängen ja immer auch am seidenen Faden des freien Willens, der echten Wahlmöglichkeit. Sind wir Träger eines solchen Willens, agierende, selbstbestimmende Subjekte – oder Subjekte in der anderen Wortbedeutung: fremden Mächten Unterworfene, wo nicht gar »blinder Willkür« ausgeliefert?

In der westlichen Kultur – im Reich der euroamerikanischen Meme – lassen sich zwei parallele Entwicklungen skizzieren: Die Verabsolutierung des Subjekts bis zum Schöpfer seiner Geschichte und die Auslöschung des Subjekts als überflüssige Illusion.

Die Geschichte vom Heranwachsen des Einzigen, extrapoliert aus einem der vielen Realitäten, die nebeneinander herlaufen … In der Urgeschichte der Menschheit soll das Kollektiv – der Klan, die Sippe – gegen jeden Führer dominiert haben. Entsprechend gab es ein Dämonen- und Götterkollektiv, das die mannigfaltigen Katastrophen bis hin zum Tod verursachte oder verhinderte, dabei jedoch selber einem nicht weiter zu beeinflussenden Schicksal unterstand.

In den frühen Hochkulturen sollen die ersten Halbgötter aufgetaucht sein, ob als Bastarde einer Liebesbeziehung zwischen Ewigen und Sterblichen, ob als Kriegsheroen oder erbliche Kaiser, denen die herrschende Meinung Göttergleichheit zugestand. Einer der Menschengötter sprengte das Schema: Er erschien in der Haut einer sozial erbärmlichen Figur. Gleichzeitig gab er sich als die Materialisierung des Alleinzigen aus, der das Universum durch die schlichten Worte »es werde« schuf, also den Weltuntergang auch durch ein knappes »es vergehe« oder »es reicht« einleiten konnte.

Absolute Jämmerlichkeit verband sich in diesem Menschengott mit absoluter Allmächtigkeit, eine Kombination, die sonst nur für Säuglinge reserviert ist. Der Säugling in der Krippe eröffnete jedem die Teilhabe an der Allmacht, je unbedeutender und geschundener, desto besser.

Als Sohn eines absoluten Schöpfers, creator *ex nihilo*, verkörperte er Botschaften, die sogar das über Menschen und Göttern stehende Schicksal beiseite fegten: Ihr seid die Ebenbilder des absoluten Schöpfers. Gebraucht eure Gaben! Imitiert sein Vorgehen. Wie im Himmel, so auf Erden. Gebraucht euren Verstand, verfeinert eure Werkzeuge. Wäre der Verstand ungöttlich, hättet ihr ihn nicht bekommen. Wäre die Technik des Teufels, wäre sie nie in eure Hände gelangt …

Wissenschaft, Technik – es sind Mägde des Glaubens. Forsch angetreten und die Erde gottgefällig umgebaut! So wuchs die Kopie des creator ex nihilo heran. Er baute nach, baute neu, verstärkte seine Sehkraft durch Tele- und Mikroskop, schuf sich künstliche Arme und verlängerte Ohren, tüftelte hier, testete dort, entdeckte immer mehr eigentlich nicht für ihn Bestimmtes, doch was hieß hier eigentlich, und wer bestimmte?

Nur eines beunruhigte den heranwachsenden Macher: Wo alles veränderbar wurde, was blieb da beständig? Die Geschöpfe des Schöpfers, selbst Miniaturschöpfer geworden, litten an einem schlichten Rückschluss: Wenn sie Wunderwerke der Täuschung schaffen konnten, konnten sie dann nicht selber Wunderwerke der Täuschung *ihres* Schöpfers sein? Der Zweifel nagte. Descartes hat ihn methodisch bis zum Äußersten getrieben, um nach einer gedanklichen Geisterbahnfahrt, in deren Verlauf sich alles in Schall und Wahn aufzulösen drohte, doch noch eine letzte, unbezweifelbare Gewissheit zu fassen: das denkende Ich.

Hier war der Fixstern im Weltengestöber, im Wahrnehmungsstrom und Bilderwirbel. Ich denke. Ich. Beim Selbstbewusstsein hört die Täuschung auf. Ich kann mir keiner nehmen. Keiner zerreden. Blieb dem Radikalskeptiker nur die Frage, wie dieses vollisolierte Ich wieder zu einer *gesicherten Welt* kam. Es ging nicht. Die Kluft zwischen dem unbezweifelbaren Ich und einer ebenso unanzweifelbaren Welt konnte nur durch ein Wunder geschlossen werden, das er der Einfachheit halber noch einmal Gott nannte.

Es war nur eine Frage der Zeit, bis dieser Götterkitt zwischen Ich und Welt als philosophischer Skandal empfunden und von Kant mit seiner »kopernikanischen Wende« zurechtgerückt wurde: Das Ich kann gar nicht von der Welt getäuscht werden, weil es sich diese erst schafft. Allerdings mit der Einschränkung, dass es sich hierbei um die Welt der Erscheinungen handelt, nicht um eine – unseren Horizont prinzipiell überschreitende – Welt »an sich«.

So war das denkende Subjekt zwar Gott als Realitätsgarant los, doch auch den Anspruch auf ein absolutes Wissen. Das konnte nicht lange gut gehen. Immer wieder rüttelten Denker an dieser Grenze, bis Hegel sogar die aristotelische Logik übersprang, im A das B, im Objekt das Subjekt, im ausgeschlossenen Dritten das eingeschlossene Dritte sah, nur um das Selbstbewusstsein in einem einzigartigen dialektischen Schaukelprozess durch alle Institutionen, Gesellschaftsformen und Naturbefindlichkeiten mit dem Weltbewusstsein verschmelzen zu können, so dass, nach ihm, das absolute Wissen von der Welt im Kopf des völlig zu sich gekommenen Subjekts steckte.

Welt? Oder doch nur wieder eine Weltidee? Der Unmut an den Kopfgeburten wuchs. »Ich denke, also bin ich?« An dieser Feststellung mochte das Ich bleiben, doch das Denken war durch etwas Körperlicheres, durch Fühlen, Handeln zu ersetzen, um zum Sein zu kommen. Der Subjekt-Riese musste auf die Füße gestellt werden. Nicht der Denkende, der Handelnde schuf Wirklichkeit. Der Stoffwechselaustausch zwischen Natur und Mensch, Außensein und Innenschau, fand tätlich statt. Man arbeitete sich gegenseitig aneinander ab – nur deshalb war das Ergebnis real.

Schon das reine Sehen ist ein Anfassen mit den Augenhänden. Wer wahrnimmt, greift vor, stellt sich etwas vor, stellt etwas vor sich hin und vergleicht es mit Zurückgestelltem. Denken ist Probehandeln. Die Wörter sind verkürzte Sprechakte. Vor dem Auseinanderfall in Subjekt und Objekt steht eine sie beide umklammernde Tätigkeit, das Verb. Das kam wie eine Explosion. Gottes Wort war Tat – Menschentat wurde Wort. Dem Subjekt-Riesen steckte nicht nur das absolute Wissen im Kopf, ihm steckte die wahre Welt im Leib. Sollte er es schaffen, ganz zu sich zu kommen, gäbe es ein selbst erarbeitetes Geschichtsende, ein Paradies vor dem Tod, Gott auf alle verteilt, und keine Wächter.

Vorhersehbar der Widerstand von den etablierten oberen Rängen gegen das plötzlich handgreiflich werdende Subjekt; der Widerstand musste gebrochen werden. Von alleine kam die letzte Stufe der Selbst-Emanzipation nicht. Der tatbereite Einzelriese entdeckte den noch gewaltigeren Riesen, durch den er erst wurde, was er war: den Gesellschaftsriesen. Eine handelnde Klasse ist gefunden, die den Durchblick besitzt, um Werte Herstellende von Werte Abschöpfenden zu unterscheiden, und nicht nur zu unterscheiden, sondern die Emanzipationsverhinderer auch zu vertreiben: aus dem Vergnügungsstall für wenige eine Heimat für alle zu machen.

Wen dieser Riese mit seinen Riesenmöglichkeiten nicht emotional mitreißt, der hat kein Blut in den Adern. Creator ex omnio! Das Individuum der kritischen Aufklärung ist eben gerade nicht der Gegenspieler der Gesellschaft, sondern ihr gelungenstes Produkt. Individualismus und Solidarität sind in diesem Verständnis keine konträren Pole, sondern zwei sich ergänzende Werte, dem gleichen handelnden Subjekt verbunden, das in täuschungsfreien Wirklichkeiten lebt, weil es sie herstellt.

Dieses Feuer im Herzen! Dieser Sog im Kopf! Jede selbstverschuldete Unmündigkeit abgeschüttelt. Keine Fremdbestimmung mehr. Ein souveränes Ich, ein freier Eigenwille! Es taucht sogar das Wort von der Freiheit auf, zu der wir *verdammt* sind, so radikal sind wir in sie hineingeworfen, uns entwerfend. Eine Wachablösung des Himmels auf Erden. Etwas Vollkommeneres, Lichteres und zugleich Greifbareres ist uns bis auf weiteres nicht vorstellbar.

Zu erwähnen wären noch die Spielarten des Individualismus, die sich nicht mehr in eine Gesellschaftsutopie einbinden lassen wollten. Auch sie gehen aus von einem unbezweifelbaren (Descartes), seine Welt konstituierenden (Kant), aber eben auch unüberbrückbar *einsamen* Ich, das im Solipsismus – an dem immerhin Grübler wie Husserl und Heidegger gescheitert sind – verharren muss, zum »Einzigen« und seinem »Eigentum« flüchtet. Stirners Plädoyer für den Egoismus im Sinne eines radikalen Individualismus, an die Arbeiter gerichtet und zeitgleich in der Zeitung veröffentlicht, für die Marx schrieb, wehrt sich hellsichtig gegen die drohende neuerliche Ausbeutung der Einzelnen im Namen einer künftigen Erlösung. Keine Vision rechtfertigt ein einziges aktuelles Opfer! So weit die Verteidigung des Individuums gegen jede Form der Diktatur, einschließlich der Diktatur des Proletariats.

Der Glaube an ein souveränes Ich – die rationaltechnische Einlösung christlicher Schöpferansprüche – eint Kapitalismus wie Kommunismus als abendländisches Mem, das sich in der Welt auszubreiten versuchte und nach entsprechenden nationalen Adaptionen auch ausgebreitet hat. Die Kapitalisten (klassischer und neuerer Färbung) bestehen auf einer größtmöglichen Ich-Verwirklichung jedes Einzelnen im Hier und Jetzt, im ungehinderten Wettbewerb mit den Ichen um sie her, die Kommunisten (orthodoxe und undogmatische Varianten) machen die Ich-Verwirklichung Einzelner von der Verwirklichung des gesellschaftlichen Subjekts abhängig, ein noch einzulösendes Versprechen.

Parallel dazu die Geschichte von der systematischen Demontage des Subjekts bis zu seinem völligen Verschwinden. Wer dem Egoismus ans Zeug will, besonders im Verständnis eines außer Kontrolle geratenen Individualismus, schielt einseitig auf die Emanzipationsgeschichte eines omnipotenten Selbstbewusstseins. Am Ende fühlt er sich von einem »entfesselten« Monster bedroht, von Geistern, die er rief, um den Aberglauben abzuschütteln, und die er nun, da sie zu einem von keinem »Gemeinsinn« mehr zu bändigenden Alptraum entraten scheinen, nicht mehr loswird.

Man könnte mit gleich guten Belegen eine vollkommen andere Geschichte erzählen. Eine Geschichte, in der nicht der Auf-, sondern der Abbau des Ich das Problem, suchte man eines, auf den Punkt brächte. Die These hieße dann: Der Egoist füttert in Wahrheit kein Ich, kein Ego und keine Individualität, sondern einen unstillbaren Hunger *nach* Ich. Die Ich-Losigkeit ist der Boden oder besser die Bodenlosigkeit für seinen Egoismus, der insofern eine Namensverwirrung anrichtet. Der Egoist müsste treffender Negoist – non ego est – heißen. Dieser Egoist ist in Wahrheit selbstlos im direkten Sinn: er ist sein Selbst los. Nur deshalb ist sein beklagenswertes – und ständig angeklagtes – »Ego« auch nie satt. Es ist ein Sieb-Ich. Es kann keine Befriedigung erleben, weder im Haben noch im Sein, weder an sich noch durch andere. Und wenn es sich der Gesellschaft überlässt, wenigstens seinen Kindern etwas hinterlassen will, ja an Gesellschaft, Kinder, Zukunft, »die Welt in hundert Jahren« auch nur denkt, hat es sich noch mehr verlassen, sein Selbst noch weiter zerstreut und tiefer vernichtet.

Die Rettung, suchte man eine, läge dann nicht in weniger, sondern in *mehr* Ich. Ein Ego, das diesen Namen verdiente, müsste sich nämlich nicht ständig mit lauter kleinen »Egoismen« füttern, bis in die Überschuldung konsumieren, einen Kick nach dem anderen fordern, Konkurrenz wegkegeln, Grenzerfahrungen suchen, Ausgrenzung, Überhöhung, Eigeninszenierung betreiben und was nicht noch in dem Zusammenhang angeführt wird.

Die Geschichte der Dekompensation des Ich beginnt bei dem Verdacht, dass es überhaupt nie ein reales Ich gab, das hätte dekompensiert werden können. Es ist demnach keine Geschichte der Zertrümmerung, sondern der Enthüllung eines von jeher Zertrümmerten. Lediglich als Gefühl, als Eindruck hat »Ich« uns begleitet. Schon die Entstehung von Selbst-Bewusstsein, momentan besonders von Neurophysiologen erkundet und entsprechend verkürzt, bleibt bis heute ein Rätsel, wahrscheinlich für immer, weil hier von Briketts verlangt wird, über Kohle nachzudenken, auf geistiger Ebene.

Wie der bissig-sensuelle Text (es handelt sich um Genet-Zitate), den Jacques Derrida neben die große Darstellung der Entwicklung des Selbstbewusstseins von Hegel montierte, um dessen »absolutes« Wissen als Phantasma zu entlarven, so ließe sich die Herausarbeitung des schöpferischen Ich von einem nicht minder klugen Abgesang auf alle Ich-Herrlichkeiten »kontrabandisch« begleiten.

Die Wirkung dieser Ideengeschichte – permanente Tritte vors Schienbein des Ich, Dolchstöße, Demütigungen bis hin zu öffentlichen Exekutionen – gerät nicht so leicht in den Fokus der Egoismusdebatte, weil sie eine nachvollziehbare Verdrängung auslöst: Lieber an einem überzogenen Ich leiden, das gesellschaftlich zu bändigen wäre, als zugeben müssen, gar nicht der Herr im eigenen Haus zu sein.

Genau das ist die Grundbotschaft der Subjektleugner. Wir steuern nicht, wir werden gesteuert. Was wir Ich nennen, den Träger freier Entscheidungen, ist eine Schaltzentrale zur Erzeugung grandioser Täuschungen, um uns die Fremdsteuerung zu verheimlichen. Ich ist, wie die Moral, eine nützliche Lüge. Sie verschafft uns ein gutes Gefühl, hält uns in der Spur, lässt uns an Sinn und Ziele glauben, ordnet und motiviert. Wer allerdings die ganze Wahrheit will, muss sich als Erstes von diesem Ich-Gefühl und Selbst-Bewusstsein verabschieden.

Werden Erinnerungen an die Geschichte von der Vertreibung aus dem Paradies wach? Die Stationen sind schnell erzählt. Paradiesisch scheint die Sicht des zu ersten stabilen Kulturen gekommenen Menschen: Ein gestandenes Wesen im Mittelpunkt des Universums. Es folgte die Auflösung des geozentrischen Weltbilds durch Kopernikus und Galilei. Wir endeten im astralen Fernerliefen. Es folgte die Auflösung des anthropozentrischen Weltbilds durch Darwin. Wir sanken von der Krone der Schöpfung zu einer geistreicheren Variation des Affen; unser Bewusstsein hat sich aus einem Hirnstamm entwickelt, den wir mit anderen Tieren teilen. Es folgte die Auflösung des Egozentrismus durch Freud. Wo Ich zu regieren schien, herrscht in Wahrheit Es, die Triebenergie, und Über-Ich, die internalisierten Gesellschaftsnormen.

Es kommt noch schlimmer. In der Ausdifferenzierung des Menschen als Maschine geriet der freie Wille unter die kausalen Räder (der gleiche Descartes, der das denkende Ich als letzte, unanzweifelbare Instanz in die Welt setzte, setzte durch sein Postulat von der seelenlosen Tiermaschine im selben Zug zum Angriff auf ebendieses Ich an). Neodarwinisten entlarvten das Bewusstsein als Simulationsgenerator. Konstruktivisten erklärten das gesamte Gehirn zur Illusionsmaschine. Psychologen verrüttelten das Ich zu einem Cocktail aus unterschiedlichen Persönlichkeitskernen. Das spielte schon keine Rolle mehr angesichts der vitalistischen Meinung, sämtliche Gedankenfiguren seien ohnehin nur Spielball oder Feigenblatt eines blinden Lebenswillens. Selbst der Marxismus, diese geistige Trutzburg des handelnden Subjekts, lässt sich als Teil der Ichzerreibung lesen, wenn man individuelles Bewusstsein dem kollektiven Sein nachordnet und in ein einseitiges Ableitungsgefälle zwingt.

Als vorläufigen Höhepunkt der Subjektvertreibung gilt vielen Luhmanns Systemtheorie. Niklas Luhmann möchte das »alteuropäische« Aufklärungsmodell – das noch mit moralisch-subjektiven Instanzen arbeitet – durch eine »abgeklärte Aufklärung« ersetzen. Von evolutionsbiologischen, kybernetischen und organisationstheoretischen Ansätzen aus interdisziplinär mit allem verwoben, was das Funktionieren einer Gesellschaft ohne die Annahme eines steuernden Willens erklärt, werden die sozialen Gebilde als Organismen gedeutet. Es mag verblüffen, Subsysteme wie Recht, Wirtschaft, Wissenschaft, Religion oder Erotik unter der Prämisse erklärt zu bekommen, es handle sich um Organismen, die sich selbstreferenziell und autopoetisch wie alle anderen Organismen entwickeln, ausbreiten, zur Blüte kommen und verenden – regelrecht entwaffnend ist die Einsicht, dass in diesem Wachsen und Wirken der Mensch im traditionellen Sinn – als steuerndes, gestaltendes Ich – nicht vorkommt. Die Systemtheorie, warnt Oliver Jahraus, »eignet sich in der Tat nicht für pubertär intellektuelle Sozialpädagogen«.

Ob es nun pubertär ist, an einem »Vernunftsubjekt« als tragendem Theoriegrund festzuhalten, oder ein besonderes Zeugnis von Reife, es für überflüssig zu erklären, ist in unserem Zusammenhang unerheblich. Die vernichtende Anmutung zählt. Wäre Kränkung und Schmerz der Gradmesser für Wahrheit, beschriebe Luhmann sie ultimativ. Das System ist gegenüber jeder individuellen Befindlichkeit so unbeeindruckt wie die gesamtozeanischen Bewegungen gegenüber einem Wassertropfen. Die Lektüre der Systemtheorie erweckt den Eindruck, »un- oder übermenschlich zu sein«, meint Helmut Hofbauer, »gewissermaßen wie von einem Computer argumentiert« und aus der Flugzeugperspektive verfasst. »Es handelt sich hier um die Erschaffung einer Art künstlicher Intelligenz, die, einmal in Gang gesetzt, ihre Ergebnisse aus ihren eigenen Voraussetzungen heraus gewinnt und gar kein Mensch mehr notwendig ist, der schaut und fliegt, sondern nur mehr ein Autopilot.«

Auf einem Körnchen im Staubwirbel der Sternensysteme angesiedelt, von einem Ichgefühl getäuscht, fremdbestimmt, ferngesteuert, rätselhaften Umtrieben ausgeliefert, eine Wisch-und-weg-Existenz, und dann noch nicht einmal in der eigenen Domäne, der Gesellschaft, von gestaltender Bedeutung, das sind Ergebnisse aus einer Aufklärung anderer Art, und wer wagte, die Zerknirschung auszuloten, die sich daraus ergibt?

Die Verwirrung, die Niedergeschlagenheit, die sich daraus ergibt?

Besonders nach dem großflächigen Scheitern antikapitalistischer Staatsformen – Luhmann blickt aus der von ihm selber beschworenen Flugzeugperspektive »auf ein größeres Stück Landschaft mit den erloschenen Vulkanen des Marxismus« – erstarkte neben dem entfesselten Ich-Gebaren die Skepsis der Ich-Losen: interpretierbar als zwei Reaktionen auf den gleichen Vertrauensschwund! Zu dem seit den Neunzigerjahren vordergründigen Triumph des Einzelnen und seinen »grenzenlosen« Entfaltungsmöglichkeiten als *global player* gesellt sich der vergleichsweise stille Zusammenbruch der Selbststeuerungsgefühle.

Eine unwiederbringliche Ich-Atrophie.

Die Ergebnisse der Wissenschaft, die diese Geschichte transportieren, wirken indirekt, osmotisch. Sie sickern durch die semipermeable Membran der Fachmedien in die Gemüter, gehen unter die Haut, erzeugen unregistrierte Bestürzung, Zweifel, Zynismus, Depression – auch eine agitierte, larvierte, von Spaß überdeckte, rasant konsumierende, den Beruf still, die Freizeit schrill hinter sich bringende Schwermut bleibt Schwermut.

Der Niederschlag hat sogar die Spitze des kapitalistischen Leuchtturms, Hollywood, erreicht. Die auf individuelle Erlöserfiguren – Superman, Spiderman, Rambo, Neo & Co – fixierte Filmfabrik gibt ihren Heroen den letzten Glanz gerade durch den beklemmenden Hintergrund einer möglichen anderen Wahrheit – den Zweifel an der Wirklichkeit (Die Truman Show), Willensfreiheit (Matrix) und Ich-Stabilität (Adaption, Minority Report, Ich, beide & sie).

Während klassische Popgrößen unverwechselbare Merkmale kultivierten, die sie noch als Großväter in die Klamotten der ersten Tage zwängten oder ein und denselben Hut durch die gesamte Karriere tragen ließen, nur um unverbrüchliche »Identität« zu signalisieren, hat Madonna den Wechsel der Identität zu ihrem Markenzeichen erhoben. Durch ihre ständig andersartigen Eigeninszenierungen, die Monroe- und Michael-Jackson-Kopien einschlossen, ist sie eine Art virtuelle Ikone geworden, die in Fleisch und Blut vorführte, was sonst nur am Computer mit Fotomorphingprogrammen möglich ist.

Schon der Name – »Wenn man Madonna heißt, dann ist es am besten, man wird eine« – fächert die Fantasie zwischen heiliger Jungfräulichkeit und morbider Gotteslästerung auf eine Projektionsfläche, die sie, *material girl* hier, *like a virgin* da, durch immer weitere Verwandlungen ausweitete. »Man hat mich eine Nutte genannt, ein Schwein, ein Flittchen, eine Sexbombe, Minnie Maus oder sogar Marlene Dietrichs Tochter, aber ich würde eher sagen, dass ich eine unersättliche Frau bin … Es ist mehr als ein Ego, es ist ein alles durchdringendes, inneres Licht … Ich kämpfe gegen meine selbstzerstörerischen Tendenzen an …«

Vor allem hat die bislang erfolgreichste Darstellerin des ausagierten Ich-Verlustes eine Botschaft, die besonders die Deutschen nicht ernst genug nehmen können: Man sollte, bittet sie, ihre Image-Revue »nicht allzu ernst nehmen«.

Das stabile, einzig wahre Ich ist tot – alle Iche sind erlaubt! Imitieren, inszenieren, Eigenschaften anlegen, ablegen, in Gefühle schlüpfen wie in einen gewagten Fummel, Charakter von der aktuellen Haarfarbe abhängig machen, sich selber zur Teststrecke erklären, erst mal ins Unreine leben … »Gott ist ein DJ, das Leben ist ein Tanzboden, die Liebe ist der Rhythmus, du bist die Musik …« Der Tanz ums verlorene Kalb beinhaltet ja nicht nur (Psychologen, aufgepasst!) Tragik und Krankheit zum Tode, er beinhaltet auch Ausdrucksfähigkeit – *express yourself* – in allen Teilbereichen und ein Bekenntnis zu möglicherweise peinlichen Empfindungen. Außerdem streut er karnevalistische Körner in die Alltagsmühle. Überlebensfutter.

Das stetig gedrehte Kaleidoskop beweglicher Ich-Splitter, das Erproben von Teiloffenbarungen und geschmacklichen Schwerpunktverlagerungen ist eine andere Form der Ehrlichkeit. Wieso sollte nur »echt« sein, wer sich durchgängig verhält? Was heißt bei einem 15-jährigen HipHopper, der mit 50 noch sein Anglerhütchen trägt, »sich selber treu« geblieben? Er folgt lediglich einer bestimmten Identitätsauffassung; andere fühlen sich in laufenden Veränderungen stimmiger.

Bei der These, dass der gemeinschaftszersetzende Egoismus nicht von einem übermäßig aufgeblasenen Ego, sondern im Gegenteil von einem in Luft *aufgelösten* Ego herrühren kann, geht es nicht um den Aufbau einer Alternativerklärung, die ihrerseits alternative Lösungsansätze fordert. Sie sollte eher vor jeder definitiven Egoismus-Herleitung und den damit verbundenen Schuldzuweisungen abschrecken.

Wer hindert uns, einmal die Armee der erhobenen Egoismus-Zeigefinger gegen die Stirnen ihrer Besitzer zu lenken und zu der Einsicht zurückzukehren, dass wir in diesen kalten, herzlosen, gewalttätigen, von Egoismus geprägten Zeiten immer kalt *und* warm, herzlos *und* hilfreich, gewalttätig *und* friedlich, egoistisch *und* solidarisch sind, je nach Situation, Person, Anlass, Stimmung, Nutzen? Wie die Mehrheit vor uns und die Mehrheit nach uns. Und das nicht auf Grund von Moral, Gottesfürchtigkeit, Angst vor dem Schutzmann an der Ecke oder anderen »Rahmenbedingungen«, sondern weil sich die Wie-du-mir-so-ich-dir-Strategie im Zusammenlebensspiel als die günstigste erwiesen hat.

Das ist ein täglich zu überprüfendes Ergebnis. Es führt zu mehr Unaufgeregtheit beim Thema. Wir sind in jeder Hinsicht Mischwesen, ob von Natur oder aus Not. Die Gewinner-Gewinner-Balance ist nie garantiert, insofern zu verteidigen, aber doch über Jahrmillionen eingespielt, also auch nicht so leicht durch modisch lärmende Vorwürfe auszuhebeln.

Der egozentrische Ich-und-mein-MAGNUM-Lüstling, der dir eben noch so verwerflich schien, dass du dich angeekelt von der Brücke stürzt, kann der gleiche sein, der dich Momente später unter Einsatz seines Lebens aus dem Wasser holt.

Individualität, Demokratie und Masse

Von Leo Dembicki

DIE BEZIEHUNGEN DES Menschen zu seiner Zeit lassen sich stets nur unter großen Mühen aufspüren. Haben wir es doch hier nicht etwa mit zwei einfachen feststehenden Größen zu tun, sondern mit einem ausgedehnten und sehr komplizierten Gefüge abhängiger Funktionen, dynamischer Beeinflussungen und wechselseitiger Veränderungen. Unser Blick fällt auf eine zunächst unüberschaubare Apparatur. Aufgrund der Schnelligkeit entziehen sich manche ihrer Teile der Wahrnehmung durch das Auge. Zudem ändern sie sich in ihrem Bau auch ständig – im Gegensatz zu wirklichen Maschinen.

Handelt der Mensch unter einem jener kollektiv akzeptierten Zwänge, die wir als Einfluss der Zeit kennen, so ändert er damit eine andere Gegebenheit der Zeit, modifiziert sie oder hebt sie gar radikal auf. In der ständig gestellten Frage, ob der Mensch das Ergebnis seiner Zeit oder diese das Ergebnis seines Tuns sei, liegt nichts, was hier Klarheit bringen könnte.

Herkömmlicherweise versucht man deshalb, sich an einzelnen Erscheinungen zu orientieren, und man beginnt zumeist damit, dass man die Möglichkeiten einer bestimmten Epoche aufzählt.

Das gelingt spielend leicht, man kann beginnen, wo man will. Beispielsweise damit, dass nahezu jeder seinen eigenen Wagen hat, dass ein eigenes Haus ein millionenfach verwirklichtes Ziel ist, dass sich der Mensch aus der Sklaverei des Ortes gelöst hat und in vier Stunden von London nach New York fliegen kann. Die wunderbaren Errungenschaften der Technik kann man sodann strapazieren, angefangen bei der elektrischen Zahnbürste über die Flut der Küchenmaschinen bis zur elektronisch gesteuerten Setzmaschine.

Einer enormen potentiellen Erweiterung der Wahrnehmung durch das Fernsehen wird man gedenken, vor allem aber des Computers, des Rechenmeisters, der beispielsweise durch das Wählen einer achtstelligen Zahl den Hauptproduktionsgang eines Werkes in einer tausendstel Sekunde in Gang zu setzen vermag, wozu vordem ein Heer von Technikern erforderlich war, bei viel geringerem Sicherheitsgrad.

Dieses zum Gesellschaftsspiel ausgeartete Sichten von, nun, von unbestreitbaren Tatsachen findet seine gemäße Ergänzung durch die heute so beliebten Prognosen für die Zukunft. Ja, es gibt eine eigene, angeblich wissenschaftliche Disziplin dafür. Ihr Name lautet: Futurologie. Die Prophezeiungen dieser Futurologen hören sich an wie Märchen. Demnach wird das Wachstum auf allen Gebieten enorm zunehmen, das Pro-Kopf-Einkommen wird sich vervielfachen. Manche sind weniger optimistisch, meinen aber, es werden in Zukunft neue Disziplinen entstehen, die mit den auftauchenden Fragen schon fertig werden. Das letzte Wort hat immer die Natur, meint ein Futurologe, aber der Mensch lache zuletzt, denn wirklich charakteristische Elemente seien Wissenschaft und Technik und diese seien humanistisch.

Man könnte das seiten- und stundenweise so weitertreiben, ohne etwas anderes auszulösen als Öde und Unbehagen. Nein, eine solche Aneinanderreihung führt zu nichts, weil niemandem damit gedient ist, den Schaum bloßer, meist noch überaus fragwürdiger Möglichkeiten zu schlagen in der Hoffnung, er könnte irgendwann zu einer blassen Wirklichkeit erstarren.

Die behaupteten Möglichkeiten nämlich nehmen nicht Bedacht auf den Menschen, sie bleiben bloße Technizismen, sie setzen zudem einen Menschen voraus, der von vornherein auf technische Statuierungen zugeschnitten ist. Das erfordert eine Auseinandersetzung mit der Frage, wie es heute – in unserer Zeit – mit der Anpassung des Menschen an die Gegebenheiten seines Alltags wirklich steht.

Für jeden Menschen, sei er noch so oberflächlich, springt als Erstes ins Auge, dass das allgemeine Glück, das man nach Anhörung der heutigen Glücksmöglichkeiten erwarten dürfte, offenbar nirgendwo besteht. Was sich an seine Stelle geschoben hat, ist eine höchst fragile Genugtuung, die, vollzogen, einmündet in das Alltagsbewusstsein des ständigen Sich-Abmühens. Deshalb kann es durch keinen – wie auch immer gearteten – Erfolg wie durch einen Schlussstein markiert werden.

Jemand wird zu einem »Leitenden« befördert. Es ist für ihn ein Erfolg; doch ist er wirklich glücklich? Doch, aber, Moment mal, er wird den Neid der anderen erregen, die Schwierigkeiten, die sie bereiten werden, werden sich mehren. Er bekommt zwar jetzt mehr Geld, aber die Ansprüche der Ehefrau oder der Kinder oder beider werden steigen.

Ein anderer bezieht sein eigenes Haus, er ist glücklich in seinen eigenen vier Wänden. Doch es wird sehr lange dauern, bis ihm das Haus wirklich gehört. Und dann die Reparaturen. Und noch steht es nicht fest, ob die Kinder einmal das Haus werden beziehen wollen.

Es könnte nun einer meinen, die geschilderten Menschen, der Beförderte und der Hausbesitzer, seien ausgesprochene Misanthropen. Das ist aber nicht so. Die Vorgänge sind heutzutage unabweislich, weil der Abstand zwischen Befördertem und Nichtbefördertem wie auch der zwischen dem Hausbesitzer und dem, der keines besitzt, im Bewusstsein unserer Zeit größer ist, als es der Bedeutung der Vorgänge entspricht.

Es fehlt dem Glücksgefühl das ganz Wesentliche der befreienden Lösung, der Ungetrübtheit, der Stärke und des Umfassenden eines Gefühls, wie es einem Menschen auf dem Höhepunkt, wie es ihm infolge seiner Einmaligkeit zukommt. Wohlgemerkt, es gibt solches Glück. Es gibt es auch in unserer Zeit, aber es ist nicht typischerweise an den Ablauf des Lebens in unserer Zeit geknüpft. Es ist nicht eines seiner kennzeichnenden Bedingungen.

Ganz ähnlich steht es mit der Zufriedenheit. Sie ist eine der Kraftquellen des Menschen und ein Zustand von Dauer. Dauer aber kommt in unserer Zeit keinem Ablauf, keinem Ding zu, sie wird, im Gegenteil, nur schwer ertragen, mit Langeweile verwechselt und als unproduktiv und altmodisch denunziert. Weit eher ist alles geprägt von einer Improvisation. Das hat seinen Grund darin, dass Dauer tatsächlich ein Wert ist, dass aber Werte meist nur ein Nebendasein führen. Wir sehen das deutlich, wenn wir die Stellung analysieren, die ein Zeitgenosse seiner Tätigkeit gegenüber einnimmt.

Dass jemand das feste Bewusstsein hat, eine ehrliche, gute, nützliche Arbeit zu tun, dass das Leben nicht vertan, sondern erfüllt ist, das liest sich heutzutage wie eine etwas angestaubte Hymne, und für viele Tätigkeiten ergeben Kriterien, wie die genannten, überhaupt keinen beziehbaren Sinn.

Denn in unseren Tagen ist die Tätigkeit weitgehend eine Beschäftigung geworden, ist meistens ein Job, ein Mittel, um sich mit einem angemessenen Standard am Leben zu erhalten, und die Frage nach dem inneren Sinn oder gar nach dem inneren Wert des Jobs ist eine, die man nicht stellen kann und darf. Dementsprechend sehen wir, dass viele Menschen nicht in dem eigentlich erlernten Beruf tätig sind und, befragt, lakonisch erklären, dass sie in der jetzt ausgeübten Tätigkeit eben sehr viel mehr Geld verdienen. Eine innere Bindung an das Objekt des Tuns ist weitgehend eine Ausnahme.

Natürlich bringt diese Art zu leben zwar mehr Geld ein, doch eine echte, innere, tragfähige, im Notfall auch belastbare Befriedigung bleibt aus. Hier haben wir eine Sinnlosigkeit des Daseins vor uns, die dem Zeitgenossen schwer zu schaffen macht. Denn zur vollen Ausformung der Person gehört, dass sie zu etwas Einmaligem, dass sie zu einem Individuum wird. Individuen haben aber nicht nur von jeher ihren eigenen persönlichen Stil gelebt, der gleichwohl durch tausend Fäden der Gemeinschaft verpflichtet war, sie haben sich von der Masse abgehoben.

Wir sehen nun aber, dass in unserer Zeit sehr hohe, mitunter unüberwindbare Schranken aufgerichtet sind. Es ist nahezu unmöglich, etwas zu erwerben, das es nur einmal gibt, es rückt sofort in den Rang einer »Antiquität«, mag es sich auch um den allerschlimmsten Schund handeln. Natürlich kann man das gleiche Produkt in verschiedener Farbe kaufen, oder Autos verschiedener Marken. Der Zeitgenosse flüchtet in eine Pseudoindividualität und proklamiert mit stolzem Trotz, ihm gefalle eben, was anderen auch gefalle. Und dass es anderen auch gefalle, störe ihn nicht, denn er sei eben ein Individualist.

Nun ist aber Individualität etwas, das weitgehend andere Funktionen hat als die des Wählens im Ästhetischen. Die Individualität ist letztlich Voraussetzung für eine entwickelte sittliche Instanz im Menschen, weil selbst das einleuchtendste kollektive Gebot tot bleibt, wenn es nicht vom Menschen in der nur ihm eigenen und möglichen Weise ergriffen und verarbeitet wird.

Überaus schwer ist es für den Zeitgenossen, wenn etwas, das sich grundsätzlich seiner Verfügbarkeit entzieht, in seinen Alltag einbricht. Persönliche und familiäre Krisen offenbaren uns völlig rat- und hilflose Menschen. Was sich nicht sofort durch ein Zaubermittel beheben lässt, zwingt die Zeitgenossen sofort in die Knie, so dass es nur noch zu einer konfusen Kapitulation reicht.

Ein Angehöriger, der ernsthaft erkrankt ist, ein alter Mensch, der gepflegt werden müsste, eine Tochter, die Zwillinge erwartet, ein Partner, der sich aus der ehelichen Gemeinschaft zu lösen beginnt, das alles löst Alarm aus, setzt die Briefkastenspalten der Zeitschriften in Bewegung, kurbelt die zahllosen »Beratungsstellen« an und wird doch nicht bewältigt, denn all diese Instanzen sind in Wahrheit hilflose Helfer.

Das alles schränkt die »Lebensqualität« ein. Das zeigt sich, unter anderem, in einer Rigorosität, die nicht in der Sache liegt, sondern künstlich, absichtlich der Sache angeheftet wurde. Es gibt Länder, die einen Autofahrer sofort ausweisen, der eine Zigarettenpackung aus dem Wagen wirft – wobei dies gewiss kein lobenswertes Tun ist –, in denen aber eine viele Quadratkilometer umfassende Verseuchung des Bodens durch Erdöl einfach als »Panne« bezeichnet wird. Plastische Stoffe, die eine echte Oberfläche vortäuschen, sind nicht mehr wegzudenken; im angelsächsischen Raum ist »Plastik« ein Synonym für Minderwertigkeit.

Es kommt heutzutage überall zu einer Überfüllung, die das Leben erschwert. Zu viele Menschen wollen das Gleiche, weil es zu wenig Verschiedenes gibt, das sie wollen könnten.

Wagen wir nun die entscheidende Frage: Was ist das, was um alles in der Welt ist das für eine Angst einflößende Macht, die die Menschen unserer Zeit in ihren Bann zwingt, obwohl sie allen elementaren menschlichen Interessen zuwiderläuft? Der Kompass dieser Macht weist in einen Abgrund unbenennbarer Widermenschlichkeit, auf dessen Grund kein Laut mehr ertönt, keine Sonne mehr scheint und kein Baum mehr wächst.

Nur noch roboterhafte Eiweißwesen ohne Prägung mühen sich ab, Materie in sinnloser Reihung und Anordnung zu manipulieren. Es ist eine Macht, die als Wesen nicht da ist, sondern nur in ihren entsetzlichen Folgen existiert. Ihr Name lautet: industrielle Produktion.

Die industrielle Produktion ist keine personale Macht. Sie ist nicht von vornherein als Zusammenschluss bestimmter Menschengruppen geplant, sie ist kein Apparat im Sinn etwa einer politischen Partei. Sie ist überhaupt nichts, das als kodifizierte Lehre auftritt, sondern kann nur aufgefasst werden als Summe aller Wirkungen, die dort vorzufinden sind, wo industriell produziert wird.

Gleich zu Anfang werden wir konfrontiert mit zwei entscheidenden Einengungen, deren Prägestempel alles trägt, was mit der industriellen Produktion zu tun hat. Heute wird nämlich wegen des Vorgangs der Produktion an sich produziert. Die Produktion ist ihr eigener Zweck geworden, und diese Tendenz ist in den letzten Jahrzehnten so hervorgetreten, dass sie heute ganz unverblümt offeriert wird, wenngleich mitunter sprachlich neu eingekleidet als »Notwendigkeit zur Investition« und »Notwendigkeit zur Schaffung und Erhaltung von Arbeitsplätzen«.

Was bedeutet aber die Selbstzweckproduktion in Wahrheit? Das ist zu überdenken. Erzeugt werden soll etwas nicht deshalb, weil es gut, nützlich, schön, begehrt ist, weil es das Leben leichter, sicherer, angenehmer und lebenswerter macht, weil sich darin der Schaffensdrang des Menschen, der ihm natürlicherweise innewohnt, verwirklicht. Es soll vielmehr mechanisch etwas reproduziert werden, irgendetwas, ganz gleich, was es sei, damit der Vorgang der Produktion weiter abläuft. Das bewirkt, dass die Produzierenden nichts anderes mehr wahrnehmen können als den Gewinn.

Ist aber Sinn und Zweck des menschlichen Daseins eingeengt auf Produktion und Gewinn, dann ist es bereits im Fundamentalen entscheidend verstümmelt, weil des Entscheidenden beraubt, das eine menschliche Existenz ausmacht: ihres Sinnes und ihres Wertes.

Es ist klar, dass eine fortgesetzte Selbstzweckproduktion nur möglich ist, wenn ein künstlicher Bedarf geschaffen wird. Das aber ist bereits in sich mehr als fragwürdig. Ist es wirklich erstrebenswert, wenn nicht etwa kranke, halbgelähmte Kinder, sondern gesunde und kräftige eine elektrische Zahnbürste benutzen? Ist es erstrebenswert, dass jemand, der gerade eben so sein Auskommen hat, veranlasst wird, seinen Urlaub an einem kilometerlangen, leeren, stupiden, ostasiatischen Sandstrand zu verbringen, was nicht die geringste Bereicherung für den Urlauber bringt.

Ist es aber nicht eine Versklavung, die die der Sklaven im Altertum weit übertrifft, wenn jemand seinen Rang danach misst, ob seine Kinder eine elektrische Zahnbürste benutzen oder ob er sich auf öden, ostasiatischen Stränden im Sand wälzen darf?

Nun ist es aber der industriellen Produktion gänzlich gleichgültig, ob derjenige, der etwas erworben hat, auch Gebrauch davon macht. Wichtig ist nur, dass er es bezahlt. Dadurch hat sich der Kreis geschlossen.

Diese beiden Reduktionen sind aber leider nicht die einzigen. Es hat sich auch etwas installiert, das sich durch das Merkmal der Quantität ohne Rest bestimmen lässt. Es ist nämlich belanglos für die industrielle Produktion, welchen Sinn ein Produkt hat oder haben könnte, oder ob es von vornherein völlig wertlos ist.

Die Übertragung solcher Prinzipien auf den Menschen bedeutet aber, dass auch hier alles Qualitative als fragwürdig aufscheint. Der Mensch kann immer weniger erfasst werden als Wesen in seiner Einmaligkeit, dessen Wert dadurch bestimmt wird, was er zu den Werten, die dem menschlichen Dasein gemäß sind, beiträgt, welche seelische Tiefe er hat, welche Durchdringungskraft sein Geist erlangt und ob er imstande ist, Anrufe zu vernehmen, die über ihn selber hinausweisen. Eine quantitative Einordnung des Menschen muss sich auf linear Messbares beschränken.

In heutiger Sprache meint das die Menge, die er zur industriellen Produktion beiträgt, sodann die Menge, die er selber der industriellen Produktion entnimmt, und das Ausmaß, das die Produzenten veranlasst, mehr zu produzieren, damit er mehr konsumieren kann.

Auf diesen drei Beinen steht der Mensch, und wir wissen aus der Physik, dass durch drei Punkte eine Ebene definiert wird und ein dreibeiniger Tisch deshalb nicht wackeln kann. Und tatsächlich: Dieses Menschenmonstrum kann sich nicht mehr bewegen. Seine Dreipunkthaftigkeit – die übrigens eine ganz reale Entsprechung im Dreipunkte-Anschnallgurt unseres Autoalltags hat – beraubt es aller Freiheitsgrade und führt zu Gleichmacherei, Verdinglichung und Entmenschlichung.

Der in dem eben analysierten Sinn leistungsunfähige Mensch aber wird so etwas wie eine nicht mehr exakt laufende Maschine, die stets die Frage aufwirft, ob sie noch repariert oder besser »abgeschrieben« werden soll. Die abgeschriebene Maschine wird zum Schrott. Da es nun nicht möglich ist, menschlichen Schrott »aufzuarbeiten« oder, wie man mit schwerem Zungenschlag sagt, »dem Produktionsprozess wieder zuzuführen«, so registriert man ihn als wirkliche Belastung, und hieraus folgt jene spielraumlose Eiseskälte der Industrie allem gegenüber, was auch nur von fern an den Begriff »menschlich« anklingt. Die neue Form eines Rückstrahlers bei Autos, die nicht die Zustimmung der Fachpresse findet, kann zum Sturz des Aufsichtsratsvorsitzenden eines großen Werkes führen, welcher bisher seine ganze Lebenskraft der Industrie widmete und ihr Milliardengewinne einbrachte.

Sind die wesentlichen Vorgänge im menschlichen Alltag innerhalb einer Epoche sinnlos, so ist naturgemäß ein Gefühl der Geborgenheit, der Freude, des Glücks nicht möglich, einfach deshalb nicht, weil die Freude an sinnlosen Mengen nicht möglich ist.

Nun vermag aber niemand zu leben, ohne in irgendeiner Weise an Werten teilzuhaben, die ihm das Leben lebenswert machen. Es kommt deshalb zu einer Verdrängung der Wirklichkeit durch den Affekt. Die Sklaven verkünden, dass sie das, was sie versklavt lieben, dass sie es beibehalten und ausdehnen wollen. Das ist ein Vorgang, der uns berechtigt, von einer kranken Gesellschaft zu reden.

Es ist indes wie mit allen selbst geschaffenen Attrappen: Wer durch ein umgekehrt gehaltenes Fernglas einen Tiger in der Ferne wahrnimmt, ist in Wahrheit nicht weit weg von ihm, und der Mensch weiß das. Der Mensch in seinem Innern lässt sich nicht im Entscheidenden täuschen, und wird ihm etwas aufgezwungen, so erzeugt er Kräfte, die sich ihrerseits als Entladung kundtun. Die Zunahme der Gewalttätigkeit, der Mangel an Kritikfähigkeit, die Abstumpfung des Fühlens, das verloren gehende Gerechtigkeitsgefühl, die fehlende Generation des Protestes, das verfehlte Verständnis, der Imperativ der Unmenschlichkeit und die mangelnde Besinnung auf Wertordnung und Schicksal, dies alles ist bereits jenseits der eigentlichen industriellen Produktion, wenngleich, vergessen wir das keinen Augenblick, zweifelsfrei ihre direkte Folge.

Die Zukunft stellt sich heute weitgehend als blindes, rohes Ungetüm dar, das nicht einmal weiß, was es zertrampelt. Hier spielt die so genannte Partizipialfunktion eine große Rolle. Diese ist die Repräsentanz des Kollektiven im Individuum, und deshalb verhalten sich die Menschen unter ihrem Einfluss ausnahmslos ungegliederter, gröber, primitiver, kulturferner, als es das Individuum als Person je vermöchte. Hieran führt keine

Auseinandersetzung vorbei, sie wird vielmehr geradezu gebieterisch erzwungen.

Unmittelbar der industriellen Produktion attachiert ist die Werbung. Sie ist die zeitgemäße Verzerrung des Märchens. Doch diese Welt der Werbung ist nicht einfach nur da. »Meyers Hosenträger sind die besten« ist gewiss ein kerniger Satz, aber er wirkt doch wie ein stumpfer Prügel in einer Situation, wo es auf krumme Säbel, Pfeile mit Widerhaken und auf Geschosse mit exakten ballistischen Kurven ankommt. Denn was heißt schon »gut« oder gar »die besten«? Ein Mann, der die besten Hosenträger hat, bleibt deshalb doch der gleiche Mann wie zuvor. Die Hosenträger, seien es auch die besten, werden nicht zu Schwingen, die ihn über sich selbst hinausheben. Deshalb müssen nicht die Eigenschaften des Angepriesenen, sondern das Lebensgefühl des Umworbenen zum Zielpunkt der Werbung werden. Deshalb müssen Meyers Hosenträger bewirken, dass man das Gewicht der Hose nicht mehr spürt und sich somit fühlt wie ein junger Mann, selbst wenn man hundert Kilo wiegt und einen Kürbisbauch hat.

Nehmen Sie Ihre Frau und fliegen Sie mit ihr weg. Nach Paris, an den Südpol, nach Casablanca oder nach Bad Kissingen. Das kostet weniger, als Sie denken. Das nennt man dann ein »unvergessliches Erlebnis«, und es kostet weniger, als man denkt, solang man nicht weiß, was es tatsächlich kostet.

Niemand braucht zu befürchten, er sei für derlei Eskapaden zu alt. Es gibt ein Medikament, bei dessen Entwicklung sich ganze Forschergenerationen das Hirn zuschanden gedacht haben, und dieses Medikament verleiht jedem Mann die Spannkraft und Elastizität eines Tigers. Es wird nur noch übertroffen von einem Präparat, das alle Frauen wieder jung macht. Alle, ohne Ausnahme, und außerdem verleiht es das Bewusstsein der Ruhe und Gelassenheit und fördert, als Draufgabe sozusagen, noch die Herzenswärme.

Die Werbung stemmt stets aus einer Luke ihres Zaubermagazins das Glück zur Ebene des Bedürfnisses empor.

Die Werbung kann indes prinzipiell in ihrer infamen Verlogenheit entlarvt werden – durch die kritische Interferenz. Als Interferenz bezeichnet man in der Physik eine Phasenverschiebung. Treffen beispielsweise bei zwei Wellen der Wellenberg der einen mit dem Wellental der anderen zusammen, so reduzieren sie sich zu null. So lässt sich der Werbung eine Antiwerbung entgegensetzen, die dann sofort zu durchschauen ist:

»Seien Sie nicht rückständig. Trennen Sie sich von Opas Radio und vor allem von Ihren noch völlig intakten Lautsprechern! Untersuchungen in Amerika haben bewiesen, dass diese viel zu schwach sind, um Ihr Gehör dauernd zu schädigen. Lassen Sie sich unsere Superboxen kommen und zahlen Sie dafür nur das Zehntausendfache des Materialpreises. Dieses günstige Angebot können wir Ihnen machen, weil unsere Entwicklungskosten so günstig sind. Wir schauen nämlich alles von der Konkurrenz ab, obwohl wir dem Finanzamt gegenüber hohe Forschungskosten geltend machen. Dadurch sind wir in der Lage, hohe Gewinne zu erzielen.«

Noch gefährlicher ist aber eine andere Manier, nämlich durch Tarnung mit etwas scheinbar Gutem, Erstrebenswertem, die Kritik abzuleiten, so dass sie ihr eigentliches Objekt verfehlt und sich bereits im Ansatz verläuft. Da kündigt ein Politiker an, Kinder müssten die Möglichkeit der Mitwirkung und Mitgestaltung ihrer eigenen Angelegenheiten haben und die Verpflichtung, das zu bewerkstelligen, sei den Eltern aufzuerlegen. Das werde gewährleisten, dass die Kinder eine Teilhabe an allen sie berührenden Angelegenheiten erhalten. Schon der unschöne, sprachliche Schwulst, im Nachrichtensprecherstil einherstelzend, gebietet Vorsicht, Zweifel und Misstrauen. Wer so spricht, von dem ist es mehr als unsicher, ob er überhaupt jemandes Wohl im Auge hat oder auch nur haben kann.

Die primitive Unterstellung, Kinder seien Erwachsene, nur eben kleiner, sie seien »einsichtsfähig« und wüssten zu unterscheiden, was in Wahrheit »ihre eigenen Angelegenheiten« sind, stellt die Wirklichkeit auf den Kopf. Natürlich soll man auf die Wünsche und Ängste von Kindern Rücksicht nehmen, doch wird ein solches Ermessen notwendig den Erwachsenen vorbehalten bleiben.

Es handelt sich da um, ja, um ein Attentat auf die Souveränität der Familie. Ihre eigenständigen Rechte sollen beschnitten, ihre Einheit gestört werden durch Schmirgel, verpackt in die Tüte des Vormundschaftsgerichtes. Die nackte Macht des Staates zu erweitern, die Familie zu beaufsichtigen, das ist das primäre Ziel; doch so ausgedrückt, wäre es nicht annähernd aussprechbar und noch weniger verwirklichbar. Und so wird alles in Phrasen gepresst, die nicht ganz einfach zu durchschauen sind.

Spricht heutzutage ein Staatsmann von Geschichte, kann man sicher sein, dass er in erster Linie sich selber und sein eigenes System lobt und alle Widrigkeiten früherer Zeiten darauf zurückführt, dass damals sein System nicht in Kraft gewesen sei und dass nur Extremisten hieran die Schuld zuzuweisen sei. Dabei lässt er außer Acht, dass es »Extremisten« im Laufe der Geschichte immer und überall dort gegeben hat, wo ein Staatswesen einseitig auf risikolosen Wohlstand ausgerichtet und deshalb träg und stumpf war und am Schicksal seiner Bürger uninteressiert. Wer aber eine menschliche Krise konkret lösen will, muss eine zutreffende Vorstellung von dem haben, was in und mit dem Menschen im Grundsätzlichen möglich ist. Zu einer entwickelten Kritik gehört, dass sie nicht selbst manieristisch wird und sich nicht von vornherein bindet, dass sie nicht zur »positiven« oder »negativen«, dass sie sich nicht zur »konstruktiven« oder »zersetzenden« Kritik deformieren lässt, sondern, frei wägend, frei von Beiworten bleibt: eine kritische Kritik. Denn der Unkritische ist den Mächten seines eigenen und des kollektiven Dunkels ausgesetzt.

Hier kann durch Programme keine Abhilfe geschaffen werden, denn der Mangel an Kritikfähigkeit kann nur behoben werden durch Kritik. Das erarbeitete Werturteil, das Werturteil, das nicht für bestimmte Zwecke, sondern der Wahrheit halber erarbeitet wird, ist die schärfste Waffe des Menschen, die es im rationalen Bereich gibt. Das Wagnis, um der Wahrheit willen in die Dinge einzudringen, obwohl man zu Beginn der Fahrt noch nicht einmal ahnt, wie die Wahrheit beschaffen sein wird und welche Verpflichtungen sie auferlegen wird, ist ein Kernstück des Lebens selber.

Doch so wesentlich und privilegierend ein scharfer Verstand ist, erschöpft sich die Totalität des Menschen doch nicht in ihm. Über eine zweite Fähigkeit von hohem Rang verfügt er, um aufzunehmen, was seine Umwelt ausmacht. Diese Fähigkeit ist das universale menschliche Fühlen, jenes Wechselspiel von Anruf und Echo, das alles betrifft, was überhaupt erfassbar ist. Kleines und Großes, Sichtbares und Unsichtbares, Festlegbares und Unaussprechliches. Ein Mensch, der überhaupt nicht mehr fühlen kann, ist der Fülle seiner Gemäßheiten beraubt und bedauernswert verarmt.

Doch hier wird es sehr schwierig. Die Mächtigkeit des kritischen Verstandes lässt sich ausreichend erfassen. Das Vermögen des Fühlens hingegen kann nicht ohne weiteres einfach gemessen werden, weil Gefühle etwas ganz Persönliches, Intimes sind, das sich nicht leicht klassifizieren lässt. Wer sich hier Auskunft verschaffen will, kann dies nur auf eine indirekte Weise. Er muss Eindrücke ins Begriffliche zurückführen, um sie mitteilbar zu machen.

Ein müßiger Spaziergänger, der durch die Straßen einer Großstadt geht, wird bald feststellen, dass er allein ist. Denn die vielen hunderttausend Menschen, denen er begegnet, sind nicht müßig. Sie alle eilen, als bekämen sie es bezahlt, irgendwohin, und ein Blick in ihre Gesichter behebt das Unbehagen nicht, das ihr Eilen ausgelöst hat.

Stumpfheit und Gleichgültigkeit ist immer Abwehr. Die Dahineilenden möchten nicht angesprochen werden. Ab und zu kauft einer eine Zeitung und bemerkt beim flüchtigen Durchblättern, dass sich in einer anderen Stadt ein Mann auf das Pflaster gelegt und die Passanten gebeten hatte, ihm aufzuhelfen, und dass sich eine geschlagene Stunde lang niemand hierzu bereit gefunden hat. Krieg und Gräuel sind in weiten Teilen der Welt zu einem Dauerzustand geworden und bestärken naturgemäß die stumpfe Mittellage der Gefühllosigkeit. Ja, in manchen Lebenslagen ist es überhaupt nicht ratsam, von Menschenrechten auch nur zu reden, denn die, die sie verletzen, könnten pikiert reagieren, und das würde in erster Linie den eigenen Handelsexport ungünstig beeinflussen.

Zu den radikal umwälzenden, bedrohlichen Entwicklungen unseres Industriezeitalters hat die Gesellschaft bisher noch nicht einmal eindeutig Stellung bezogen. Die Atomspaltung und ihre Folgen, die Plutonium-, Wasserstoff-, Kobalt- und wer weiß was für Bomben noch, werden weitgehend unter politischen Tagesaspekten gesehen. Noch vor wenigen Jahren waren sich alle darüber einig, dass die Neutronenbombe, die nur Lebendes zerstört, Gebäude aber intakt lässt, eine zutiefst verabscheuungswürdige Grässlichkeit ist. Heute gibt es Stimmen, die die Neutronenbombe als »Hinwendung zu einer humanen Kriegsführung« anpreisen, »weil sie in ihrer Anwendung begrenzt ist und weit weniger Schaden anrichtet als etwa eine Wasserstoffbombe«. Das ist ein weiterer Beleg dafür, dass unsere Zeit die Fähigkeit zur menschlichen Resonanz weitgehend eingebüßt hat.

Neid, Roheit des Herzens, Stumpfheit des Gemüts und Gleichgültigkeit als Gegensatz zu Gleichmut, das sind Zuordnungen einer ständig nur reproduzierenden Epoche, die letztlich nichts hervorbringt, was gegliedertes Erleben, was Gefühlstiefe stärkt, weil sich nämlich über kollektiven Schund niemand freuen kann, weil niemand innerlich bereichert ist durch bloße Mechanik.

Solange das Fühlen den globalen Unwerten unserer Zeit verhaftet bleibt, kann es nicht zu dem werden, was es seiner innersten Natur nach ist: zum Atem der Seele.

Es kann nicht verwundern, dass so weitreichende und vielfältige Schädigungen sich auch in einem Bereich auswirken, der vordem zu einem der menschlich wesentlichsten gehörte: dem Recht. Jeder kann sich leicht davon überzeugen, dass einen hier ein bloßes Gefühl, ohne die Präzision rationaler Formulierung, im Stich lässt, dass aber auch eine verstandesklare, kalte Ableitung hier nicht befriedigt. Diese Universalität ist nicht von ungefähr, entspricht sie doch dem Wesenskern allen Rechts, nämlich der Gerechtigkeit.

Spätestens, wenn dieser Begriff »Gerechtigkeit« auftaucht, wird uns, wie durch einen Reflex ausgelöst, entgegengehalten: »Was ist eigentlich Gerechtigkeit?« Auf dem Fuß folgt eine jener stupiden, unkritischen Antworten, die stets ein Zeichen mangelnder Auseinandersetzung mit einer Sache sind. Man wird – witzig – sagen, »Gerechtigkeit ist das, was es nicht gibt« oder, »Gerechtigkeit ist das, was man als solche empfindet« oder, »Gerechtigkeit ist alles, was einer positiven Norm entspricht« oder, »Gerechtigkeit ist das, was den Rechtsanspruch des Menschen am zweckmäßigsten reguliert« oder, »Gerechtigkeit ist dazu da, dem Menschen etwas, das er gern haben möchte und anderswie nicht bekommen kann, zu verschaffen.«

Die, wie immer, verräterische Sprache, unterscheidet zwischen einer allgemeinen Gerechtigkeit, einer sozialen Gerechtigkeit, einer Steuergerechtigkeit, einer Gerechtigkeit für die Rentner, die Facharbeiter oder die Schornsteinfeger.

Wenn jetzt das Wort Gerechtigkeit zurückgedämmt erscheint, so liegt das daran, dass kaum je ein Mensch lebt, ohne sich seine Vorstellung von der Gerechtigkeit zu bilden. Ja, die allermeisten wissen recht gut, was sie selber darunter verstehen, setzen doch alle Verheißungen voraus, dass es Menschen gibt, die hungern und dürsten und Verfolgung leiden, um der Gerechtigkeit willen.

Um aber die Gerechtigkeit doch noch zu kennzeichnen, lässt sich sagen, dass sie in dem rechten Maß darin besteht, dass jedermann für das, was er frei verwirklicht hat, sei es durch Tun oder Unterlassen, selber verantwortlich ist und dass niemand einem anderen etwas aufbürdet, was dieser zu tragen nicht verpflichtet ist. So besehen ist Gerechtigkeit ein Regulativ und eine Kategorie in einem. Dennoch wird sie in unserer Zeit ohne viel Federlesens meist den Juristen zugewiesen, obwohl es als ausgemacht gilt, dass sie bei diesen doch nicht so sehr gut aufgehoben ist.

Die finstere Zeit vor und während des Zweiten Weltkrieges schuf sich eine eigene Justiz. Diese war nichts als ein Apparat, um die Willkür der Häuptlinge durchzusetzen: Justiz war zu einer reinen Apologetik der Praxis geworden.

Heutzutage wird die Justiz aufgefasst als Regulativ, als das, was das Zusammenleben der Menschen innerhalb gewisser Grenzen reguliert. Von solcher Regulierung leitet sich alle Daseinsfunktion des Rechts ab, aber auch seine Zielsetzung.

Ist ein von der Justiz kommendes Regulativ obendrein auch noch gerecht, umso besser, wenn nicht, so braucht das seine praktische Brauchbarkeit nicht zu schmälern. So stellt sich im Zeitbewusstsein heute für sehr viele Menschen das Recht dar, und der Satz »Fiat justitia, pereat mundus« – »Gerechtigkeit soll geschehen, selbst wenn die Welt darob in Trümmer fällt« könnte noch nicht einmal als »überspannt« gelten, sondern allenfalls als Antithese für die Verklärung heutiger Rechtspraxis auf Journalistenniveau.

Die Gerechtigkeit ist dem reinen Pragmatismus zum Opfer gefallen. Das Leben ist gefährlicher geworden, die öffentliche Sicherheit bedroht wie nie, und der Staat vermag nicht mehr seine Bürger zu schützen, hingegen begünstigt die heute geübte Rechtspraxis den Rechtsbrecher. So wird ein Mord in Urteilen nicht selten als »Körperverletzung mit Todesfolge« interpretiert, aber bereits die Existenz des Paragraphen »Totschlag in minder schwerem Fall« weist darauf hin, dass ein Mörder im Vorteil ist, wenn seine Anwälte diese Auslegung geltend machen können; und das geschieht meistens. Die Frage des Justizmordes stellt sich nicht. Das könnte nur geschehen, wenn, was aus den dargelegten Gründen unmöglich ist, die Gerechtigkeit im Zeitbewusstsein wieder in den Rang eines Wertes aufrücken würde.

Nun gibt es, auch heutzutage, immer noch Menschen, die alles dransetzen, um die heutigen Schädlichkeiten zu bannen. Sie erhoffen sich das Heil von der so genannten Demokratie. Darunter ist, wie schon aus dem Wort hervorgeht, die Herrschaft des Volkes zu verstehen. Das ist technisch unmöglich, weshalb das Regieren auf Delegierte abgewälzt wird, die in ihrer Gesamtheit ein Parlament, eine Duma, einen Bundestag, ein Unterhaus bilden, dem die Regierung verantwortlich ist. Diese wird zu einer reinen Geschäftsführung reduziert, sie hat praktisch keine Macht, und ihr Vorsitzender, Kanzler, Premierminister, Präsident muss, will er es bleiben, das tun, von dem er glaubt oder weiß, dass es dem Parlament zusagt.

Das System als solches lässt sich zu einer grandiosen Vision ausbauen, aber eben nur zu einer Vision. In Wahrheit hat es nie existiert, auch nicht zur viel gerühmten Epoche des Thukydides im alten Athen. Er selber wurde durch das Scherbengericht verbannt und musste Zuflucht beim Feind, den Persern, suchen, die ihm auch gewährt wurde.

Heutzutage erhebt vor allem Nordamerika den Anspruch darauf, die Demokratie zu leben, doch dies tut es nicht mit Berechtigung.

Beim Ausbruch des Krieges mit Japan wurden Tausende von Bürgern japanischer Abstammung interniert, obwohl sie amerikanische Bürger waren. Auch haben die Amerikaner Atombomben auf zivile Städte geworfen und sich dabei auch noch auf die Demokratie berufen.

Die Grundlage der Demokratie ist angeblich die Freiheit. Aber Freiheit ist von vielen Menschen ausschließlich als die Möglichkeit verstanden worden, das zu tun, was ein bestimmtes, sehr enges Prinzip ermöglicht und fördert.

Freiheit ist, das Kollektiv zur alleinigen Lebensform zu machen. Der Kommunist darf sich nicht die Freiheit nehmen, Individualität zu fordern. Freiheit ist, was die Volksgemeinschaft oder auch nur ein gewisses Volk fördert. Der Nationalsozialist darf sich nicht die Freiheit nehmen, dem »Führer« zu widersprechen. Freiheit ist, was das Reich Gottes näher bringt. Wer aber sich die Freiheit nimmt, einem Dogma zu widersprechen, der wird verbrannt.

Die Freiheit verhindert nicht, dass die Zeiten pechschwarz werden können. Die Russen haben in Katyn Massenhinrichtungen vorgenommen. Die Deutschen haben die Bevölkerung des Dorfes Oradour auf eine viehische Weise ausgerottet und, Jahrzehnte später, haben die Amerikaner die Bevölkerung des Dorfes Mi Lay auf eine bestialische Weise vernichtet.

Die Demokratie ist in Wahrheit nur eine Form. In ihr ist Freiheit, Gerechtigkeit, Menschlichkeit durchaus möglich, aber nur so lang, als alle dies wollen, und das ist niemals der Fall. Auch ist Demokratie umso weniger möglich, je mehr die Manipulierbarkeit einer pluralistischen Massengesellschaft zunimmt. Und deshalb ist auch eine Verteidigung der Demokratie bereits in sich problematisch. Eine bloße Form nützt nichts; es ist, als ob sich ein adeliger Taugenichts seine Grafenkrone ins Nachthemd sticken lässt, und das Problem, wie die Demokratie verteidigt werden kann, ohne zu undemokratischen Mitteln zu greifen, ist schlechterdings nicht lösbar.

Ein wirklicher Schutz müsste dem Reich der menschlichen Werte, dem Bereich der rechten Ordnungen entstammen.

Doch solches Erfassen gelingt stets nur annähernd. Der Erkenntnis der unverhüllten Wahrheit stehen stets autonome Abhängigkeiten gegenüber, wie die Geographie, das Klima, die Lebensumstände, der Kanon der Gebräuche.

Für die Geltung von Wertordnungen hängt praktisch alles davon ab, ob durch ihre notwendige Kodifizierung hindurch ihr Gehalt erfasst wird, ob es zu einer Verschmelzung von Ordnung und innerer Aufnahme durch den Menschen und zu der dadurch bewirkten Bereitschaft kommt, ihr zu dienen.

Trotz aller Beschwörungen ist aber durch ein bloßes passives Wahrnehmen der Wertordnung deren unzerstörbarer Gehalt nicht zu erfassen. Vor allem werden Wertordnungen leicht brüchig, wenn sie in ihrer Kodifizierung von einem Menschenbild ausgehen, das in sich nicht möglich ist, weil es Eigenschaften und Verhaltensweisen von einem Idealbild und nicht von einem lebenden Wesen abstrahiert. Das hatte Nietzsche erkannt; er war sich aber bewusst, dass er Werte umwerten wollte, nicht etwa abschaffen. Anderen als Nietzsche gelang dann die Zertrümmerung der Wertordnungen, doch die wie eine ersehnte Erlösung erhoffte Umwertung blieb aus. Die Trümmer der letzten, in sich geschlossenen Ordnung, heutzutage sentimental als »Heile Welt« apostrophiert, werden begraben unter einem Schutt von Pseudopsychologismen und Leerphrasen; die Ordnungen selbst versuchte man zu ersetzen durch Verhaltensweisen; das Verhalten versuchte man zu regulieren durch Rezepte, durch Programme, durch Verordnungen.

Es hat aber keine einzige auch nur annähernd den Rang einer Wertordnung erreicht. Weil diese untauglichen Regulatoren darauf zielen, bestimmte Effekte herbeizuführen, die Grundlagen des Mensch-Seins aber gänzlich außer Acht lassen. Das geschieht so gründlich, dass bereits das Wort »Wertordnung« denunziert ist, wobei bestürzenderweise bereits die Koppelung mit dem Leerwort »Konservativ« oder »Reaktionär« genügt.

Das darf indes nicht davon ablenken, zu prüfen, welche Werte unter den Programmen, Patentrezepten und Verordnungen verschüttet liegen. Es genügt, einige zu benennen, um die qualitative Distanz aus sich selbst heraus herstellen zu lassen.

Ordnungen an sich sind Werte, weil sie die Dinge in eine gemäße Reihenfolge fassen und eine Abstufung bewirken, ohne die stets ein Chaos ist.

Gerechtigkeit ist ein Wert. Ohne sie ist das Leben auf animalische Dynamismen reduziert. Auch soziale Gerechtigkeit ist als Begriff nur so lang sinnvoll, als die Gerechtigkeit selber als Kategorie sinnvoll ist.

Der persönliche Freiheitsraum des Menschen ist ein Wert, denn er ermöglicht den Atem des Geistes, die Bildung einer Persönlichkeit und verhindert das Abgleiten zum Massenwesen.

Kultur ist ein Wert, jene menschliche Aussage, in der sich das Höchste und Tiefste zugleich kundtut, von dem oder zu dem sich ein menschliches Wesen aufzuschwingen vermag.

Die innere Fundiertheit der Familie ist ein Wert. Tapferkeit, Treue und Wahrhaftigkeit sind Werte ebenso wie Größe, Geistigkeit und die Kraft zur wissenschaftlichen Erkenntnis.

Hingegen lassen sich kontroverse Dynamismen, affektive Dynamismen und subalterne Regressionen nicht unter einfache Verhaltensregeln subsumieren, weil sie nicht derselben Kategorie angehören. Lässt man sie dennoch gelten, so führt das zur Wertindifferenz.

Die Konsequenzen haben wir heute vor Augen. Desorientiert und ohne Kraft zum eigenen Protest, lassen viele die Geschichte und alles, was sie bereithält, über sich ergehen und umgeben sich mit der unreinlichen Watte apathischer Fühllosigkeit. Ihnen wird ein Attentat zur Belästigung, ein Flugzeugabsturz zur Störung des Flugplans und ein bestialischer Mord zum Ausdruck jugendlichen Übermutes, ohne dass sie erkennen können, dass sie selber bereits potenzielle Opfer geworden sind.

Alldem kann nur dadurch begegnet werden, dass die Geltung der Wertordnungen, vor allem die Neuformulierung ihrer Inhalte, universal sein muss, denn nur, wenn der Mensch fest auf dem Fundament der Wertordnungen steht, ist er fähig, die letzte und höchste Aufgabe zu erfüllen, die zu erfüllen ihm bestimmt ist: die Auseinandersetzung mit seinem Schicksal.

Seit der Mensch den kollektiven Raum dämmeriger Eingebettetheit verlassen und die Tür der Besonderheit als Individuum durchschritten hat, gibt es für die Verflechtung von Sein und Tun das Wort »Schicksal«. Nur der Mensch hat ein Schicksal, denn nur er erfüllt dessen Urbedingung, nämlich Stellung zu beziehen, sich zu entscheiden, anzunehmen und zu verwerfen, sich zu behaupten oder zu unterliegen.

Überall sonst, wo man vom Schicksal spricht, ist eine Analogie zum Menschen gemeint. Das Schicksal eines Gegenstandes ist nichts als die Summe der Beziehungen, die eine Reihe von Menschen zu ihm hatte. Bücher, Gemälde, Skulpturen, Partituren haben Schicksal als Zeichen und Abbild der Schicksale von Menschen, für die sie bedeutsam waren.

Der Mensch aber durchlebt unmittelbar sein Schicksal als Kontinuum, dem er nicht entrinnen kann, als Bedrängnis, der er nicht erliegen darf, als Bestimmtheit, die er von Anfang an zu tragen hat und die er nicht ändern kann. »Jeder ist seines Glückes Schmied« ist eine biedermännische und vulgäre Verleugnung jeglichen Schicksalscharakters des Lebens, »Seinem

Schicksal entgeht man nicht«, ist der Versuch einer Ausklammerung gerade jener Kräfte im Menschen, die in Wahrheit eine Komponente des Schicksals selbst sind, und endlich ist die Forderung zur Liebe des Schicksals »Amor fati«, der heroische, in der Tragik der griechischen Antike wurzelnde Anspruch, die Urmacht durch Unterwerfung zu meistern, ein Unterfangen, an dem selbst der Größte scheitern müsste.

Es sind nämlich die Komponenten des Schicksals nicht in einem erkennbaren Verhältnis gemischt. Sie trotzen analytischen Manipulationen. Deshalb greift das Schicksal dumpf, unvorhersehbar und ungerecht in die menschliche Existenz ein und zerbricht und vernichtet sie, ohne sich der Frage nach dem Warum zu stellen. Das Schicksal, sei es auch das erhabenste und beglückendste, bleibt immer das ganz Andere, bleibt in weitesten Bereichen das ganz Unvertraute, und von Moira, der Schicksalsgöttin, weiß man lediglich, das es sie gibt: mehr nicht.

Dennoch ist es gleichermaßen unzulänglich, sich von den schicksalhaften Abläufen einfach treiben zu lassen, oder in ihnen ein Konvolut von Zufallsreihungen zu erblicken. Ein Mensch verkörpert zwar sein Schicksal, doch er steht auch seinem Schicksal gegenüber. Ein Schicksal, in das der Mensch hineinverwoben ist, wird zu einem Schicksal, das erfasst und bezwungen werden muss.

Deshalb aber tritt zur Polarität des Schicksals ein zentrierender Anspruch hinzu: die individuelle Verantwortung.

Hier regt sich Zweifel. Ist es nicht eine der rationalen Glanzleistungen der Moderne, festgestellt zu haben, dass man, wie man in sprachlicher Verschlampung zu sagen pflegt, für sein Schicksal nichts kann. Denn, so wird argumentiert, was kann jemand für seinen anstößigen Namen, was für seine Zugehörigkeit zu einer Rasse, einem Volk, einer Kultur, einer auf ihn Anspruch erhebenden Gruppe. Was kann einer dafür, dass er Glück hat, und ein anderer, dass er keines hat.

Es sind aber solche Emotionen nichts anderes als das Rasseln mit den Ketten, die den Menschen an die Tatsache fesseln, dass die Verantwortung dem Schicksal gegenüber zum Geschick des Menschen gehört.

Sehen wir aber zu: Der Mensch mit dem anstößigen Namen vollbringt eine bedeutende Leistung, und siehe da: der Name verliert augenblicklich alles Odiose. Die Hautfarbe ist ein Schicksal, doch niemand denkt bei Lao-Tse, bei Li-Tai Peh oder bei Hui-Tsung an die »Gelbe Rasse«. Jeder vergegenwärtigt sich den großen Denker, den großen Maler, den großen Dichter: Jeder ist dankbar für die Erweiterung des geistigen Raumes und für die Bereicherung an Schönem in dieser Welt.

Deshalb ist eine erkannte und erfüllte Verantwortung dem Schicksal gegenüber imstande, die Lebenslinie und das Dasein zu verändern, einen Zuwachs an Wert mit sich zu bringen und zu einem Leuchtfeuer zu werden, das Orientierung in jeder, auch in noch so trüber Zeit, ermöglicht. Denn der Fluss der Geschichte ist keine additive Zusammenfügung von Einzelschicksalen, sondern deren Integral. An dem verantwortlichen Gegenüber zu seinem Schicksal entscheidet letztlich jeder das Gesamtgeschick der Gesellschaft seiner Epoche.

Das Unbehagen in der Spaßgesellschaft

Von Anna Mitgutsch

JEDE ÄRA, JEDE Ideologie bringt ihr eigenes Menschenbild hervor. Es ist das Merkmal des Zeitgeists, dem Bild des Menschen seinen Stempel aufzudrücken. Deshalb hält sich die Illusion des Fortschrittglaubens auch hartnäckig auf all jenen Gebieten des Geistes, wo längst kein Fortschritt mehr stattfindet. Deshalb konnten und können sich die reaktionärsten Zeiten immer wieder als modern und fortschrittlich gebärden, weil sie im Spiegel ihrer Bilder von der Wirklichkeit die Bestätigung ihrer eigenen Projektionen erblicken. Das Bild vom Menschen, das sich schließlich in einer Ära durchsetzt, wird zur Norm erhoben. Alles andere erscheint als Abweichung. So entstehen die Moden einer Zeit und ihre Tabus.

Aber es gibt Regulative. Sie kommen von außen, aus den Bereichen, die sich vom Zeitgeist nicht unterwerfen lassen, die resistent sind gegen Moden. Es hat zu jeder Zeit Kritik am jeweiligen Zeitgeist gegeben, nicht zuletzt in der Kunst. Das Menschenbild, das die Kunst entwirft, zumindest alle Kunst, die sich den Moden entzieht, kommt aus der Mitte des Schöpferischen. Auch wenn wir uns dessen nicht jedes Mal bewusst sind, ist es das Transzendente in der Kunst, das uns am tiefsten berührt. Es erfasst uns beim Hören von Musik, es beunruhigt uns über die unmittelbare Lektüre eines literarischen Kunstwerks hinaus und es entzieht sich der Analyse. In Kunstwerken, die uns das Unsagbare erahnen lassen, suchen wir nicht das Nützliche, sie sind Annäherungen an den letztlich nicht fassbaren Kern dessen, was die menschliche Existenz ausmacht. Die Kunst hat immer einen unauslotbaren, durch keine Analyse definierbaren Kern, der sich in der ästhetischen Gestalt ausdrückt, aber sich nicht in ihr erschöpft, der Geheimnis bleibt, weil er die rationalen Mittel, auch die der Sprache, transzendiert. Gleichgültig, wie wir es nennen – das Schöpferische, Spiritualität, das Geistige, Transzendenz oder auch den göttlichen Funken – es bringt im Augenblick der Begegnung ein Bild des Menschen zum Vorschein, das ihn den Moden und Zwängen der Zeit enthebt, ihn von seiner Zufälligkeit, seiner Kontingenz befreit.

Jede Zeit hat ihre spezifischen Menschenbilder. Sie sind übermächtig, sie gaukeln uns die Illusion einer Gesetzmäßigkeit vor, und es erscheint lohnend, sich ihnen anzupassen, denn die Anpassung verspricht Erfolg und Akzeptanz. Aber es ist nicht gleichgültig, in welchen Bildern von uns selbst und von der Wirklichkeit wir uns einrichten, denn die Vorstellung, die wir uns von uns selber machen, gestaltet unser Leben.

Solange wir jung sind und davon überzeugt, wir könnten unser Leben selbst bestimmen und die Wirklichkeit verändern, sind wir eher geneigt, uns dem Zeitgeist anzugleichen, denn wir glauben an Fortschritt: Wir schicken uns an, das Weltbild, das wir übernommen haben, nach unserer Vorstellung zu formen, jedenfalls mitzuformen. Jede neue Generation glaubt, in einer besseren, aufgeklärteren, moderneren Welt als frühere Generationen zu leben. In dem Maß, in dem wir älter werden und uns von neuen Moden und Weltentwürfen hinausgedrängt fühlen, meinen wir festzustellen, dass die Zeiten schlechter werden. Bei der kritischen Betrachtung des Zeitgeists müssen wir unseren eigenen Standort mitreflektieren.

Aber es gibt auch Konstanten in der Conditio humana. Auch wenn jede Zeit uns glauben machen möchte, sie bringe unerhört neue Erkenntnisweisen mit sich, die bisher gültigen hätten sich überlebt und seien hoffnungslos veraltet, so wissen wir aus der Menschheitsgeschichte, dass das immer nur in sehr beschränktem Maße der Fall ist. Der Mensch verändert sich nicht so grundlegend und mit solcher Geschwindigkeit, wie die Vordenker und Nutznießer einer Ära es gern hätten. Wir sind wandlungsresistenter, als wir glauben.

Es gebe keine gesicherten Koordinaten des Einzelnen in der Geschichte mehr, wird von den Theoretikern der Postmoderne behauptet, das Subjekt habe abgedankt, der Begriff der Identität sei ebenso überholt wie der einer zusammenhängenden Wirklichkeit. Das mag alles bis zu einem gewissen Grad stimmen, aber was sich dennoch hält, ist die Sehnsucht nach Kohärenz, nach Identität, nach einem gesicherten Platz in der Welt, und sie wird stärker in dem Ausmaß, in dem wir das Gefühl haben, dass uns Sicherheit entzogen wird. In dieser Sehnsucht liegt bereits der Anstoß für die nächste Umwälzung des gerade dominierenden Weltbildes.

Aber nicht nur die Sehnsucht und die Hoffnung derer, die die Verlierer des Zeitgeists sind, bleibt als Konstante in der Geschichte, sondern auch das Leiden und die Fähigkeit des Mitleidens bleiben als menschliche Grundkomponenten, ebenso wie das Schöpferische und die Sehnsucht nach Transzendenz. Der Mensch der Postmoderne ist nicht nur egozentrisch, infantilisiert durch Konsum, genusssüchtig und gierig nach oberflächlicher Unterhaltung, sondern er ist nach wie vor eingespannt in die Polarität zwischen dem Anspruch des Geistigen und seinen animalischen Bedürfnissen. Er ist fähig, sich von seinen niedrigen Instinkten zu befreien, fähig zur Güte, zur Wahrhaftigkeit, zur Selbstlosigkeit, fähig zu einem schöpferischen Dasein.

Ich möchte das angedeutete Unbehagen am Zeitgeist konkretisieren:

Zeiterscheinungen wie Neoliberalismus, Globalisierung, der Primat des Marktes und der Medien haben unser Menschenbild in den letzten zwanzig Jahren grundlegend verändert, und die anfängliche Begeisterung an der hohen Mobilität, am egalitären Zugang zu den Konsum- und Bildungsgütern ist zunehmender Skepsis gewichen. Wenn viele trotzdem die Gegenwart als eine bessere Welt erleben als etwa die fünfziger oder die sechziger Jahre, dann liegt das vor allem am Lebensstandard der breiten Mittelschicht; der Hunger, auch im kulturellen und geistigen Bereich ist der Übersättigung gewichen. Dass viele Menschen in dieser glücklichen neuen Welt des gesteigerten Konsums, der Käuflichkeit fast aller Dinge, des demokratisierten Zugangs zur Kultur, trotzdem dem Leben so wenig Glück abgewinnen können, ist auf den ersten Blick unverständlich. Das Steigen des Lebensstandards, das Wachsen der Ansprüche wird seit Jahrzehnten von zunehmenden apokalyptischen Ängsten begleitet. Die Kulturindustrie hat sich solcher Ängste seit langem bemächtigt, so dass selbst Terroranschläge wie etwa die des 11. September 2001 und Kriege wie Inszenierungen von Katastrophenfilmen wahrgenommen werden. In einer Mischung aus vorweggenommenem Entsetzen und Sensationslüsternheit erwartet man unentwegt den wirtschaftlichen Kollaps, den Klimakollaps, den Super-GAU. Statistiken zeigen, dass Depressionen zunehmen und dass das Wachstum des Lebensstandards in der westlichen Welt mit dem Schwinden der Überzeugung einhergeht, das Leben habe jenseits des persönlichen Wohlbefindens einen immateriellen Sinn. Dabei ist die Frage nach dem Sinn ein Luxus, den sich die Massen erst seit einem halben Jahrhundert leisten können, seit die Grundbedürfnisse nach Nahrung, Obdach, Gesundheitsvorsorge zumeist gedeckt sind und nicht mehr jeden Augenblick des Lebens in Anspruch nehmen. Allerdings ist in den letzten drei Jahrzehnten auch die Sinnsuche zu einer Industrie geworden, derer sich viele Scharlatane angenommen haben.

Das 20. Jahrhundert hat uns gelehrt, dass Fortschritt und Rationalismus ihre destruktive, dämonische Seite haben, dass Vernunft pervers sein kann und dass auch die Wissenschaft keine Sicherheit bietet, dass der Hang zur Grausamkeit und die Selbstsucht der Menschen nicht durch Aufklärung abgeschafft und nicht durch Wohlstand besänftigt werden können. Es ist vor allem der Zivilisationsbruch des Nationalsozialismus, der unseren Glauben an die Werte der Aufklärung, der Religion und des Humanismus erschüttert hat. Alle Ideologien, die zu Beginn des 20. Jahrhunderts die Erlösung der Menschheit versprachen, sind an der Verwirklichung ihres destruktiven Potentials zugrunde gegangen. In dieses ideologische Vakuum sind die Utopien der Postmoderne vorgestoßen. Es sind anarchistische Utopien. Sie konzipieren eine Welt ohne Pflichten und mit grenzenlosen Rechten für jene, die am Reichtum und an der Macht teilhaben. Die Botschaft der Postmoderne ist so einfach wie übermächtig: Es geht um größtmögliche Bedürfnisbefriedigung, es geht darum, Wohlbefinden, Lust und Gebrauchswert der Dinge und des Menschen von jeglicher Zusicherung und Verpflichtung, jeglicher Verantwortung zu befreien. In den Worten von Zygmunt Bauman: »Die postmoderne Individualitätsbildung zielt auf die Formung des perfekten Konsumenten. Die Verweigerung von Verantwortung und die Bindungslosigkeit des flexiblen Menschen unterdrücken den moralischen Impuls und setzen moralisches Empfinden herab.« (Flaneure, Spieler und Touristen. Essays zur postmodernen Lebensform. Hamburg, 1995).

Wie konnte in so kurzer Zeit eine globale Zivilisation des durchgestylten Materialismus entstehen? Das Zerbrechen früherer Menschenbilder am Zivilisationsbruch der Shoah, das Abdanken des realen Sozialismus, die Globalisierung des Marktes und der Geldflüsse haben wesentlichen Anteil daran. Dabei darf nicht übersehen werden, dass nur ein Bruchteil der Weltbevölkerung am Wohlstand einen Anteil hat und dass die Schere zwischen den wenigen, die sich totale Bedürfnisbefriedigung leisten können, und denen, deren Armut im Wachsen ist, immer weiter auseinander klafft. Warum also bereitet uns die Demontage der tradierten ethischen Ideale so großes Vergnügen?

Wenn man die Merkmale der postmodernen Gesellschaft näher betrachtet, fällt neben dem Primat des Konsums und der Käuflichkeit aller Dinge auch der Verlust der Zusammenhänge auf vielen Ebenen auf – die Auflösung der Zeit-Raumkontinuität, eine bis zum Wirklichkeitsverlust gehende Fragmentarisierung der Realität, die Funktionalisierung der Beziehungen. In der objektivierenden Wahrnehmung wird alles zum Gegenstand der Unterhaltung, des Unterhaltungswertes, des Nützlichkeitsdenkens. Was zählt ist, ob das jeweilige Objekt interessant und nützlich ist. Die gängige Ideologie betrachtet es als die vorrangige Pflicht des postmodernen Bürgers, ein erfreuliches Leben zu führen.

Der Siegeszug der Postmoderne und ihrer Auswirkungen auf das gegenwärtige Bild des Menschen stehen in einem so engen Zusammenhang mit der Allgegenwärtigkeit der Medien, dass man Ursache und Wirkung nur mehr schwer unterscheiden kann. Vor allem die visuellen Medien sind die großen Nivellierer unserer Zeit. Sie formen unsere Wahrnehmung der Wirklichkeit durch ihre Bilder und die Art und Weise, wie sie diese Bilder präsentieren. Zugleich sind sie selber überaus anfällig für Manipulation. Bilder, besonders wenn sie sehr schnell und in dissoziierter Abfolge gezeigt werden, lähmen unser Denken und unsere Kritikfähigkeit. Sie zielen darauf ab, kritisches Hinterfragen durch ihren ästhetischen Unterhaltungswert zu ersetzen. Einerlei, ob es sich um die seichte mediale Unterhaltungsindustrie handelt oder um Nachrichtensendungen – die Bilder sprechen unsere Emotionen stärker an als unseren analytischen Verstand. Sie schwören uns auf ihre Botschaften ein, sie prägen uns ihr vorgefertigtes Welt- und Menschenbild auf. Wirksamen Widerstand können wir nur dort leisten, wo uns unabhängiges, besonders fundiertes Wissen oder starkes Engagement eine eigene Sicht ermöglichen. Durch die rasche Bilderfolge jagen und verdrängen die Informationen sich gegenseitig; Empathie, selbst angesichts der Bilder menschlichen Leidens, wird durch die Flüchtigkeit und Unverbindlichkeit der Präsentation, manchmal durch bewusste Inszenierung der Bildmontage, erschwert. Wir verlieren das Gefühl für die Kontinuität des Geschehens und reagieren reflexartig auf die unterschwelligen Botschaften, die durch die Auswahl des Bildmaterials, durch Schnitttechnik, Kontext und Moderation erzielt werden. Es ist nicht die Wirklichkeit, die wir vorgesetzt bekommen, sondern das verzerrte, zurechtgeschminkte Bild einer manipulierten Realität. Es ist eine virtuelle Welt, auf die wir gedankenlos mit suggerierten Emotionen und Vorurteilen reagieren sollen.

Ein durchgehendes Kennzeichen des Mediums ist die Fragmentierung. Die Wirklichkeit wird in immer kleinere Partikel aufgesplittert und zu einem Kaleidoskop montiert, das kein Ganzes und keinen übergreifenden Sinn ergibt. Aus dieser Sichtweise hat sich eine normative Ästhetik zum Credo der Postmoderne entwickelt, die behauptet, es handle sich nicht um einen Eingriff in die Wahrnehmung, sondern um die Realität schlechthin. Die Wirklichkeit sei eben bis zur Unkenntlichkeit fragmentiert, eine zusammenhängende Sicht sei dem Menschen nicht mehr möglich, der Sinn der Welt sei nicht erkennbar. Man schließt von den bewusst eingesetzten Mitteln des visuellen Mediums auf die Realität und erweitert den Zirkelschluss so auch zum Diktat für das gesamte Kunstschaffen. Auch von der Kunst wird in der Spaßkultur eine Mischung aus Unterhaltung, Oberflächlichkeit und Überraschung gefordert.

Von der Teilhabe an den Ereignissen der ganzen Welt, simultan und in Echtzeit, durch das Fernsehen, ist viel die Rede. Aber was bleibt letztlich von dieser angeblich realen Welt übrig, wenn sie in dissoziierten, manipulierten Bildern auf uns eindringt, ohne dass Hintergründe und verstehbare Zusammenhänge deutlich werden? Was angesichts der sprachlichen Ohnmacht der Vermittler zu den Konsumenten durchsickert, ist auf der Verständnisebene zusammenhangloses, von Vorurteilen diktiertes Gestammel. Was bleibt, ist der Unterhaltungswert der Bilder, die der Sehnsucht nach apokalyptischen Szenarien eilfertig nachkommen. Die stetig wachsende Flut der Bilder ist das vorherrschende Element unserer Realität. Sie zeigen und sie verzerren uns die Welt. Sie stellen sich zwischen unsere authentische Wahrnehmung und die Wirklichkeit, zwischen die Dinge und die Menschen, sie beeinträchtigen unsere Urteilsfähigkeit. Anstatt der Manipulation durch mediale Bilder zu misstrauen, zweifeln wir an der Wirklichkeit. Die Wertfreiheit durch das egalitäre Nebeneinander disparater Bilder ist eine Täuschung. Die Gewöhnung an die künstliche Welt vorbeiflitzender Bilder ist so schleichend, dass das Gesehene sich in unseren Köpfen als unumstößliche Wahrheit einnistet. Wir bekommen einen Cocktail von kulturellen Symbolen, Unterhaltung, Konsumgütern, Lifestyle, Werbung, Ideologie und Freizeitangeboten vorgesetzt. Die ganze Welt wird zum gut sortierten Supermarkt, die Fülle der Bilder suggeriert die Fülle des Angebots, und unsere Freiheit beschränkt sich auf die Wahl aus dieser Vielfalt.

Was wir wählen, wird vom Markt diktiert. Ob es sich um Fernsehen oder Printmedien handelt, um Unterhaltung oder Kunst, der Markt ist zur einzigen Legitimationsinstanz geworden. Wir werden in fast allen Bereichen von der Einschaltquotenmentalität der Medien regiert, alles ist käuflich, und alles hat seinen Marktwert, der vom Konsens der Mehrheit abhängt: eine Perversion der demokratischen Idee. Mit ihrer Fixierung auf Einschaltquoten, denen Inhalte skrupellos geopfert werden, mit ihren Charts und Bestsellerlisten machen sich die Medien zu Aktionären von Werten, die sich allen Börsennotierungen entziehen, denn kulturelle Leistungen sind selten mehrheitsfähig. Die großen geistigen, wissenschaftlichen und künstlerischen Errungenschaften der Geschichte waren oft elitär, wenn nicht gegenläufig zum Zeitgeist. Die Charts, auf denen alles Käufliche unentwegt fieberhaft verschoben wird, maßen sich an, durch Bestsellerstatus, Präsenz, Vermarktbarkeit und Konsumierbarkeit die Qualität jener Werte und Leistungen zu beurteilen, die nicht messbar sind und beim Kauf nicht mitgeliefert werden können. Die Praxis der Kulturindustrie überträgt das Profitdenken eines globalisierten Marktes auf geistige Gebilde, als handle es sich um Kühlschränke, Autos oder Computer. Sie führt eine demagogische Hierarchisierung unter dem Deckmantel der demokratischen Meinungsbildung ein. Die umfassende Metapher unseres Zeitalters ist jene Börse, an der ständig der augenblickliche Marktwert aller Dinge gemessen wird. Auch das Individuum ist dieser Notierung auf der Skala des Marktwerts unterworfen. Aber der Durchschnittsmensch, dessen inhärenter Marktwert bei null liegt, kann sich Mehrwert nur durch Teilhabe an einer hoch im Kurs stehenden Ware, durch Konsum erwerben. Die nicht in Mehrheitsfähigkeit umsetzbare Qualität wird von der mittels Einschaltquoten und Absatz messbaren Quantität verdrängt. In einem derartigen System ist einzigartig nur, was auf der Hitliste ganz oben steht. Der rekordverdächtige Bestseller bekommt sakralen Status. Scheinbar demokratisch ist daran nur die Abwählbarkeit, denn die Börse kennt keine Wertbeständigkeit.

Das passive Behagen an Konsumgütern und medialen Bildern schürt die Gier nach mehr und nach immer rascherer Befriedigung neu angestachelter Bedürfnisse. Die ständige Beschleunigung in allen Lebensbereichen kommt den Marktgesetzen entgegen und wird durch die mediale Reizüberflutung gesteuert.

Bereits am Beginn des 20. Jahrhunderts bezeichnete der Philosoph Georg Simmel den Zynismus der Käuflichkeit aller

Dinge als eine dem Kapitalismus innewohnende Eigenschaft und die Tendenz zur Akzeleration als ein von der Industrialisierung untrennbares Phänomen. Tomaso Marinetti forderte in seinem Futuristischen Manifest im Jahr 1909, man müsse die Größe und Schönheit der Welt durch das Wunder der Geschwindigkeit vermehren. Allerdings war Marinetti auch einer der Wegbereiter des italienischen Faschismus. Die Beschleunigung als Grund zur Klage oder als Mittel zum Rausch ist also kein postmodernes Phänomen. Aber die Beschleunigung, die in den letzten Jahrzehnten von allen Lebensbereichen Besitz ergriffen hat, scheint nicht mehr Weg, sondern Ziel geworden zu sein. Edward Luttwak hat den Ausdruck des Turbo-Kapitalismus geprägt, um das Zusammenwirken von mobilem Kapital, technologischer Innovation, Produktionszyklen und elektronischer Kommunikation zu bezeichnen. Es scheint jedoch vor allem die ständige Reizüberflutung durch die Medien zu sein, die uns am direktesten erreicht und uns den Eindruck vermittelt, von Informationsangeboten überwältigt zu werden. Sie verdrängen sich gegenseitig und erzeugen im Konsumenten ein Suchtverhalten nach dem jeweils Allerneuesten, das der Übersättigung durch neue Reizimpulse zuvorkommen will. Und jeder Reiz muss stärker sein als der vorangegangene, damit das Nervensystem nicht zur Ruhe kommt und damit um jeden Preis Langeweile vermieden wird. Das Prinzip dieser extremen Kurzlebigkeit hat die so genannte Wegwerfgesellschaft geprägt. Was veraltet ist, verfällt dem Recycling, ob es sich beispielsweise um Bücher handelt, die mehr als drei Monate auf dem Markt sind, oder um Menschen, die alt und unzeitgemäß geworden sind. Die bange Frage, die uns umtreibt, ist nicht die nach Sinn oder Qualität, sondern ob etwas zeitgemäß ist. Die Akzeleration bringt eine Form der Oberflächlichkeit mit sich, eine innere Distanz, ein Versiegen jeder Möglichkeit, sich kreativ mit der Welt auseinander zu setzen. Durch die Beschleunigung der Bilder und Vorgänge hört die Welt auf, fassbar und erfahrbar zu sein, sie ist nur mehr dazu da, um Stück für Stück abgehakt zu werden. Die Wirklichkeit wird von der medialen Präsentation und den Marktangeboten abgeleitet. Das Individuum wird aus seinem Subjektstatus verdrängt.

Während auf der einen Seite das Zerbrechen der Realität und die Beschleunigung als befreiende Selbstverwirklichung gefeiert werden, hat die Kulturindustrie gleichzeitig apokalyptische Schlagworte dafür geprägt wie »brüchig«, »Krise«, »scheitern«, »Aporie« und das oft beschworene Ende. Es scheint fast, als würde die Apokalypse herbeigesehnt, um einer übersättigten Gesellschaft die endgültige Ruhe nach dem großen Fressen zu bescheren. Sie wird herbeigeredet, um eine gefügige lethargische Mehrheit daran zu hindern, sich gegen die Manipulation und Verdummung zur Wehr zu setzen. Das scheint heute das eigentliche Problem der Konsumgesellschaften zu sein, dass sie trotz der fast totalen Verfügbarkeit alles Käuflichen in einem dumpfen Unbehagen leben. Es gibt keinen äußeren Feind, alle Mechanismen der Unterdrückung sind erfolgreich verinnerlicht. Die Wohlfühlgesellschaft der »Lustmaximierer« (Zygmunt Bauman) muss in Ermanglung eines äußeren Widerstands das Austragungsfeld seines Unbehagens ins Innere des Individuums verlagern. Die zentrale Angst unserer Zeit ist nach Bauman die Angst vor der Unzulänglichkeit. Wer aus der Konsumgesellschaft herausfällt und dadurch seinen gesellschaftlichen Tod erleidet, ist selber schuld und muss seine Schande schweigend und beschämt tragen. Aber jeder Konflikt, den das Individuum gegen sich selber richtet, führt zur Depression, zur Lähmung der Widerstandskräfte und zur verstärkten Abhängigkeit durch äußere Manipulation.

Die Einbeziehung des Menschen in die Funktionalisierung und Monetarisierung des Warenverkehrs hat es mit sich gebracht, dass Begriffe eines traditionellen Menschenbildes wie »Würde«, »Integrität«, »Wahrhaftigkeit« »Authentizität« oder »Gewissen« entweder im Sinn der neoliberalen Ideologie umgewertet oder als überholt und gestrig belächelt werden. Dabei müssten sie nur von Geld und Macht entkoppelt werden, ihre Bedeutung hat nicht ausgedient. Sie lassen sich auch nicht so einfach abschaffen, dazu ist der Mensch zu widerstandsfähig, auch wenn sie häufig von postmodernen Idealen wie »Flexibilität«, »Lockerheit«, »Wellness« und »Spaß« ersetzt werden.

In einer Welt, in der Ethik obsolet und Spiritualität des Fundamentalismus verdächtig ist, wird das Bedürfnis nach Transzendenz, das dem Menschen nicht auszutreiben ist, von Sekten, Bachblüten und Esoterik aufgefangen und als Wellness den Körperfunktionen zugeführt. In einem solchen Kreislauf gibt es kein Außen, keine Wirklichkeit, die, von den Bedürfnissen des Individuums abgekoppelt, für sich existiert; es gibt auch keinen Grund zum staunenden Betrachten; die Wirklichkeit enthält kein Geheimnis, denn der Narzissmus der ängstlichen, genussorientierten Selbstbeobachtung lässt keine Auseinandersetzung mit der Außenwelt zu. Wirklichkeit existiert nur im Bezug auf ihre Verwertbarkeit, und ihr Konsument bleibt ein ewig enttäuschter Hedonist. Gleichzeitig und der Tatsache zum Trotz, dass der Zeitgeist diktiert, der Mensch erschöpfe sich in seiner Funktionalität, hegen wir alle die Hoffnung, dass andere uns nicht nach ihren Bedürfnissen einschätzen, die wir befriedigen können, sondern uns als Wesen sehen, die einzigartig und wertvoll sind.

Es kann nicht darum gehen, die Medien abzuschaffen und die Entwicklungen der letzten Jahrzehnte rückgängig machen zu wollen. Globale Entwicklungen nehmen ihren Lauf unabhängig von unserer Befindlichkeit. Phänomene wie Fragmentierung des Weltbildes und Akzeleration waren bereits Erscheinungen der Moderne. Was jedoch zurechtgerückt und neu definiert werden könnte, wäre das Bild des Menschen in der Postmoderne: das Bild des Menschen von sich selbst und von der Wirklichkeit, in der er lebt.

Es fällt auf, dass der Umgang sowohl der Menschen untereinander als auch der Mächtigen mit ihren Untergebenen heutzutage oft von einer respektlosen Blasiertheit, einer besserwisserischen Abgebrühtheit gekennzeichnet ist, als gäbe es nichts Neues unter der Sonne, während man sich gleichzeitig weigert, genau hinzusehen und mitzudenken. Nicht etwa, weil man schon alles kennt und über allem steht, sondern weil man mit dem am Profitdenken geschulten engen Fokus das Nützliche aus dem Rest der Welt herausfiltert und den Rest als unbrauchbar und uninteressant von sich schiebt. Man entschuldigt jede Oberflächlichkeit mit Zeitmangel und mit dem Überangebot. Genau dieser weggeschobene Rest macht jedoch die Differenz zwischen Ich und Außenwelt aus; er fordert zur authentischen, persönlichen Auseinandersetzung mit der Wirklichkeit auf. Wenn wir einen Augenblick von unseren Interessen zurückträten und die von uns unabhängig bestehende Wirklichkeit wahrnähmen, nicht als Konsumgut, weder als nützlich und brauchbar noch als uns schädlich, sondern in ihrer ganzen Unbegreiflichkeit, würde uns öfter ein Staunen erfassen, wie man es nur einfachen Gemütern zuschreibt, ein Staunen als Ausdruck des Beteiligtseins am Wunder der sichtbaren Welt.

»Das menschliche Dasein ist geheimnisvoll und unerklärlich«, heißt es im Buch Kohelet. Der Maler Francis Bacon sagte: »Das Beste an der Schönheit ist das, was das Bild nicht ausdrücken kann.« Und was Maimonides im 12. Jahrhundert schrieb, hat nach wie vor Gültigkeit: »Ich sage, dass die Vernunft Grenzen hat … denn die Vernunft ist auf die Sphäre der Natur beschränkt und außerstande zu begreifen, was jenseits ihrer Grenze liegt.«

Der Mehrwert des Menschen ist ein geistiger, nicht quantifizierbarer, nicht in Kosten und Nutzen berechenbarer. Wir haben Anteil am Kreatürlichen, wir besitzen Vernunft, wenn auch die Vernunft sich selber ein Geheimnis ist, aber erst das Empfindungsvermögen für das Unerklärliche, das Staunen über das Mysterium der Welt und des Lebens machen die Würde des

Menschen aus. Daraus erst entsteht die Frage nach dem Sinn. Da liegt der Ausgangspunkt der Kreativität. Der schöpferische Geist wendet sich der Wirklichkeit nicht zu, um sie auszubeuten, sondern um über das Geheimnis und die Größe zu staunen, die durch sie hindurch sichtbar werden. Der Essayist und Kunstkritiker John Berger schreibt: »Der schöpferische Akt ist ein In-Beziehung-Treten zwischen dem Künstler und der abgebildeten Welt. Wird diese Beziehung nicht hergestellt, bleibt der Künstler auf Distanz, bleibt auch die Darstellung leblos, sie berührt uns nicht, sie verhindert den Dialog zwischen Kunstwerk und Betrachter … In der künstlerischen Auseinandersetzung sind die Dinge sie selber und Ausdruck des Geheimnisses, an dem sie teilhaben, nie Symbol für Rationales, nie Gegenstand, der auf ein anderes Ding verweist, und schon gar nicht auf Ideen, Gedanken, Ideologien – Kunstwerke, die das tun, verbauen den Zugang zum Unsagbaren.« (Gegen die Abwertung der Welt. München 2003)

Jedes authentische Kunstwerk ist Ausdruck eines Dialogs zwischen Künstler und Wirklichkeit und kann erst dadurch zum Dialog zwischen Kunstwerk und Betrachter/Leser/Hörer führen. Das setzt jedoch Empfänglichkeit voraus. Das Wesentliche am schöpferischen Umgang mit der Welt ist nicht Vereinnahmung und nicht Ausbeutung, sondern ein Antworten, wenn auch mit unzulänglichen Möglichkeiten der eigenen Ausdrucksfähigkeit auf das, was letztlich nicht ausgedrückt und nur annähernd in die Sprache der Kunst umgesetzt werden kann. Alles schöpferische Denken beginnt mit der Sprachlosigkeit, mit der Erkenntnis unserer inadäquaten Mittel, das Unsagbare zu benennen. Dieser geistige Aspekt der Kunst unterwirft sich keinem Zeitgeist und hat keinen Marktwert. Er entfaltet sich nur in der individuellen Begegnung und ist vom Faktor der Zeit unabhängig, d. h., er fällt nicht der Akzeleration von immer kürzer werdenden Ablaufdaten anheim. Im Kunstwerk verbindet sich das Materielle, das Sichtbare, das Hörbare mit dem Unsagbaren, das keinen zeitgebundenen Kriterien unterliegt. Es mag unzählige schöpferische Antworten geben, denn jedes Kunstwerk ist immer auch eine Antwort auf seine Zeit, aber es kann sich nicht nach dem Diktat des Zeitgeistes richten. Der Beschleunigung und dem flüchtigen Hinsehen des instrumentalisierenden Blicks setzt es die Anschauung, das Staunen und die Empathie entgegen. In der Medienkultur bedeutet Genauigkeit der Sprache eine überflüssige, unzulässige Verzögerung; sie wird missachtet und weitgehend ausgeschaltet. Sprache braucht Zeit zu ihrer Entfaltung – wie alles Schöpferische. Sie braucht Konzentration und Langsamkeit, sonst gerinnt sie zu Gemeinplätzen und Stereotypien.

Das Schöpferische ist nicht der Kunst allein vorbehalten. Nicht jeder Mensch hat künstlerische Begabung, aber keinem Menschen ist der schöpferische Umgang mit seinem Leben versperrt oder verschlossen. In der authentischen Auseinandersetzung mit der Wirklichkeit lässt sich ein Menschenbild entwickeln, das dem Hedonismus einer privatisierten Gesellschaft ein Gegengewicht bieten könnte. Das Gefühl für das Unsagbare ist nicht den Künstlern vorbehalten, es wird von allen Menschen geteilt. Jedes schöpferische Denken kommt aus der Begegnung mit dem Unbekannten. Wir hätten kein Interesse, das Bekannte zu erforschen, außer es würde uns plötzlich zum Rätsel. Das Wahrnehmen und Erfassen der Einmaligkeit eines Phänomens, einer Erfahrung oder eines Menschen, diese frische, staunende Sicht auf die Welt, die das Wesen der Intuition ausmacht, bleibt nicht einigen wenigen genialen Menschen vorbehalten. Intuition findet auf vielen Ebenen statt. Wer nach der Bedeutung einer Erfahrung fragt, stellt bereits die erste Frage nach dem Unsagbaren. Vielleicht ist es im zeitgenössischen Kulturbetrieb deshalb so verpönt, nach der Bedeutung mancher Produkte der Kulturindustrie zu fragen.

Es wäre wohl zu viel verlangt, wollte man sich und anderen diesen schöpferischen Umgang mit der Welt in jedem Augenblick abfordern. Er kann wahrscheinlich nie bleibender Besitz sein, sondern eher punktuelles geistiges Ereignis, ein Aufblitzen in Augenblicken intuitiver Gewissheit. Aber er reicht aus, uns lebendig und wach für eine andere Wahrnehmung der Wirklichkeit zu halten. Für ein schöpferisches Dasein mag Staunen im Sinn des vorbegrifflichen Erfassens ein wichtiger erster Schritt sein, aber das Entscheidende ist, dass die in seltenen Augenblicken erreichte Einsicht das Klima unseres Lebens und unseres Handelns bestimmt. Der Begriff der Sublimierung als Umwandlung von Bedürfnissen, um sie auf die Ebene des Geistigen zu heben, ist in einer Zeit unverzüglicher Bedürfnisbefriedigung ziemlich aus der Mode gekommen. Das Bild, das der Einzelne von sich entwirft und das sich zu seinem Wesen verfestigt, enthüllt sich jedoch durch die Art und Weise, wie er seine Leidenschaften und seine Wünsche gestaltet. Freiheit bedeutet nicht, zu leben, wie es einem gefällt, sondern aus dem Kreatürlichen herauszutreten und über die eigenen Limitationen hinauszuwachsen.

Die authentische, schöpferische Auseinandersetzung mit der Wirklichkeit schließt den Bereich des Sozialen ein. Vielfach wird unsere Zeit als eine Zeit der sozialen Verantwortungslosigkeit und Entsolidarisierung bezeichnet. Um den anderen als einzigartig und als einen Wert an sich zu betrachten, muss man sich vom Nützlichkeitsdenken befreien. »Du sollst dir kein Bild machen« heißt es im Dekalog – ein für die von Bildern überwältigte Postmoderne schwer verständliches Gebot. Aber es bedeutet nichts anderes als das Verbot, Lebendiges zu verdinglichen, Entfaltung, Verwandlung und Offenheit für unerwartete Möglichkeiten durch willkürliche Festlegung zu verhindern. Der Mensch hat kein berechenbares Ablaufdatum. Als Objekt und als Organismus ist der Mensch fast bis ins Letzte erklärbar, als Person bleibt er Geheimnis und eine Quelle der Überraschungen. Diese Erfahrung fügt dem Schöpferischen die soziale Komponente hinzu, aus der Verantwortung und Achtung jenseits aller gesellschaftlichen Nützlichkeit fast zwangsläufig hervorgehen müssten. Es besteht eine Verbindung zwischen dem ethischen Handeln eines Menschen und allen seinen anderen Handlungen. Ethisches Handeln ist nicht isolierbar als gelegentliche karitative Aufwallung angesichts schrecklicher Fernsehbilder. Der Mensch ist nicht primär das, was er denkt und fühlt, sondern das, was er tut.

Die Beschleunigung, die ein so hervorstechendes Merkmal der Postmoderne ist, wird im sozialen Bereich zu einer destruktiven Macht. Sie ist die Zentrifuge, die alle Langsamen, die Alten, die Behinderten, die Nicht-Zeitgemäßen an den Rand und aus der Gesellschaft hinausschleudert und ihnen noch die Schuld daran gibt. Sie bedeutet den Tod der Gemeinschaft, denn diese kann sich nicht in der Hektik formalisierter Interaktionen entwickeln, sie braucht das langsame Wachsen von Vertrauen und Verantwortung. Sie braucht jenes ungeteilte Beteiligtsein, das ein so entscheidender Wesenszug des Schöpferischen ist.

Nichts wird vom Zeitgeist so sehr verabscheut wie das Unzeitgemäße und Veraltete, nichts so hochgehalten wie die Idee des Fortschritts. Der Kulturkritiker Joe Bailey bezeichnet die Utopie des Fortschritts, die unentwegt freudige Erwartung fordere, ohne ihr Versprechen einzulösen, als Kolonialisierung des Optimismus und als diesseitige Heilslehre, deren Projektionen so irreführend seien wie die Vertröstungen auf das Jenseits. Die wechselnden Ideologien versuchen die Menschen auf Werte einzuschwören, die der jeweiligen Macht dienen, und reden ihnen ein, sie seien unterwegs zu einer besseren Welt.

Solange Benachteiligte erbarmungslos ausgegrenzt werden und ein immer kleinerer Prozentsatz der Weltbevölkerung über immer größere Ressourcen verfügt, solange selbst jene, die im Überfluss leben und bis zum Überdruss konsumieren in einer permanenten Sinnkrise stecken, scheint Fortschrittseuphorie und Optimismus fehl am Platz. Das mehrheitsfähige

Bild des Menschen in der Postmoderne wird von Marktstrategen und Managern der Kulturindustrie entworfen, die in ihrer unermüdlichen Geschäftigkeit die überforderten Konsumenten bei Laune halten. Die Richtung, die sie vorgeben, ist die einer kleinbürgerlichen, konservativen Engstirnigkeit, die nicht über das unmittelbar Konkrete und Naheliegende hinausblickt. Sich selbst zum Maß des menschlich Erreichbaren und das eigene Bedürfnis nach Unterhaltung zum Ziel alles Wünschenswerten zu machen hieße, ein recht armseliges Maß anzulegen. Demnach wäre es die Aufgabe eines jeden Lebens, die eigenen Bedürfnisse zur optimalen Zufriedenheit zu erfüllen. Darin kann sich der Sinn der Existenz wohl nicht erschöpfen. Der Mensch kann nicht ohne Begeisterung leben und nicht, ohne immer wieder auf die Unbegreiflichkeit der Welt zu stoßen. Auch in der Kunst suchen wir nicht nach Nützlichkeit. Wir suchen die Annäherung an den unfassbaren Kern dessen, was das Menschsein ausmacht. Aber jede Geistigkeit, die nicht auf Verwirklichung und Handeln ausgerichtet ist, erweist sich als verlogen. Das Leben des Geistes braucht konkretes Handeln zu seiner Bestätigung – so wie zum Beispiel Freundschaft greifbarer Ausdrucksmittel bedarf.

Wir müssen uns die Wirklichkeit als Widerpart und Gegenüber zurückerobern. Wir müssen den Menschen und die Kunst dem Nützlichkeitsdenken entreißen. Es ist keine Schande, am Zeitgeist zu scheitern. Die Besten der Geistesgeschichte und der Geschichte der Künste scheiterten am Zeitgeist ihrer Epoche, um später von einem anderen Zeitgeist ausgebeutet und fehlinterpretiert, aber auch gefeiert zu werden.

Es gibt kein Rezept für das Bild des Menschen, der Mensch entzieht sich der Abstraktion. Vielleicht ist es zulässig zu sagen: Das Bild des Menschen wächst aus seinem Handeln und aus der Fähigkeit, mit seiner Intuition in unbetretbare geistige Räume vorzustoßen.

Zertrümmerung, Werteverlust und Misstrauen – Das Individuum als Schlüssel zur Solidarität

Von Sebastian Jutzi

KAUM EIN EREIGNIS hat im jungen 21. Jahrhundert so tief greifende Auswirkungen auf die Gesellschaften weltweit entfaltet wie die Terroranschläge auf das World Trade Center in New York am 11. September 2001. Es bremste die wirtschaftliche Entwicklung, führte dazu, dass bürgerliche Freiheitsrechte in vielen Staaten geschmälert oder ausgehöhlt wurden und machte den Präventivkrieg im Namen einer vermeintlich guten Sache wieder salonfähig. Apokalyptische Bilder von Zerstörung und Tod weckten die Ahnung oder nährten die bereits vorhandene Furcht bei Bewohnern industrialisierter Staaten, die Endphase der bisherigen Welt- und Gesellschaftsordnung könne angebrochen sein.

Letztlich spiegelt sich in dieser Beobachtung aber ein völlig anders gelagertes Phänomen: die Blindheit der Gesellschaften für entscheidende Entwicklungen und die kurzatmige Fixierung auf Ereignisse. Das Unvermögen oder die Weigerung, solche Entwicklungen wahrzunehmen, hat tiefe Ursachen und ist unter anderem Ausdruck des Primates der Ökonomie mit ihrer

Gier nach fortwährendem Wachstum und daraus folgend dem Zwang zur Steigerung der Leistungsfähigkeit beziehungsweise Produktivität und des Konsums. Dieser immanente Zwang zieht die Zertrümmerung von Gesellschaften und ihrer Werte nach sich.

Dieser Prozess findet seinen Ausdruck unter anderem in der zunehmenden Individualisierung von Gesellschaften und der Unverbindlichkeit der Einzelnen. Hinlänglich bekannt sind die Zahlen zur Zunahme der Einpersonenhaushalte als Ausdruck einer fortschreitenden Vereinzelung, zu vermehrten Scheidungen, zu rückläufigen Geburtenraten und der daraus resultierenden Alterung der Gesellschaft oder zu maroden sozialen Sicherungssystemen, die nicht nur an mangelnden Einnahmen kranken, sondern auch noch als Geldquelle ohne tatsächlichen Anspruch ausgenutzt werden.

Die Erfassung und Auswertung solcher Zahlen ist sicher wichtig und gehört zu den unabdingbaren Instrumentarien einer sachdienlichen Analyse. Allzu leicht wird dabei aber vergessen, dass sie nur einen Teil der notwendigen Wahrnehmung darstellen. Stattdessen werden Zahlen als alleinige Fakten herangezogen und verengen die gesellschaftliche Wahrnehmung. Die gesellschaftliche Wahrnehmung als Summe der individuellen Wahrnehmungen bezüglich der gesellschaftlichen Situation spielt sich in modernen Gesellschaften neben der Alltagserfahrung des Einzelnen wesentlich über die Medien ab, die ihrerseits wieder dem Primat der Ökonomie unterworfen sind. Postuliert man aber, dass Erkenntnisse, die ein Einzelner gewinnt, letztlich immer auf seine Wahrnehmungen zurückzuführen sind, kommt den Medien eine wichtige gesellschaftliche Rolle zu. Diese wird später zu bewerten sein.

Zuvor soll die Bedeutung des Primates der Ökonomie erläutert werden. Die Vorherrschaft des ökonomischen und ökonomisierten Denkens birgt die bereits erwähnte Gefahr der Fixierung auf erfassbare Zahlen und in der Folge auf Ereignisse statt auf langfristige Entwicklungen. Denn das ökonomische Denken fußt wesentlich auf der Erschließung von Ressourcen. Bevor sich Ressourcen praktisch erschließen lassen, wird dieser Prozess gedanklich vorweggenommen. Im Kern bedeutet dieser Prozess eine möglichst kleinteilige Zertrümmerung. Ein zunächst als Ganzes erscheinender Komplex wird in möglichst kleine, beherrschbare Einzelbestandteile aufgelöst. Analog zu den Wissenschaften, die gedanklich und experimentell in immer kleinteiligere Bereiche eines Forschungsgegenstandes eindringen, zerteilt das ökonomische Denken sein Objekt in immer kleinere Teile. Diese Teile werden abstrahiert und virtualisiert, um sie – zumindest gedanklich – beherrschbar zu machen. »Teile und herrsche« – der Ausspruch, der Ludwig XI. von Frankreich zugeschrieben wird, erhält dadurch eine neue, ungeahnte Dimension.

Dieser Fragmentarisierung folgt dann eine erneute Zusammenfügung unter ökonomischen Gesichtspunkten. Dadurch sollen ökonomisch funktionsfähige Einheiten entstehen, die – und das ist die zweite wesentliche Grundlage des ökonomischen Denkens – miteinander konkurrieren. Die Konkurrenz führt nach allgemeiner Annahme – ganz getreu einem auf die Ökonomie projizierten darwinistischen Denken – zu Fortschritt und fortschreitender Verbesserung.

Vernachlässigt wird dabei die Tatsache, dass dieses Denken a priori alles und alle in Gegensatz zueinander stellt, verschärft formuliert, die Welt als Zusammenhang von Einzelteilen durch eine andauernde Feindschaft geprägt ist. Das konstruktive Moment von Interaktionen tritt dagegen in den Hintergrund.

Dies lässt sich beispielsweise daran ablesen, dass die so genannte Globalisierung von vielen Menschen als negativ, bedrohlich und als Konkurrenz für die eigene Existenz oder den eigenen Lebensstandard aufgefasst wird. Tatsächlich muss man fragen, inwieweit die seit den siebziger Jahren vorangetriebene Globalisierung die Lebensverhältnisse der Menschen, und zwar aller Menschen auf dem Globus, verbessert hat. Betrachtet man die ökologische, soziale, politische und nicht zuletzt auch ökonomische Situation, in der viele Menschen – nicht nur in Entwicklungsländern – leben müssen, melden sich zumindest Zweifel an einer positiv ausfallenden Antwort.

Aus der fortwährenden, sich im Zuge der Globalisierung noch verschärfenden und durch das Primat der Ökonomie befeuerten Konkurrenz resultiert nicht nur eine Verschärfung der Gegensätze sowohl zwischen Gesellschaften als auch zwischen Individuen, sondern zusätzlich eine Beschleunigung zum Beispiel von Produktions-, aber auch von Entwicklungsprozessen von Gesellschaften. Diese Beschleunigung wird aus der ökonomischen Perspektive positiv bewertet, da sie nur noch schneller zu Verbesserungen infolge der Konkurrenz führt. Mag dies im Sinne einer gesteigerten Produktivität und Profitmaximierung kurzfristig zutreffen, so kann sich die Beschleunigung langfristig durchaus negativ auswirken. Ökonomie spielt sich nicht im luftleeren Raum und schon gar nicht autark von allen anderen Lebenszusammenhängen ab – zum Beispiel sozialen und ökologischen. Diese Bereiche kann sie durchaus auch in ihrem eigenen Sinne negativ beeinflussen.

Vom ökonomischen Denken beherrschte Gesellschaften neigen dazu, den Anspruch zu erheben, weitgehend alle Lebensbereiche des Menschen erfassen, bewerten und letztendlich steuern zu können. Ein individuelles Leben wird eingeteilt in wirtschaftliche Phasen: Kindheit und Jugend als Lern- und Ausbildungsphase zur Vorbereitung auf die zweite, die Produktivphase, der dann der letzte Lebensabschnitt, die rein konsumtive Phase folgt. Menschen werden zu Funktionsträgern oder -empfängern, zu Auszubildenden, Berufstätigen, Rentnern, Kranken, Pflegefällen, werden in statistischen Zahlenkolonnen zusammengefasst, berechnet, ausgewertet, gewichtet und gegeneinander aufgerechnet. Andere menschliche Aspekte werden lediglich als Begleiterscheinungen oder als Ausfluss der

Ökonomie beziehungsweise des ökonomischen Denkens betrachtet und ihm unterworfen. Kulturelle Betätigung dient in diesem Zusammenhang lediglich dem Ausgleich beziehungsweise der Anregung zur Steigerung ökonomischer Leistungsfähigkeit. Ebenso verhält es sich mit anderen Lebensbereichen wie Sport, Ernährung oder Unterhaltung. Gleichzeitig oktroyiert das ökonomische Denken eine fortwährende Steigerung der Verfügbarkeit der Ressourcen, einschließlich der menschlichen, zwecks fortwährenden Konsums und Wachstums und damit implizit massenhafter Reproduzierbarkeit.

Ein Beispiel für diese Entwicklung ist die so genannte grüne Gentechnik, also genetische Manipulation von Organismen für den Einsatz in der Landwirtschaft. Sie erhebt im Namen ökonomischer Maximen Anspruch auf die Verfügbarkeit dieser Organismen, ja, des Lebens selbst. Die Befürworter dieser Technologie führen Verbesserungen der Produktionsverhältnisse und der Lebensumstände – zum Beispiel durch einen erleichterten Kampf gegen Hungersnöte – ins Feld. Doch diese Argumente erscheinen bei genauerer Betrachtung nur vorgeschoben. Wie wäre es sonst zu erklären, dass Unternehmen mit aller Macht versuchen, grüne Gentechnik auch gegen den Willen von Produzenten, vor allem aber von Konsumenten zu etablieren? Ein solches Vorgehen nährt den Verdacht, dass dies Ausfluss der Fixierung auf ökonomisches Denken mit seinem vorgezeichneten Zwang zum Wachstum ist. Einwände gegen einen generellen oder verfrühten Einsatz dieser Technologie werden gerne mit dem Argument abgetan, dass heutige Kulturpflanzen bereits genetisch veränderte Organismen sind, die es ohne den Einfluss des Menschen gar nicht gäbe. Gerade daran lässt sich aber die verengte Perspektive des ökonomischen Denkens diagnostizieren. Leben und Ökologie verlaufen in anderen Zeiträumen als Ökonomie. So spielten sich die genetischen Veränderungen, die zu den heutigen Kulturpflanzen führten, in langen, lebens- und menschengemäßen Zeiträumen ab, in denen der Mensch eine hinreichende Erfahrung im Umgang mit den Veränderungen ausbilden konnte. Die Ökonomie räumt diese Zeit aber nicht ein, sondern drängt auf Schnelligkeit und Verfügbarkeit. Selbst das Argument sich verändernder globaler ökologischer und soziodemographischer Veränderungen greift hier zu kurz, da es außer Acht lässt, dass gerade die Ökonomie maßgeblich zu diesen Veränderungen beiträgt. Ihm unreflektiert zuzustimmen hieße, eine sich selbst beschleunigende und nicht mehr zu bremsende Entwicklung zu befürworten.

Als Motor derartiger Entwicklungen dient die auf alle Gebiete menschlichen Lebens ausgedehnte Konkurrenz, die ihren Treibstoff aus menschlicher Gier und menschlichem Eigennutz bezieht. Ob bewusst oder unbewusst muss sich der Einzelne in diesem System letztlich als alleine der Welt gegenübergestellt betrachten. Er vereinzelt tatsächlich.

Insofern lässt sich sicher von einer wachsenden Individualisierung sprechen. Mit der oft verwechselten oder im Gleichschritt mit Individualisierung zu erwartenden Individualität hat diese aber nichts gemein, denn das Individuum verkommt in derlei gesteuerten Systemen zum reinen Objekt der Ökonomie. Nicht Individualität, sondern Konsum wird zum Lebenszweck und Beweis des Konkurrenzerfolges.

In der allgemeinen Hatz nach Leistungssteigerung, Profit und Übertrumpfung des anderen geht Individualität verloren, denn die vom System vorgegebenen Möglichkeiten erstrecken sich auf Schablonen, die sich der Reproduzierbarkeit anpassen. Im Sinne des Primates der Ökonomie und der damit verbundenen Sucht nach Konsum werden lediglich wechselnde Identitäten angeboten, die sich der Einzelne aneignet. Neudeutsch so genannte Patchwork-Lebensläufe sind die Folge. Zugespitzt übersetzt handelt es sich dabei aber um Flickschusterei, denn nichts darf als sicher angesehen werden, der Einzelne unterliegt ständig dem Druck der Ökonomie, die gemäß der vorher angestellten Überlegungen durch ständige Konkurrenz zur Verbesserung führt. Für wen dieser Zusammenhang aber zu einer Verbesserung führen soll, wird allzu oft außer Acht gelassen.

Für den Einzelnen kann dieser Prozess durchaus auch zu einer Verschlechterung führen. So geht mit dem möglichen und sich beschleunigenden Wechsel von Identitäten gleichzeitig eine Verarmung des Individuums einher. Der Einzelne wird zum Spielball eigener oder geweckter Bedürfnisse, legt Rollen an und ab und eignet sich kurzfristig notwendiges Rüstzeug für die als nächstes anstehende Konkurrenz an. Für langfristige Perspektive und echte Entwicklung bleibt so immer weniger Raum, da ja alles ökonomisch und somit in Zahlen erfassbar sein muss – und das möglichst schnell, da ja bereits eine neue Konkurrenz droht, die es erneut zu bestehen gilt. Der Einzelne und mit ihm ganze Gesellschaften werden kurzatmig, ohne eine für eine positive und nachhaltige Entwicklung notwendige Standhaftigkeit zu entwickeln. Mit der Verfügbarmachung möglichst aller Ressourcen und mit ihrer Unterordnung unter das ökonomische Primat entsteht so eine größtmögliche Beliebigkeit, da alles nur nach dem momentanen ökonomischen Wert beurteilt wird. Die Frage muss allerdings erlaubt sein, ob ausschließlich ökonomisch bestimmte Werte als Richtschnur für Entscheidungen für ein dauerhaftes und umfassendes Wohlergehen von Einzelnen und Gemeinschaften ausreichend sind.

Diese zugespitzte Darstellung soll eines verdeutlichen: Die zunehmende Verwissenschaftlichung und Ökonomisierung der Gesellschaft und die Fixierung auf wie auch immer gelagerte Zahlenwerte führt letztlich zu einem menschen- und lebensfeindlichen Weltbild. Die Zahl wird zum Feind des Einzelnen. Leben und Schicksal wird immer nur von Einzelnen empfunden und lässt sich lediglich in der Rückschau als kumulierte Zahlenmasse abbilden. Bei der Betrachtung von gegenwärtigen Entwicklungen wird die Zahl allerdings zum Feind des

Menschen und der Menschlichkeit, da sie Individuen – und nur diese erfahren die Auswirkung von Entwicklungen – verallgemeinert und virtualisiert, mithin marginalisiert. Letztlich führt die ökonomisierte Weltsicht also zur Zertrümmerung von zentralen Werten, auf denen unser Gemeinsystem aufbaut.

Im Mittelpunkt dieser Werte, die sich der Zersetzung ausgesetzt sehen, steht die Menschenwürde, aus der sich alle anderen Werte wie Achtung und Freiheit des Einzelnen und Solidarität speisen. Die Menschenwürde fokussiert auf das Individuum als Handlungssubjekt und -objekt.

Der Anspruch von Gemeinschaften an Individuen rechtfertigt sich lediglich aus der Summierung von Einzelinteressen, die Rechte von Individuen mit unverrückbaren Einschränkungen überwiegen können. So könnte man durchaus fragen, weshalb es sich ein Staat oder staatlich reglementierte Verteilungssysteme anmaßen, Teile eines Einkommens einzubehalten, um es anschließend wieder zu verteilen. Dieses Recht fußt auf dem Anspruch aller Teile einer Gesellschaft auf ein auskömmliches Leben, das wiederum von allen gesichert werden soll. Dabei spricht man gemeinhin von der Solidargemeinschaft. Über ein wie auch immer geartetes System der Verteilung erweist der Einzelne damit Solidarität mit der Gemeinschaft als Summe von wiederum Einzelnen, und die Gemeinschaft sichert ihm im Gegenzug für den Bedarfsfall eben diese Solidarität zu. Komplexe Massengesellschaften greifen notwendig auf dieses Instrumentarium der sozialen Sicherungssysteme zurück, in Deutschland namentlich Arbeitslosen-, Kranken-, Renten- und Pflegeversicherung. Anders wäre der Ausgleich zwischen Millionen Menschen nicht zu bewerkstelligen.

Die Schwächen dieser Systeme, gleich welcher Ausprägung, offenbaren sich aber, wenn man sich vor Augen führt, was Solidarität bedeutet. Der Anfang von Solidarität beginnt mit einem Gefühl der Zugehörigkeit. Solange sich dieses Gefühl aber nicht praktisch manifestiert, ist dies die schwächste Form der

Solidarität. Dabei darf die praktische Umsetzung von Solidarität nicht nur als materielle Leistung angesehen werden. Solidarität wird auch dann praktisch, wenn man sie öffentlich bekundet. So kann es zum Beispiel konkrete Auswirkungen haben, wenn in Gesellschaften für inhaftierte Dissidenten demonstriert wird und sich die Haftbedingungen ändern oder zumindest die psychologische Lage des Inhaftierten insofern ändert, als er weiß, dass er nicht allein gelassen ist, sein Engagement wahrgenommen wird und mithin einen Sinn hat.

Anhand dieses Beispiels verdeutlicht sich eine subjektive Seite der Solidarität. Derjenige, der sie empfängt, erfährt eine psychische Stärkung. Die Stärkung bleibt aber nicht auf ihn beschränkt, denn gleichzeitig vermittelt sie dem Solidaritätsspender ebenfalls ein gutes Gefühl. Solidarität ist aus subjektiver Sicht also niemals einseitig. Entscheidend dafür ist aber nicht eine wie auch immer in Zahlen fassbare Statistik, sondern die oft und gerne vernachlässigte emotionale Komponente. Nur wenn diese erhalten bleibt, lässt sich von echter Solidarität sprechen.

Mit einem Rückgriff auf die stammesgeschichtliche Evolution des Menschen und seiner derzeitigen Ausprägung lässt sich das verdeutlichen. Vermutlich entwickelte sich die Solidarität in einem engen Familien- beziehungsweise Sippenverband. Angehörige kleiner Gruppen erwiesen sich gegenseitig Solidarität als Abwehr oder Milderung äußerer Bedrohungen, beispielsweise durch Klima, Krankheiten, Tiere oder andere feindliche Gruppen. Unbestreitbar hat sich im Laufe der Entwicklung das soziale Merkmal der Solidaritätsfähigkeit und -bereitschaft im menschlichen Wesen verankert. Eine genetische Komponente spielt dabei sicher ebenso eine Rolle wie Traditionen und Regeln. Letztlich sorgen beide Komponenten für ein größtmöglichstes Wohlergehen der Gemeinschaft. Die Motivation des Einzelnen, Solidarität zu leisten, rührt allerdings nicht von diesem übergeordneten Resultat der Solidarität, sondern von seiner ganz persönlichen Perspektive her. Diese wird maßgeblich von seinem eigenen Wohlbefinden beeinflusst, ob nun materiell oder psychisch.

Die Tatsache, dass sich der Mensch in einer erstaunlichen Art und Weise über den Erdball ausbreiten konnte und sogar eine, wenn auch sehr dürftige Unabhängigkeit von Naturgegebenheiten entwickelte, mag als objektiver Beleg für den Erfolg dieser Haltung dienen. Letztlich wird also aus einer Subjektivität, nämlich dem Wohlbefinden des Einzelnen aufgrund von Solidarität, eine Objektivität, nämlich das Wohlbefinden und der Erfolg einer Gemeinschaft.

Abgesehen von einer gewissen Absicherung von Grundbedürfnissen wie Nahrung und Wohnung hängt dieses Wohlbefinden des Einzelnen aber eher von psychischen Faktoren ab als von materiellen. Ohne Zweifel ist die materielle Rückkopplung durch Solidarität als existenzerhaltendem Moment, aus der rein auf Überleben orientierten Perspektive betrachtet, wichtiger als die emotionale. Im individuellen Erleben dürfte die emotionale Rückkoppelung aber mindestens ebenso wichtig sein wie die materielle. Allein der berechnende Gedanke, dass man selbst einmal Solidarität notwendig haben könnte, dürfte auf Dauer kaum ausreichen, wirksam Solidarität beziehungsweise die Bereitschaft dazu aufrechtzuerhalten. Postuliert man eine abnehmende Solidarität in modernen Gesellschaften, so mag dies als Beleg dafür gelten.

Der Zusammenhang zwischen materieller Absicherung und emotionalem Profit, um einmal eine ökonomische Kategorie zu verwenden, lässt sich nur in überschaubaren Gruppen herstellen. In größeren Gemeinschaften wie modernen Gesellschaften funktioniert die notwendige Rückkoppelung zwischen Solidaritätsspender und -empfänger nicht mehr. Anonyme Verteilungssysteme übernehmen die Aufgabe, solidarisch für die Erfüllung eines wie auch immer gelagerten Gerechtigkeitsanspruches zu sorgen. Dies führt dazu, dass eine entscheidende

Grundlage für Solidarität verloren geht, nämlich das Zusammengehörigkeitsgefühl. Der Solidaritätsspender hat vielmehr das Gefühl, ihm würde von einer anonymen Institution beziehungsweise Masse etwas weggenommen, ohne dass er seinerseits die Möglichkeit hat, zu prüfen, ob seine Solidaritätsspende im richtigen Sinne verwertet wird. Die Folge: Er verliert das Vertrauen.

Ebenso verhält es sich mit dem Solidaritätsempfänger. Er erhält seine Solidaritätsspende von jener anonymen Institution beziehungsweise Masse, gegenüber der er weder echtes Vertrauen noch Verantwortungsgefühl entwickelt.

Die Wahrnehmung dieser anonymen Solidaritätssysteme erfolgt lediglich in Form von Zahlen. Diese dienen gleichzeitig als Beleg für Erfolg oder Misserfolg der Solidaritätssysteme. Dem eigentlichen Ziel, nämlich der Vermittlung von Solidarität, können sie aber letztlich nicht genügen, da sie einseitig auf den materiellen Aspekt der Solidarität fixiert sind. Eine wie auch immer geartete Vermittlung des emotionalen Aspektes der Solidarität können sie nicht leisten.

Als Folge entwickelt sich ein ausgeprägtes Misstrauen zwischen Solidaritätsspender und -empfänger. Der Spender fühlt sich ausgenutzt, der Empfänger als lästiger, nutzloser Kostgänger. Da echte Solidarität über die Verteilungssysteme nicht zu erfahren ist, kündigen beide Seiten sie auf und versuchen, wo immer möglich, sich als Spender diesen Systemen zu entziehen beziehungsweise als Empfänger von ihnen zu profitieren. Solidaritätsspenden verkommen, wo sie noch ausgeübt werden, zu einem zwangsweise verordneten und sinnentleerten Ritual. Ebenso verkommt das Bekenntnis zur Solidarität, sei es von Politikern oder von Parteien, zu einem Ritual, dem sowohl die eigene innere als auch die ausstrahlende Überzeugungskraft fehlt.

Hinzu kommt, dass komplexe Gesellschaften ein großes Maß an Regeln benötigen. Diese Regeln müssen, wenn sie dauerhaft sein wollen und allgemein akzeptiert sein sollen, auf Werten gründen. Da sich aber, wie oben angeführt, das individuelle Leben immer mehr zur Kurzatmigkeit und Beliebigkeit hin orientiert, erscheinen diese Regeln dem Einzelnen als starr und aktuellen Gegebenheiten mal mehr, mal weniger angepasst. Der Sinn dieser Regeln verschwimmt hinter dem vorgelagerten ökonomischen Interesse nach kurzfristigem Konkurrenzerfolg und Konsum. Im Einzelnen wächst das Misstrauen gegenüber diesen Regeln. Je organisierter eine Gesellschaft wird, desto misstrauischer werden die Angehörigen dieser Gesellschaft folglich auch untereinander. Gerade dies führt aber dazu, dass die Gesellschaft als Summe der Einzelnen starr an diesen Regeln festhält.

Je mehr feste Regeln in einer Organisation an die Stelle eines individuell bestimmten Miteinanders treten, desto mehr sinkt der Wert des Individuums und seines von Werten bestimmten Verhaltens. Das Regulativ, das beim individuellen Verhalten die Werte übernahmen, geht in komplexen Organisationen auf immer mehr festgefügte Regeln über. Letztlich führt das zur Erstarrung. Denn diese Regeln gelten als Leitschnur und nicht mehr das von Werten bestimmte Individualverhalten. Daraus resultiert ein Pochen auf diesen Regeln, ein Beharren auf einmal festgestellten Ansprüchen. Je starrer diese Regeln sind, desto starrer wird an ihnen festgehalten. Wurde einmal gelernt, dass Regeln nur schwer zu verändern sind, dann wird man nicht so leicht bereit sein, eine Veränderung, vor allem wenn sie eine Belastung für einen selbst bedeuten könnte, hinzunehmen, weil sie ja dann nur schwer wieder umkehrbar sein wird. Die Gemeinschaft atmet nicht mehr, passt sich nicht mehr an und existiert nur noch als mühsam aufrechterhaltene Makulatur.

Erstarrung und Misstrauen beherrschen alle Ebenen der Gesellschaft. Veränderungs- und Anpassungsbereitschaft verkümmern, ihre Einforderung wird auf allen Ebenen der Gesellschaft aufgeschoben. Sowohl vertikal als auch horizontal verkrusten die Strukturen.

Daraus resultiert auch, dass Forderungen an Einzelne oder die Gemeinschaft, sich bestimmten Mühen zu unterziehen, als unverhältnismäßig abgetan werden. In vorauseilendem Gehorsam werden diese Forderungen letztlich gar nicht mehr oder nur noch als hohles Ritual erhoben. Als Beispiel mag die verpasste historische Chance zum Zeitpunkt der Wiedervereinigung Deutschlands gelten. Mahnungen, dass die Umsetzung des Projektes Deutsche Einheit mühsamer sein könnte als gedacht, wurden lediglich im politischen Kalkül erhoben. Eine ehrliche Auseinandersetzung damit und eine von einer positiven Grundhaltung bestimmte, offene und vor allem konstruktive Diskussion sowie eine Beteiligung möglichst breiter Kreise der Gesellschaft fanden nicht statt. Vielmehr wurde versucht, dieses gewaltige Vorhaben durch Einpassung in die vorgegebene Erstarrung zu bewältigen.

Ebenso verhält es sich mit den derzeit stattfindenden so genannten Reformen. Bestimmt vom Misstrauen untereinander geht die Gemeinsamkeit verloren, Partikularinteressen überwiegen das für das Gemeinwohl Wichtige, und in der allgemeinen Polemik geht der Blick für das Wesentliche verloren. Die Orientierungslosigkeit aufgrund der Zertrümmerung dauerhafter Werte auf allen Ebenen der Gesellschaft wird sichtbar, besonders krass an sich schamlos bereichernden Managern oder Standesvertretern, deren Entlohnung in keinem Verhältnis zur erbrachten Leistung stehen kann – zumindest wenn man sich einmal die Leistungsfähigkeit eines Einzelnen vor Augen hält und in Relation zu den immensen Summen setzt, die Einzelne erhalten. Dies entspricht lediglich dem ökonomischen Ziel der egoistischen Gewinnmaximierung, ist fabelhaft in Zahlen messbar, lässt aber vollkommen außer Acht, welchen Schaden dies allgemein verursacht, und sei es nur den moralischen. Ein ähnlich demoralisierendes Moment erzeugen jene, die Solidarsysteme ebenso schamlos ausnutzen.

Diese beiden oft kolportierten Beispiele werden hier nur genannt, um noch einmal die Wahrnehmungsschwächen der dem ökonomischen Primat unterworfenen Gesellschaften zu verdeutlichen. Denn wer wollte beispielsweise behaupten, dass alle derzeit etwa vier bis fünf Millionen arbeitslos gemeldeten Menschen das Solidarsystem ausnutzten oder alle Manager zu schamloser Bereicherung tendierten. Dies ist der Ausnahmefall, sonst würden Medien nicht so schlagzeilenträchtig darüber berichten. Dass derlei Berichte aber in der Lage sind, die Missstimmung und Unzufriedenheit zu schüren, zeigt den Grad des Misstrauens und der abnehmenden Solidarität innerhalb der Gesellschaft.

Solange in den solidarisch organisierten Verteilungssystemen genügend materieller Wohlstand zur Verteilung bereitsteht und sowohl Solidaritätsspender als auch -empfänger das Gefühl einer wie auch immer gelagerten Zufriedenheit haben, übertüncht dieses Gefühl das des Misstrauens. Kommt es aber zu einer Umbruchphase, in der sich jeder verunsichert fühlt, dann gewinnt das Misstrauen die Oberhand.

Wir erleben derzeit eine solche Phase des Umbruchs. Und wie in jeder Umbruchsituation werden zwei in jedem Menschen angelegte Eigenschaften auf den Prüfstand gestellt. Einerseits der Hang zum Egoismus, andererseits die Fähigkeit und Neigung, die Interessen anderer zu erkennen, zu respektieren oder gar zu fördern.

Diese Eigenschaften sind dem Menschen objektiv als Wesen mitgegeben, in ihrer Ausübung aber auf die Subjektivität des Einzelnen beschränkt. Daraus resultiert, dass der Mensch nie weder einzig egoistisch oder solidarisch handeln kann. Denn der Egoismus bezieht sich letztendlich immer auch auf andere. Egoismus und Gier erstrecken sich im Wesentlichen auf drei Felder: Macht, als tatsächliche Einflussmöglichkeit, Status, als zugeschriebene Einflussmöglichkeit und Sexualität, als wichtigster Teil des triebgesteuerten Verhaltens. Diese drei Felder sind aber ohne andere nicht denkbar beziehungsweise wertlos für den Einzelnen. Macht über Dinge befriedigt den Einzelnen nur insofern, als sie seine Macht über andere stärkt. Status ist per Definitionem ohne andere nicht denkbar, denn wer, außer anderen, sollte einem Einzelnen eine Einflussmöglichkeit zuschreiben. Sexualität ohne andere ist Onanie.

Ebenso verhält es sich mit der Solidarität. Sie kann der Einzelne nie absolut, in der alleinigen Ausrichtung auf andere praktizieren. Denn die subjektive Seite der Solidarität bedingt, dass er sie immer auch im Bezug auf sich selbst ausübt, entweder aus egoistischen, existenzsichernden oder emotionalen Gründen.

Diese Verknüpfung von Egoismus und Solidarität wird aber immer mehr aus den Augen verloren. Eine Ursache liegt in der Überbetonung einer der beiden Seiten. Derzeit scheint es wieder en vogue zu sein, Egoismus zu propagieren, entsprechend der Betrachtung der Welt als Zusammenhang von sich feindlich gegenüberstehenden Einzelteilen. Der Einzelne soll sich nicht mehr auf die Solidargemeinschaft verlassen, da diese im Zuge der ausufernden Konkurrenz mit anderen Gemeinschaften überstrapaziert ist. Vielmehr soll er nur sich selbst solidarisch sein und in guten Zeiten ein Polster erarbeiten, auf das er im Bedarfsfall zurückgreifen kann – er soll gewissermaßen selbstsolidarisch handeln.

Die Rolle des Einzelnen wird vom gegenwärtigen System auf typische Weise interpretiert: Der Einzelne als Gegenüber der Gemeinschaft. Der Einzelne ist, kurz gesagt, der Schmied seines Glückes, worauf er auch ein verbrieftes Recht hat. Die Gemeinschaft dient zurückhaltend als Absicherung und fordert gleichzeitig bestimmte Pflichten.

Gerade in dieser Interpretation des Verhältnisses zwischen Einzelnem und Gemeinschaft liegt jedoch bereits eine gefährliche Verkürzung, denn sie stellt die beiden Kategorien getrennt voneinander dar, die lediglich beim Fluss materieller Güter eine Verbindung haben. Dies greift aber nach dem zuvor Gesagten zu kurz. Beide, sowohl das menschliche Individuum als auch die menschliche Gemeinschaft, sind untrennbar voneinander und ohne einander überhaupt nicht denkbar.

Als Hauptargumente für die postulierte Überstrapazierung der Gemeinschaft werden wiederum Zahlen zitiert. Zahlen, die verdeutlichen sollen, wie sich der Wohlstand einer Gesellschaft entwickelt und wie viele Solidaritätsspender beziehungsweise -empfänger vorhanden sind. Die durch Zahlen beförderte Sichtweise führt aber mehr oder weniger in ihrer Konsequenz zu einem mechanistischen Weltbild. Auf ein einfaches Prinzip gebracht: Man gibt vorne bestimmte Mengen hinein und hinten kommt eine andere bestimmte Menge heraus, sei es Geld, Material, oder eben Menschen. Letztlich führt diese Weltsicht dazu, dass viele ebenso vorhandene Tatbestände ausgeblendet werden, und schlimmstenfalls geht sie am Wesentlichen vorbei.

Die bereits erwähnte, postulierte Individualisierung mag hierfür als Beispiel gelten. Als Ursachen werden unter anderem Wohlstandsgewinn und nicht zuletzt auch die abnehmende Solidaritätsbereitschaft – selbst mit dem eigenen Lebenspartner beziehungsweise der noch zu zeugenden Generation – genannt.

Im Zuge des Wohlstandsgewinnes unserer Gesellschaft hat sich die materielle Abhängigkeit von den direkten Lebenspartnern, ob nun in einer Ehe oder im weiteren Umfeld, verringert. Gleichzeitig wurden die anonymen Solidaritätssysteme ausgebaut und verringerten diese Abhängigkeit zusätzlich. Das führt sowohl zu einer Abnahme der Solidarität zwischen Menschen im direkten Kontakt als auch zwischen den anonymen Teilen einer Gesellschaft. Nun ließe sich beruhigend einwerfen, dass dieser Vorgang zur zyklischen Entwicklung von Gesellschaften gehöre. Bei zunehmendem Wohlstand entwickele sich die Solidarität abnehmend, bei sinkendem Wohlstand nehme sie wieder zu. Dies ist aber nicht der Fall, da einmal gelerntes Misstrauen viel dauerhafter ist als materieller Wohlstand, zumindest innerhalb des Lebenszyklus des Einzelnen. Gelernt wird dieses Misstrauen ausgerechnet in dem System, das bisher zum steigenden Wohlstand beigetragen hat, und zwar nicht nur durch die Steigerung des Wohlstandes selbst, sondern auch durch systemimmanente Prinzipien.

Letztlich entspringt diese Sichtweise der Notwendigkeit zur trennscharfen Darstellung von Sachverhalten und führt dazu, dass sich alles von allem trennt, jedenfalls in der Perspektive der Anhänger einer ökonomisch fixierten Weltinterpretation. Die voneinander getrennten Teile der Welt stehen sich unversöhnlich und in einem immer währenden Konkurrenzkampf gegenüber. Gerechtfertigt wird dieser Konkurrenzkampf durch die Sichtweise, dass die Konkurrenz zu einer steten Verbesserung führt. Das Primat der Ökonomie siegt über das Primat des Humanismus.

Humanismus als Geisteshaltung, die den Menschen als im Rahmen der Möglichkeiten selbstbestimmtes Wesen zum Mittelpunkt hat, setzt wesentlich auf Ausbildung und Bildung des Menschen, um ihn zur größtmöglichen Selbstbestimmung zu bringen. Das Primat der Ökonomie verhindert jedoch die Erreichung dieses Zieles, da es lediglich den Homo oeconomicus zum Ziel hat, den rein nach wirtschaftlichen Gesichtpunkten urteilenden und entscheidenden Menschen.

Ausbildung wird derzeit von Systemen und Menschen geleistet, die sich ebenfalls dem Primat der Ökonomie ausgesetzt sehen. Familie, Schule und Universität fallen mehr und mehr diesem Primat anheim – ebenso wie die Medien, die einen immer bedeutenderen Teil der Wahrnehmung und damit der Erfahrungswelt und Bildung einnehmen. Zwar macht vor allem das direkte Umfeld, also Familie, Freundes-, Bekannten- und Kollegenkreis den Großteil der Erlebenswelt des Menschen aus, aber selbst auf diese Lebensbereiche erlangen Medien einen wachsenden Einfluss. Diesen erringen sie unter anderem durch ihre aufgrund technischer Neuerungen gesteigerte Verbreitung und ständige Verfügbarkeit. Sowohl bezüglich der individuellen als auch der gesellschaftlichen Wahrnehmung erringen sie einen wachsenden Anteil. Da aber auch die Medien dem Primat der Ökonomie unterworfen sind, folgen sie einerseits seinen Vorgaben und verstärken andererseits die Tendenz bei ihren Rezipienten, diesen ebenfalls zu folgen. Denn auch die Medien tendieren immer mehr dazu, sich auf Ereignisse zu fixieren und Entwicklungen, wenn überhaupt, allenfalls noch in einer leicht verkäuflichen und rezipierbaren personalisierten Weise zu vermitteln. Langfristige Entwicklungen und kompliziertere Sachverhalte werden dagegen weitgehend ausgeblendet, da ihre Rezeption vergleichsweise mühsam ist.

Gerade die Personalisierung von Medienberichten und mithin die damit verbundene Emotionalisierung darf als Beleg für den oben angeführten Verlust der emotionalen Seiten von Solidarität gedeutet werden. Die emotionale, wenn auch kurzfristige Bindung an Personen und Themen kann als Ersatzhandlung für die verloren gegangene emotionale Wirkung praktisch ausgeübter Solidarität verstanden werden. Wie jede Ersatzhandlung bleibt sie jedoch ohne anhaltende Wirkung und bedarf der ständigen und in ihrer Dosis steigenden Wiederholung, was dem ökonomischen Erfolg der Medien zugute kommt. Das emotionale Erlebnis wird zur konsumierbaren Ware, ohne dass sich der Konsument der Mühen, die mit dem emotionalen Erlebnis praktisch ausgeübter Solidarität verbunden sein könnten, unterziehen müsste.

Allenthalben dient dieses Rezipientenverhalten, namentlich das Kaufverhalten, als Alibi dafür, dass komplizierte Zusammenhänge und langfristige Entwicklungen in den Medien immer weniger behandelt werden. Lediglich der ökonomisch messbare Erfolg zählt und wird auch noch als Qualitätsmaßstab verstanden – sei es bei der Auflage von Druckerzeugnissen, der Quote von Rundfunksendungen oder der Besucherzahl von Internetseiten. Dies führt aber nur dazu, dass wichtige Sachverhalte und Entwicklungen ausgeblendet werden und somit die ohnehin vorhandene menschliche Tendenz zur Verdrängung verstärkt wird. Unangenehmes wird, wenn überhaupt, nur in Form von Einzelereignissen wie Kriegsgeschehnissen, Terroranschlägen, Naturkatastrophen, Hungersnöten, Unfällen oder Bestechungsskandalen aufgegriffen und ebenso schnell wieder fallen gelassen, sobald das Publikumsinteresse zu erlahmen scheint. In der Folge beschleunigt sich der Zwang zu immer neuen und gesteigerten Aufmerksamkeitsreizen. Die Möglichkeit, andere, vielleicht wichtigere Zusammenhänge und Entwicklungen aufzuzeigen und zu erklären, schrumpft proportional dazu. Ebenso nimmt die Bereitschaft der Rezipienten ab, sich solchen Zusammenhängen zu widmen. Rezipiert wird nur noch leicht Verdauliches. Mit einer möglichst sich der Realität annähernden Berichterstattung hat dies nichts mehr zu tun, ja, im Extremfall führt dieser Prozess sogar zum Gegenteil. Überspitzt gesagt, führt er zum beliebten Titelzeilen-Vierkampf gängiger Magazine und Fernsehsendungen: »Kauf dich reich«, »Friss dich schlank«, »Faulenz dich fit«, »Glotz dich intelligent«.

Übertroffen wird die Absurdität solch werbeähnlicher Aussagen nur noch von der Werbung selbst. Sie wertet althergebrachte Werte kurzerhand um, wie sich an dem Slogan »Geiz ist geil« ablesen lässt. Es sei hier nur daran erinnert, dass Geiz von jeher eine ausschließlich negativ besetzte Eigenschaft, im Christentum als Ausfluss der Habgier sogar eine der Todsünden war.

Angesichts dieser öffentlichen Um- oder Entwertung von Werten nimmt es nicht Wunder, dass die Orientierungslosigkeit der Einzelnen zunimmt, zumal sie in ihrer unmittelbaren Lebensumwelt wenig Anhaltspunkte für Alternativen finden, da sich auch dort, wie oben angeführt, das Primat der Ökonomie durchgesetzt hat.

Verharrt der Einzelne bereits auf dieser Stufe der Wahrnehmung, ist eine durchschlagende Wirkung von Information im Hinblick auf Erkenntnisgewinn, vielleicht Einstellungs- oder sogar Verhaltensänderung nicht zu denken. Das Beispiel des immer wieder gerne herangezogenen Zusammenhangs zwischen Automobil und Erdölverbrauch mag dies verdeutlichen.

Die erstarkende Umweltbewegung machte, unterstützt von der ersten Erdölkrise, schnell das Auto und folgerichtig Erdölförderer und -verarbeiter als Verursacher vieler Umweltprobleme aus. So war es für die Umweltaktivisten von Greenpeace leicht, einen wahren Proteststurm zu entfesseln, als die Mineralölgesellschaft Shell eine Ölbohrinsel mit Namen Brent Spa im Meer versenken wollte. Viele Empörte nahmen den Rat von Aktivisten gerne auf und boykottierten Tankstellen von Shell. Stattdessen chauffierten sie ihre Vehikel eben zur nächsten Tankstelle, um sie dort mit Sprit zu befüllen. Diese Form der Solidarisierung war bequem und wurde gerne für eine kurze Zeit aufrechterhalten. Von rasant steigenden Abmeldungen privater Pkw war allerdings nie zu hören.

Ein ähnliches Phänomen offenbart sich am Beispiel des letzten Feldzuges der USA im Irak. Schnell wurde auch hier einer der Hauptgründe ausgemacht, die amerikanischen Interessen an den Ölfeldern im Irak. Der Protest gegen das amerikanische Vorgehen fand unter anderem Ausdruck in Spruchbändern, die verkündeten: »Kein Blut für Öl!« Dass das Interesse an Erdöl wesentlich ökonomisch bestimmt ist und jeder Erdölverbraucher seinen Teil zur Aufrechterhaltung oder sogar Steigerung dieses Interesses beiträgt, er quasi mit jedem Geldschein, den er dafür ausgibt, für eine weitere Ausbeutung dieser Ressource stimmt, wurde geflissentlich nicht thematisiert.

Es muss an dieser Stelle betont werden, dass es keineswegs darum geht, Aktivisten, Engagierte, Mitläufer oder auch ihr Interesse an Umwelt oder Frieden zu diskreditieren. Es soll hier lediglich verdeutlicht werden, dass infolge der Unverbindlichkeit und des Werteverlustes der Einzelnen eine dauerhafte Bindung an Themen offensichtlich für viele nicht mehr möglich ist. Stattdessen ergehen sich die Einzelnen wohl auch in diesen Fällen eher in einer Art Ersatzhandlung für die abhanden gekommene emotionale Stärkung durch echte Solidarität. Letztlich wird in diesem Zusammenhang Solidarität auch konsumierbar, was ein weiterer Beleg für das Primat der Ökonomie wäre.

Doch das Primat der Ökonomie erringt mit seiner Durchsetzung lediglich einen Pyrrhussieg, da die von ihm propagierten Maximen für eine dauerhafte Entwicklung abträglich sind. Mithin entzieht sich die Ökonomie auf Dauer die eigenen sozialen, ökologischen und politischen Grundlagen.

Es wäre ja beispielsweise in höchstem Grade schizophren, einerseits geizig zu sein, andererseits aber massenhaft zu konsumieren. Schizophren mag auch die Tatsache anmuten, dass die Ökonomie einerseits versucht, die Einzelnen zum Konsum zu animieren, andererseits ihnen aber die Möglichkeit nimmt, ein entsprechendes Einkommen zu erwirtschaften – zum Beispiel durch Entlassungen und Verlagerung von Arbeitsplätzen. Zusätzlich erhöht die Ökonomie den Druck auf die aus ihrer Sicht belastenden Solidaritätssysteme und fordert zu verstärkter Selbstsolidarität auf, was weitere Teile vorhandenen Einkommens bindet. Diesen schizophrenen Spagat vollziehen die angesprochenen Konsumenten offensichtlich nicht oder nur schwer, da insbesondere im Hinblick auf die deutsche Wirtschaft ja immer wieder der lahmende Binnenkonsum als einer der Hauptgründe für die gegenwärtige Schwäche angeführt wird. Als Resultat bleibt letztlich nur Ratlosigkeit auf allen Seiten. Alle Hemmschwellen sind überschritten, alle Grenzen ausgelotet, alle Werte zertrümmert, aber es fehlt eine Richtschnur, um die Trümmer wieder zu einem konstruktiven Ganzen zusammenzufügen.

Dies ist umso fataler, als sich gerade in Europa mit der Erweiterung der Europäischen Union eine immense konstruktive Aufgabe stellt. Bereits innerhalb der »alten« Union zeigte sich, dass rein ökonomisches Denken nicht ausreicht, um eine Gemeinschaft dauerhaft zu gründen und zu festigen. Es bedarf vielmehr eines grundlegenden, gemeinsamen, verbindlichen Wertekodex. Der Versuch, die Union auf den Boden einer europäischen Verfassung zu stellen, darf als hoffnungsvoller Ansatz betrachtet werden. Dieser Ansatz bleibt allerdings zunächst ein theoretischer, solange er sich nicht praktisch auf das Leben der Bürger innerhalb der Union auswirkt und sie andererseits selbst nicht praktisch an seiner Umsetzung in die alltägliche Lebenswirklichkeit mitwirken. Das Bekenntnis zu einer europäischen Verfassung darf nicht im Vorhinein zum Ritual werden, ebenso wie der Bruch gemeinsam festgelegter Regularien durch einzelne Mitglieder nicht zum Kavaliersdelikt verharmlost werden darf. Denn nur wenn sich der gemeinsame Werte- und Regelkatalog als verbindlich erweist, darf man andererseits auch ein Gefühl der Verpflichtung der jetzigen und zukünftigen Mitglieder der Union erwarten. Insbesondere den Bürgern der Union wird ein gehöriges Maß an Solidarität mit den Bürgern der neuen Mitglieder abverlangt. Diese Solidarität darf aber, ebenso wie die Solidarität innerhalb der einzelnen Gesellschaften, nicht anonym bleiben, da sie ansonsten gar nicht erst zu Stande kommt oder auf Dauer verkümmert.

Die Lösung des Problems kann also nur in einer praktischen Anwendung von Solidarität durch die Einzelnen und in einer stärkeren Einbeziehung der Einzelnen bestehen. Die Einsicht in diesen Zusammenhang kann nur aus einer umfassenden und entsprechenden Bildung erwachsen. Der Staat kann mit einer entsprechenden Gestaltung seiner Ausbildungssysteme einen wichtigen Beitrag dazu leisten. Dazu muss er sich zunächst einmal dem Primat der Ökonomie widersetzen und alle Lebensbereiche gleichberechtigt in Bildung einbeziehen.

Selbstverständlich gehört die Ökonomie zum Leben dazu, sie ist aber nicht der einzige und sollte nicht der bestimmende Lebensbereich sein, in dem sich der Einzelne bewegen und bewähren muss. Die Künste, die Wissenschaften und soziale Bereiche gehören gleichberechtigt und ohne ökonomische Bestimmung dazu.

Ein Mittel zur Verwirklichung sozialer Bildung ließe sich vergleichsweise einfach einsetzen. Während des Kalten Krieges durfte der Staat ohne Weiteres seine männlichen Bürger zum Militärdienst verpflichten. Jedenfalls hat man von Seiten der Ökonomie kaum offenen Widerstand gegen diese Tatsache erlebt. Weshalb sollte sich der Staat gerade diese Freiheit nicht auch jetzt nehmen und alle seine Bürger zu einem Einsatz verpflichten, der doch einem viel besseren Zweck dient? Denkbar wäre beispielsweise ein verpflichtendes soziales Jahr für alle, in dem man sich pflegerischen, ökologischen oder völkerverbindenden Aufgaben widmet. Dies würde dazu führen, dass Solidarität in den bestehenden Systemen auch praktisch ausgeübt und erfahren wird. Immerhin würde sich damit der emotionale Aspekt von Solidarität aufgrund der eigenen Erfahrungswelt verstärken und sich letztlich auch der Kenntnisstand über die Lebenswirklichkeit innerhalb dieser Systeme erheblich erweitern. Einfach gesprochen: Jemand, der die Realität in einem Pflegeheim kennt, sich mit Behinderten oder Kranken beschäftigt oder sich einmal in einem anderen Land nicht als Tourist, sondern auf gleicher Augenhöhe mit Einheimischen bewegt, wird erleben, wie Menschen auf Müllkippen hausen oder, weil einmal im Jahr ein Arzt kommt, teilweise hundert und mehr Kilometer zu einem Ort laufen; er wird davon anders sprechen als vor dieser Erfahrung. Verfestigen ließe sich dieser Erfahrungs- und hoffentlich auch Erkenntnisgewinn mit einem auch nach diesem Jahr fortgesetzten Tutorium in regelmäßigen Abständen, das heißt einer beratenden und stützenden Funktion für die Nachrückenden.

Derart gebildete und ausgebildete Menschen treten schließlich in die Ökonomie ein und bestimmen ihre Regeln, denn das sei hier noch einmal betont: Die Ökonomie ist ein rein von Menschen geschaffenes und definiertes System und keine Natur- oder Gottgegebenheit. So könnte sich ein Prozess entwickeln, der ein auskömmliches Miteinander der Mitglieder von Gesellschaften und von Gesellschaften untereinander ermöglicht. Dieser Prozess ist als Entwicklung angelegt, benötigt Zeit und ist schwer und schon gar nicht schnell in Zahlen zu messen.

Aus dieser Bildung könnte letztlich auch ein wachsendes Vertrauen der Einzelnen untereinander entstehen. Dieses Vertrauen könnte dazu führen, dass das Demokratiedefizit, das ja nicht nur innerhalb der Europäischen Union, sondern auch innerhalb der deutschen Gesellschaft besteht, abgebaut wird. Weshalb, so muss man fragen, werden Bürger hierzulande nicht stärker in Entscheidungen, zumal wenn diese sie selbst betreffen, einbezogen? Weshalb traut man andererseits den Bürgern zu, über die Zusammensetzung der so wichtigen Institution des Bundestages zu entscheiden, obwohl sich in diesem System die Tendenzen zur Techno- und Plutokratie immer deutlicher abzeichnen? Weshalb dürfen Bürger nicht direkt über beispielsweise Sozialleistungen und ihren Beitrag dazu abstimmen? Wer sich selbst ertappt, dass er dabei daran denkt, eben immer die Variante auf niedrigstem Niveau zu wählen, entdeckt lediglich den ihm angeborenen Egoismus. Bei einer ruhigen und vernünftigen Abwägung wird er aber ebenso auf die ihm angeborene Solidaritätsbereitschaft stoßen. Gerade in Kombination mit der verpflichtend ausgeübten praktischen Solidarität würde sich doch ein idealer Zusammenhang aus Kenntnis- beziehungsweise Erfahrungsstand und Entscheidungsbefugnis ergeben.

Ein wesentlicher Grund für die Ablehnung dieses zugegebenermaßen gewagten Versuches dürfte das Misstrauen sein, das gegenüber den Einzelnen herrscht. Wichtige Entscheidungen in sachlich angebrachter Form zu erwägen und zu treffen, traut man ihnen offensichtlich nicht zu oder will man ihnen nicht zutrauen. Ein Argument dafür könnte die Komplexität der Sachverhalte sein, über die es zu entscheiden gilt. Weshalb werden aber keine Anstrengungen unternommen, die Einzelnen in die Lage zu versetzen, diese Komplexität zu durchdringen beziehungsweise von den Einzelnen keine Anstrengungen gefordert, sich um die Durchdringung der Komplexität zu bemühen? Gerade moderne Kommunikationsmittel wären doch ein ideales Werkzeug, um dies zu bewerkstelligen.

Ein anderes Argument könnte sein, dass der Einzelne für ihn belastende Entscheidungen nicht treffen wird. Dieses Argument fußt aber ebenso auf der angenommenen oder hingenommenen Unmündigkeit der Einzelnen. Statt diese Unmündigkeit zu beenden, wird sie weiter zementiert, beispielsweise mit dem kaum noch wahrgenommenen Ritual hiesiger Sozialwahlen, deren Sinn niemand erklärt, geschweige denn versteht, deren Hintergründe niemand transparent macht, deren Wahlbeteiligung beschönigend als armselig zu bezeichnen ist und die damit im Kern undemokratisch sind, letztlich den Trend zur Techno- und Plutokratie befördern.

Es wäre zumindest überdenkenswert, den Versuch einer stärkeren Einbindung der Einzelnen in die Solidaritätssysteme durch praktisch geübte Solidarität und mehr Entscheidungsübertragung zu wagen, da er immerhin ein positives und konstruktives Ziel verfolgt. Mithin verbindet sich mit ihm die Hoffnung, dass er eine Eigendynamik entfalten könnte, die sich heute noch nicht absehen lässt.

Angesichts von internationalem Terrorismus mag man dagegen einwenden, dass der Frömmste nicht in Frieden leben kann, wenn es dem bösen Nachbarn nicht gefällt. Dies ist jedoch ein Scheinargument, denn Abweichler oder mit einem verträglichen Miteinander unvereinbare Verhaltensweisen wird es immer geben. Es kommt jedoch darauf an, sich nicht von diesen Abweichlern bestimmen zu lassen. Gleich, ob es sich um die krasse Form mörderischer Terroristen handelt oder um Einzelne, die solidarische Systeme ausnutzen. Entscheidend bleibt, ob sich das Miteinander innerhalb von Gemeinschaften und von Gemeinschaften untereinander als tragfähig, auskömmlich und zufriedenstellend für alle Seiten erweist.

Man könnte einwenden, dass auch ein verpflichtendes soziales Jahr zum hohlen Ritual verkommen würde, demokratische Entscheidungen über Sozialleistungen zu Ungerechtigkeiten führen. Dem widerspricht aber die Erfahrung, dass sich nur wenige Menschen der praktischen Solidarität verweigern, wenn sie mit entsprechenden Forderungen konfrontiert werden. Eine andere Sicht würde ein negatives Menschenbild zeichnen, das dem des Homo oeconomicus entspricht, der rein auf seinen eigenen Vorteil bedacht ist. Vor diesem Menschenbild, ob es lediglich in den Köpfen existiert oder sich tatsächlich in Mehrheit ausprägt, kann aufgrund des zuvor Gesagten nur gewarnt werden, denn in seiner Konsequenz würde es tatsächlich zum Zerfall und zum Ende der Gemeinschaft beispielsweise der westlichen Industrienationen führen, womit sich die eingangs erwähnten Befürchtungen bewahrheiteten.

Die Illusion des bürgerschaftlichen Engagements. Warum die Politik die eingefahrenen Strukturen zementiert

Von Thomas Leif

DIE POLITIKER SIND SCHULD. Der schwach entwickelte Gemeinsinn und der Trend zum Eigennutz gehen auf ihr Konto. Dies sagen zumindest die 1006 von Emnid Befragten. Die Meinungsumfrage im Auftrag der Zeitschrift »Lenz« veröffentlichte Anfang des Jahres Daten, die die politische Klasse in Deutschland interessieren werden. Die Mehrheit der Bürger beklagt den schwachen Gemeinsinn in Deutschland. 83 Prozent kritisieren, nur der persönliche Profit stehe im Mittelpunkt. 75 Prozent gaben an, dass der moralische Anstand schwinde. Fast zwei Drittel der Befragten wollen trotzdem auf nichts verzichten, um dem Land zu helfen.

Gerhard Schröder muss die Umfrage gelesen haben. Denn seine Regierungserklärung Ende März stand unter dem Motto »Egoismus überwinden – Gemeinsinn fördern«. Er nutzte das Leitmotiv des Gemeinsinns ausgerechnet bei seiner Jahresbilanz der umstrittenen »Agenda 2010«. Ein bemerkenswerter Vorgang: bereits zu Beginn der ersten rot-grünen

Regierungsphase wollten einige beamtete Regierungsberater und Vordenker die begonnene rot-grüne Regierungs-Ära unter das Dach des Gemeinsinns stellen. Sie scheiterten mit diesem Vorhaben. Die »Förderung der wirtschaftlichen Prosperität« sollte den Charakter-Kern der Regierung ausmachen. Der Kampf um Begriffe, um Dachmarken und Überschriften der Regierungspolitik ist keine Nebensache. Erst in größter Not erinnert sich die Sozialdemokratie an den »Gemeinsinn«, den Kitt, der die demokratische Gesellschaft zusammenhält. Die vagabundierende Unentschlossenheit der Regierung dokumentiert insgesamt das Desinteresse der politischen Klasse an einer klar konturierten Engagement-Politik in den vergangenen Jahren.

Jahrelang setzte man auch in den federführenden Ministerien auf gute Zahlen, die stets als Politikersatz instrumentalisiert wurden. Im Freiwilligen-Survey von 1999 bestätigten die Forscher ihren Auftraggebern, dass gut ein Drittel schon heute ehrenamtlich engagiert sei. Ein weiteres Drittel würde sich gerne für gesellschaftliche Projekte einsetzen. Allein die formulierte Absicht machte Deutschland zum Paradies des persönlichen Engagements.

Es empfiehlt sich aber, einen Blick hinter die Zahlenkolonnen zu werfen und die Konflikte der Engagement-Politik zu besichtigen. Denn wichtige Politikfelder werden sich in den kommenden Jahren fundamental verändern. Gleichzeitig ist nicht zu erwarten, dass für die Ausstattung der Ganztagsschulen, den Ersatz für hunderttausende von Zivildienstleistenden oder die Pflege alter Menschen nennenswerte Etats zur Verfügung stehen werden. Der Fiskus hat seinen Schuldenzenit erreicht und längst einen Offenbarungseid präsentiert. Trotzdem gibt es keine Antworten auf einen generellen Trend: der soziale Problemdruck nimmt zu, gleichzeitig sinken die Finanzierungs-Ressourcen. Eine kluge, konzeptionell angelegte »Engagement-Politik« ist trotzdem nicht einmal in

Umrissen zu erkennen. Noch sollen allein die Zahlen des Freiwilligen-Surveys die Politik vom Handlungsdruck entlasten.

Symbolische Politik und falsche Botschaften

Gelegentlich kann eine Entscheidung der Ministerialbürokratie beträchtlichen Schaden in der Öffentlichkeit anrichten. Ein Musterbeispiel für politische Instinktlosigkeit war die von der Bundesregierung nach der Bundestagswahl geplante Abschaffung des Spendenabzugs für Unternehmen. Der Beschluss, im Kleingedruckten des Koalitionsvertrages versteckt, löste einen Sturm der Empörung aus. Sogar der Bundespräsident intervenierte.

Nach Angaben des Maecenata-Instituts haben Unternehmen im Jahr 2001 rund 600 Millionen Euro für gemeinnützige Zwecke gespendet und diese Ausgaben steuermindernd geltend gemacht. Eine halbe Million Vereine und Organisationen soll von diesen Spenden profitiert haben. Schon bald wurde dieser Beschluss zurückgenommen. Doch es bleibt ein Vertrauensbruch und der Nachweis, dass das Feld der »Engagement-Politik« von wichtigen Akteuren inkompetent, aber technokratisch ausgeführt wird. Denn alle wohlfeilen Fensterreden der vergangenen Jahre etwa zum Engagement der Unternehmen für gesellschaftliche Initiativen (*Corporate Citizenship*), zur großen Bedeutung des Ehrenamtes und des lebenswichtigen persönlichen Einsatzes für das Gemeinwohl erscheinen im Lichte der Praxis als Makulatur. Nichts gelernt nach den zahllosen Aktivitäten der Begegnungsindustrie auf Kongressen und Konferenzen? Keine Zeile des Berichtes der Enquete-Kommission gelesen? Für die Politik wird es nach solch wechselhaften Schnellschüssen künftig noch schwieriger werden, die Leistungsbereitschaft der Ehrenamtlichen für Alte, Arme und Ausgegrenzte zu stimulieren. Ihr Vermittlungskapital ist die Glaubwürdigkeit. Und die hat sie oft genug selbst dementiert.

Mit bemerkenswerter Offenheit hat der hessische Innenminister Volker Bouffier zwei weitere Lebenslügen der »Ehrenamtspolitik« (un-)freiwillig präsentiert. Auf einer CDU-Veranstaltung in Großenlüder beklagte er die gravierenden Nachwuchsprobleme der Freiwilligen Feuerwehr. Wörtlich sagte er: »Zentrales Problem ist es, dass wir in Zukunft noch genügend Leute haben.« Die im Laufe der Jahre ausgezehrte ehrenamtliche Basis müsse wieder gestärkt werden. »Die Alternative Berufsfeuerwehr sei für die Kommunen nicht zu bezahlen« (FAZ, 10. 10. 2002). Damit machte der CDU-Politiker zwei Dinge klar, die von politischer Seite stets bestritten wurden. Erstens: Es gibt Nachwuchsprobleme, obgleich der von der Bundesregierung bestellte »Freiwilligen-Survey« das krasse Gegenteil ermittelt hat und gebetsmühlenartig wiederholt, dass 34 Prozent der Bevölkerung ehrenamtlich aktiv seien. Zweitens: Bouffier räumte ein, dass die Ehrenamtlichen faktisch »Ausfallbürgen« für Leistungen sind, die der Staat nicht mehr übernehmen kann. Nicht nur im Feld der Feuerwehren sind die Kommunen künftig überfordert. Der »teure« Staat, der sich auf eine unkontrollierte, wuchernde Bürokratie stützt, braucht »billige« Helfer. Bislang war es ein Tabu, den Bürger für Aufgaben der Gemeinschaft zu verpflichten. Von diesem Tabu muss sich die Politik angesichts gravierender Strukturänderungen – etwa im Zivildienst – und der extremen demographischen Herausforderungen nun verabschieden. Alle Akteure wissen dies, aber sie weichen der Wahrheit aus.

Der dritte Komplex der großen öffentlichen Täuschung bezieht sich auf das Engagement der Unternehmen für das Gemeinwohl. Der Vorsitzende des Bundesverbandes der Deutschen Industrie hat wiederholt unmissverständlich klar gemacht, dass allein der Staat die Aufgabe habe, das Ehrenamt und seine Strukturen zu fördern. Schließlich zahlten die Unternehmen im »Hochsteuerland Deutschland« eh schon viel zu hohe Steuern. Gleichwohl ist es dem Unternehmerlager in den vergangenen Jahren besonders gut gelungen, sich als die Stimulatoren des Engagements zu präsentieren. Perfekte PR – leere Praxis.

Die drei Problemkreise – weitgehende Abstinenz der Unternehmen im Feld der Engagementförderung, Ausnutzen der Ehrenamtlichen für Lücken im Sozialsystem und die halbherzige Ausgestaltung einer Politik für das bürgerschaftliche Engagement – greifen ineinander. Sie bilden die Kulisse für eine moderne Politik nach dem umgekehrten PR-Prinzip »Tue nichts und rede trotzdem darüber«.

Daten ersetzen Handlungen – der Bericht der Enquete-Kommission ist ein Dokument des Politikversagens

Eine Enquete-Kommission habe die Aufgabe, das Parlament zu beraten und Handlungsvorschläge zu machen, erläuterte kürzlich ein lobbyerfahrener Akteur der Berliner Bühne, der sich gleichzeitig der durchaus arbeits- und zeitaufwendigen Enquete-Arbeit unterzogen hatte. Aus Sicht der Akteure, die sich als Teile des langwierigen parlamentarischen Prozesses verstehen, fiel die Bilanz nach über 800 Berichtsseiten euphorisch aus. Aus Sicht anspruchsvoller zivilgesellschaftlicher Akteure, die mit ihrem bürgerschaftlichen Engagement »mehr Demokratie wagen« wollen, muss die Bilanz bescheiden ausfallen. Das eng bedruckte, dünne Papier dokumentiert zwar über 180 konkrete Forderungen, umgesetzt wurde aber fast keine einzige Idee.

Der Deutsche Bundestag hat – das ist immerhin ein Novum in der Parlamentsgeschichte – einen Unterausschuss des Familienausschusses gegründet, dessen Aufgabe die parlamentarische Umsetzung der Enquete-Empfehlungen ist. Doch man hört bislang überhaupt nichts von der Arbeit dieses Ausschusses. Der Abschlussbericht der Enquete-Kommission ist gut gemeint und zumeist sorgfältig und ausgewogen dokumentiert. Die Autoren gehen aber von einem fundamentalen Denkfehler aus, indem sie das Politikfeld als weitgehend konfliktfrei definieren. Hier liegt der Kardinalfehler, weil Spannungen und Auseinandersetzungen um Förderleistungen des Staates, althergebrachte Privilegien und Besitzstände etwa der Wohlfahrtsverbände nicht angetastet werden. Viel zu schwach entwickelt ist außerdem die Analyse gut durchdachter Umsetzungsschritte, die kontrolliert vollzogen werden müssten.

Mit der Distanz von zwei Jahren kann die Arbeit der Enquete-Kommission daher wohl doch nur noch mit »therapeutischen Kategorien« bewertet werden, auch wenn man noch auf positive Zeichen des Unterausschusses hoffen mag. »Die Mitglieder der Kommission haben sich selbst fit gemacht, mehr nicht«, so die nüchterne Bilanz einer führenden Protagonistin in diesem papierverschlingenden Gremium. Auch die fehlende personelle Kontinuität nach der intensiven parlamentarischen Beschäftigung mit dem Engagement der Bürger illustriert die Vernachlässigung des ebenso querschnittigen wie auch in die einzelnen Politikbereiche hineinragenden Politikfeldes. Die bittere Bilanz auch von Mitgliedern dieser Enquete lautet: »Die Politik hat keinen Plan – also kann sie auch keine Ziele erreichen.« Die Arbeit der Enquete-Kommission hat noch einen weiteren ernüchternden Effekt. Sie illustriert in fast vollkommener Präzision die Ohnmacht des Parlaments. Selbst gelungene konzeptionelle Arbeit versandet, wenn die wichtigen gesellschaftlichen Akteure nur zuschauen.

Wohin diese weiche Form der politischen Bearbeitung eines wichtigen Zukunftsthemas führen kann, illustrieren die folgenden Gedanken. Die Grundhaltung der wichtigsten Akteure zur Engagementpolitik fördert einen Stillstand: Die SPD ist zu stark mit den etablierten Wohlfahrtsverbänden und der Sozialbürokratie verwachsen, um Neues zu wagen. Dies gilt zum Teil auch für die CDU, die dem Thema aber insgesamt keine große Aufmerksamkeit widmet. Wie die FDP vertraut sie vor allem auf die Regulationsfähigkeit des Marktes und die Dienstleistungen der Privaten. Die Grünen fallen – ausgerechnet im Feld der Engagementpolitik – weitgehend aus. Gründe dafür sind möglicherweise in der allgemeinen konzeptionellen Schwäche der »Bürgerrechtspartei« zu suchen.

Die Dilemmata fügen sich zu einem Gesamtbild zusammen:

Die Aktivitäten zum »Jahr der Freiwilligen« und die damit assoziierten Projekte – etwa der Enquete – folgten weitgehend dem Politikmodell der abgeschotteten Gremienarbeit. Die (versteckten) Konflikte, die mit dem Ausbau der Zivilgesellschaft verbunden sind, wurden nicht offensiv ausgetragen, sondern in großen Textmassen zusammengefasst. Ein genuines Konfliktthema wurde als Harmoniethema verhandelt. Dieser Prozess verhinderte den öffentlichen Diskurs, reduzierte die Spannung und überlagerte die Konfliktkonstellationen mit Konsensformulierungen, Formelkompromissen und falscher Schwerpunktsetzung, etwa im Feld der Versicherung der Engagierten. »Soll-kann-müsste-Papiere« mit dem Charme einer Steuererklärung entfalten aber keine Begeisterung und fördern keine Mobilisierung. Es ist schon ernüchternd, wie gering die publizistische Resonanz auf den Enquete-Bericht ausfiel.

Die Kampagne für das »Jahr der Freiwilligen« lief stets auf kleinster Flamme; selbst für die Werbung der Riester-Rente –

einem Flop – wurde mehr investiert. Die Unsicherheiten, die mit dem Thema verbunden sind, spiegelten sich in halbherzigen Reden, unvollendeten Internet-Auftritten, Pflichtveranstaltungen und kleinmütigen Handlungskatalogen wider. Der marginale Umfang einer Kampagne (mit dem guten Slogan »Was ich kann, ist unbezahlbar«) spiegelt immer auch das niedrige Anspruchsniveau des Politikentwurfs. Auch im Wahlkampf 2002 und danach spielte das Thema für »Rot-Grün« fast keine Rolle. Der Grund für diese Irritation ist ganz einfach. Aus dem »weichen« Thema wurde keine konkrete, griffige Policy-Orientierung abgeleitet. Das vorhandene Politikprodukt mit Ideen und realistischen Versprechungen war schlicht zu dünn. Es hätte nicht einmal gereicht, um eine ahnungslose Werbeagentur zu *briefen*. Geld war vorhanden, wenn man die Budgets für die stümperhaften Kampagnen aus dem Arbeits-, Bildungs- und Gesundheitsressort mit einbezieht.

Die CDU kritisiert in ihrem wenig inspirierten Sondervotum zum Enquetebericht die Staatsfixiertheit der SPD. Ihre Alternative besteht allerdings allein in der Förderung und Absicherung ihrer Milieus und Wählertruppen. Zu diesem Zweck hat sich eine »stille« große Koalition gebildet, die vermeintlich andere Gestaltungskonzepte vorgibt. Deutschland ist ein vitaler Verbändestaat mit funktionierenden Lobbystrukturen. Die Sportverbände, die Feuerwehr und die Traditionsorganisationen sind das Epizentrum der Freiwilligen-Politiker. Nicht nur die »Übungsleiterpauschale« ist sichtbares Zeichen der stets privilegierten Sonderrolle der Sportverbände. Gegen diesen Lobby-Block, auf den sich Funktionäre stützen und ohne den zahlreiche Bundestagsabgeordnete nicht überleben könnten, ist kein Kraut gewachsen. Die »Schmuddelkind-Behandlung« der Freiwilligen-Initiativen zeigt nachdrücklich, dass öffentliche Förderung in Deutschland immer ein Produkt der harten Lobbyarbeit ist. Dieser Merksatz gilt offenbar unabhängig von der gerade amtierenden Bundesregierung.

Alle soziologischen Studien gehen übereinstimmend von zwei zentralen Befunden zu grundsätzlichen gesellschaftlichen Trends aus: die zunehmende Individualisierung und Vereinzelung sowie die Reduktion dauerhafter Organisationsbindungen bei gleichzeitiger Bereitschaft, sich auf sinnvolle Projekte einzulassen, die auch individuelle Vorteile und persönlichen Nutzen bringen. Kontakte, Weiterbildung, Anerkennung, Selbstverwirklichung, Erkenntnisgewinn gehören dazu.

Ausgehend von dieser Situationsanalyse müsste eigentlich die intensive institutionelle Förderung neuer Strukturen – etwa von Freiwilligen-Agenturen – erfolgen. Sinnvoll erscheinen auch kommunal abgestimmte Projekte, die moderne Seniorenzentren und Selbsthilfe-Kontaktstellen integrieren. Dieses wirkungsvolle Triumvirat liegt aber nicht im Interesse der handelnden Akteure, die den Wohlfahrtskuchen schon längst untereinander verteilt haben. Solche neuen Modelle hätten die 39 Gutachten der Enquete konzipieren sollen – stets mit operativem Zuschnitt, mit Praxisrelevanz, mit der Identifizierung der Blockaden. Man hätte auf bereits vorliegenden Konzepten aufbauen können. Aber all das ist »Politik im Konjunktiv«. Der Einfluss der mächtigen Verbände der Bürgergesellschaft und ihre Beharrungskraft blieben nicht ohne Wirkung.

Die Bremsklötze der Institutionen

Die gleichen Mechanismen sind übrigens bei der Konstitution neuer Netzwerkstrukturen festzustellen. Die etablierten Organisationen wollen die neuen Akteure des 2002 gegründeten »Bundesnetzwerks Bürgerschaftliches Engagement« (BBE) in eine Randstellung drängen. Ihnen ist wenig an einem starken Netzwerk mit politischem Spielraum gelegen, das sie nicht verbandspolitisch kontrollieren können. Wie es aussieht, wird dies ihnen auch gelingen. Da die Engagement-Förderung an Einfluss in der Bundespolitik zu verlieren scheint, hat das BBE für Oktober 2004 eine »Woche des Engagements« angekündigt. Ein ziemlich hilfloser Plan. Die politische Agenda der 140 Mitglieder hat sich auf 15 Handlungsschwerpunkte konzentriert, deren Umsetzung schon vieles bewegen könnte. Doch die in der Agenda des BBE durchschimmernde Konsensorientierung der Akteure könnte die Kreativität und Handlungsfähigkeit auch behindern. Da sich das BBE als ein »trisektorales« Netzwerk von Akteuren aus Bürgergesellschaft, Staat und Wirtschaft gegründet hat, könnte es für die in Kauf genommene interne Heterogenität mittelfristig einen hohen Preis zahlen: den Preis der selbst verschuldeten Einflusslosigkeit. Besonders pikant ist, dass einzelne Agentur-Vertreter im Netzwerk durchaus eigene ökonomische Interessen vertreten. Die zuständige Familienministerin und ihre beamtete Entourage betrachten die Arbeit des staatlich geförderten Netzwerkes mit großem Argwohn. Es scheint kein zukunftsträchtiges Arbeitsmodell entstanden zu sein.

Die wesentlichen Konfliktzonen im Feld der Engagement-Politik sind längst bekannt und werden so im BBE zu weich und unverbindlich thematisiert: Stellvertretend seien hier nun einige wesentliche Bereiche kurz besichtigt:

Der Konflikt zwischen Haupt- und Ehrenamtlichen. In einer Studie hat die Hans-Böckler-Stiftung in NRW den gleichen Anteil von Haupt- und Ehrenamtlichen etwa im Bereich der Arbeiterwohlfahrt ermittelt. Viele Hauptamtliche empfinden selbstbewusste Engagierte als Konkurrenten, die leise »entsorgt« werden.

Auch die Arbeiterwohlfahrt ist in die Jahre gekommen und leidet unter der kaum aufzuhaltenden Auszehrung. In einem umfassend angelegten Strategieprozess sucht sie verspätet nach Auswegen. Der Druck der drohenden Bedeutungslosigkeit kann nicht mehr verdrängt werden.

Die Unbeweglichkeit von Wohlfahrtsverbänden und Kommunen ist ein großes Hindernis. Für sie sind die neuen Akteure des bürgerschaftlichen Engagements Gegner im Förderdschungel. Der Krieg um die Fördertöpfe lähmt seit Jahren die Innovation.

Die Tatsache, dass viele Städte nichts unternehmen, um das Engagement der Freiwilligen zu fördern. Zahlreiche Studien haben ein einhelliges Ergebnis zu Tage befördert. Die Städte, die etwas bewegen und anpacken, sind auch erfolgreich: Das heißt, Förderstrukturen haben – wie in der regionalen Wirtschaftspolitik täglich praktiziert – mit Nachhaltigkeit und entschlossenem Management zu tun. Die Stadt München hat bewiesen, dass allein durch die Verbesserung der Informationsangebote und die Vermittlung von Interessierten viel angestoßen werden konnte. Baden-Württemberg wird zu Recht als Musterland hervorgehoben. Alle Bundesländer hinken weit hinter dem »Ländle« hinterher. Auch das Land Hessen bemüht sich um eine nachhaltige Förderung. Niedersachsen verfügt wenigstens über einen Business-Plan in diesem Politikfeld. Damit ist zumindest im Ansatz ein nachvollziehbares Leistungsversprechen der Politik formuliert. Dies müsste der Mindeststandard aller Bundesländer sein. Wo ein Wille ist, wäre ein Weg. Aber meist gibt es nicht einmal den guten Willen.

Die unausgesprochene Wahrheit, dass die Akteure der Zivilgesellschaft einer anderen Handlungslogik folgen als die Akteure der Parteiendemokratie. Nüchtern und ehrlich hat dies der frühere SPD-Bundesgeschäftsführer und heutige Werbemanager Matthias Machnig einmal öffentlich erklärt; bei den meisten anderen Akteuren auf der politischen Bühne wird diese Haltung zwar im informellen Gespräch bestätigt, aber nicht öffentlich bekannt.

Die Skepsis gegenüber der Zivilgesellschaft und damit verbundenen Ansprüchen nach mehr politischer Gestaltungsmacht, auch nach mehr direkter Demokratie. Diese werden allgemein im etablierten Politikbetrieb mit großer Zurückhaltung aufgenommen. Es wird zwar viel von *e-democracy* geredet und geschrieben. Aber dieser Zug der Verwaltungsmodernisierung wird nie in Verbindung mit einer demokratischen Ausweitung von Bürgerrechten diskutiert. Auch die Verwaltung ist der natürliche Feind von unbürokratisch gestalteten, offenen Bürgerstrukturen. Allen Insidern ist dieser Konflikt bekannt. In offiziellen Reden wird dieses Konfliktthema gezielt verschwiegen, wie im Newsletter der Bertelsmann-Stiftung zu *e-democracy* nachzulesen ist. Glaubwürdige Engagement-Politik hat immer ein Spiel- und ein Standbein. Die Ausweitung demokratischer Mitwirkung jenseits der etablierten Strukturen gehört ohne Zweifel unverzichtbar zur Engagement-Politik dazu.

Die Wirtschaft hat ein PR-Thema entdeckt

Die Konfrontation der meist passiven Wirtschaft mit der nahe liegenden Forderung, mehr für das Gemeinwohl zu tun, unterbleibt aus Angst vor der offensiven Auseinandersetzung. Die Wirtschaft nutzt das Thema Engagement zu Werbezwecken und als Animationsfeld für eine moderne Personalentwicklung. Alle Studien belegen den Handlungsbedarf – seit Jahren.

Alle reden vom Mythos des *Corporate Citizenship* (CC) und schwärmen vom Engagement der Unternehmer für die Gesellschaft. Jahrelang wurde eine Politik der devoten Träume betrieben – nach dem Motto: Nichts fordern, (vielleicht) etwas bekommen. Die Zeitschrift »Wirtschaftswoche« hat es vorzüglich verstanden, dieses Thema zusammen mit den Arbeitgeberverbänden als PR-Plattform für eine neo-liberale Wirtschaftspolitik zu nutzen. Keynote-Speeker vom Schlage Guido Westerwelle – die Priester der Ego-Gesellschaft – halten hier die Festreden; auch das BBE schweigt dazu.

Viele Unternehmer sehen in CC nur ein Konzept moderner PR im Zeitalter von *shareholder value.* Auf einem Forum von

Wirtschafts-Ethikern wurde dieser Sachverhalt von vielen Praktikern bestätigt. Soziales Engagement wird nur demonstriert, wenn es in ein PR-Konzept passt. 46 Prozent der Unternehmen antworteten auf die Frage »Warum betreiben Sie Schulsponsoring?«, dass sie damit ihr Image verbessern wollen. 74 Prozent wollen die »Ansprache junger Zielgruppen« befördern (vgl. »Wirtschaftswoche«, 30. 5. 2002). Politik geht also auch hier von falschen Rahmendaten aus. Die Realitäten sind klar benannt: Solange die Unternehmen so viel Steuern zahlen, kann man kein weiteres Engagement fordern, wie der BDI-Präsident immer wieder betont.

Allen Papieren und Dokumenten zur Engagementpolitik fehlen konkrete Handlungsanweisungen. Die Kluft zwischen Reden und Handeln ist groß. Die Chance etwa, die gesellschaftlichen Organisationen »freiwilligen-tauglich« zu machen, wird nicht detailliert durchgearbeitet. Es mangelt also an guten Regieanweisungen für den Handlungsvollzug. Auch die 15 Punkte des BBE zu Programm und Zielen sind nicht hinreichend umsetzungsorientiert durchbuchstabiert. Ein Fallbeispiel: Alle Organisationen und Verbände in Deutschland haben bei der Integration von Migranten über Jahre hinweg auf ganzer Linie versagt. Das Gleiche gilt für das Anwachsen der rechtsextremen Szene nicht nur in Ostdeutschland. Vielerorts prägen die Neonazis die örtliche Jugendkultur. Warum wurden hier nicht konkrete Politik-Modelle präsentiert, die aufzeigen, wie in großem Stil Kooperationsbeziehungen hergestellt und neue Förderstrukturen angelegt werden können? Der vorhandene Förderdschungel nach Gießkannenprinzip entspricht jedenfalls nicht sinnvollen, nachvollziehbaren Kriterien. Der Magdeburger Sozialwissenschaftler Roland Roth hat mit seiner kritischen Analyse der »Projekte gegen Rechts« im Auftrag der Friedrich-Ebert-Stiftung bewiesen, dass nüchterne Analyse ein Umdenken bewirken kann. Seine Defizitanalyse in einem Feld könnte als Folie auch für die anderen Engagement-Felder dienen.

Aber bürokratische Apparate lernen nur langsam. Trotz detailliert dokumentierter Kritik wird 2004 der »Freiwilligen-Survey« im alten Design wiederholt. Die Bundesregierung wird »ihre« Zahlen bekommen; die Verbände werden sich die Hände reiben. Aber die Ergebnisse sind hohl und werden – angesichts vorliegender Analysen – kaum mehr zu legitimieren sein. Der Bedarf an Längsschnittzahlen, auch auf individueller Basis, mag zwar für Empiriker begründet sein, doch ohne energische Forschungen entlang organisationsbezogener Daten werden die bereits an der Anlage des 1. »Freiwilligen-Survey« kritisierten Defizite nicht beseitigt, sondern schlicht neu aufgelegt. Damit ist alles darauf angelegt, die gravierenden Probleme der Organisationen der Bürgergesellschaft auch künftig auszublenden.

Besonders konkret sind die Handlungsempfehlungen der Politik stets, wenn es um Steuererleichterungen und Versicherungen geht. Hier kam es immer wieder zu Vorteilen für einige mächtige Organisationen und zur Benachteiligung anderer (schwacher) Gruppen. Gerecht war dies nicht, für Freiwillige deshalb auch nicht überzeugend. Immerhin legt jetzt Rheinland-Pfalz ein Landesversicherungsangebot auf, das gerade die unorganisierten Initiativen erreicht.

Die bisherigen Facetten der Engagement-Politik, unter anderem der Enquete-Kommission, wurden im Wesentlichen akademisiert behandelt. Die wahre Chance bestünde aber in einer positiven Emotionalisierung der Leitidee Engagement, einer Begeisterung für die Sache. Die wenigen sinnvollen Ansätze mit der bescheidenen Förderung der Freiwilligen-Dienste, der Stiftungskultur oder der avisierten Volksentscheide sollen nicht unterschlagen werden. Aber sie sind zu zaghaft, zu verhalten, zu halbherzig. Diese Halbherzigkeiten, wie beim von allen Parteien gezielt blockierten Informationsfreiheitsgesetz, folgen durchaus einem rationalen Kalkül und einem stillen Angstmuster: Nämlich der Angst, die Abgabe von Macht an die Zivilgesellschaft führe zur Schwächung der etablierten Politik. Um diese drohende »Umverteilung von Macht« in Grenzen zu halten, entscheiden sich die meisten Akteure noch für das skizzierte Modell der »weichen Politik«. Angesichts der bedrohlichen Entfremdung zwischen Bürgern und etablierter Politik und dem ständig steigenden Anteil von Nichtwählern ist die Zeit reif, sich von überholten Betrachtungsmustern zu verabschieden. Die Zeichen der Politikverachtung sollten auch den handelnden Politikern im Bundestag und in den Landtagen nicht verborgen bleiben.

Das natürliche Konfliktmuster zwischen parlamentarischer Demokratie, die vor vielfältigen Herausforderungen steht, und der (wachsenden) Zivilgesellschaft ist, anders als von der Enquete-Kommission und dem BBE offen und versteckt formuliert, nicht konfliktfrei. Um eine vernünftige Basis der Weiterentwicklung von Demokratie und der Stärkung der Bürgergesellschaft zu finden, benötigen wir eine schonungslose Kritik der bekannten Versäumnisse: Angefangen bei der schrumpfenden innerparteilichen Demokratie, den Defiziten der politischen Klasse und den Effizienzproblemen des parlamentarischen Betriebs. Auf diese Inventur – als Basis und Geschäftsgrundlage – verzichten die Akteure in der Engagement-Politik aber. Hätten sie ihre Aufgabe offensiv verstanden, wäre das politische Umfeld, das Engagement behindert oder auch ermöglicht, besser ausgeleuchtet worden. Aber selbst das zuständige Ministerium unter Renate Schmidt betont immer wieder, dass man sich allein auf den Familienbereich konzentrieren will. Die übrigen Themen des Ministeriums würden nachgeordnet bearbeitet. Die kleine Engagement-Politik-Gruppe im Ministerium wurde gar aufgelöst – das federführende Ministerium enthauptet sich in der Engagement-Politik selber (und brüskiert dabei die SPD-Bundestagsfraktion und den von ihr eingesetzten Unterausschuss), anstatt die Querschnittssteuerung zu verstärken. »Weiche Politik« als unwichtige Politik und Politikaufgabe? Da liegt der Verdacht nahe, dass der Ruf nach der Bürgergesellschaft allzu oft ein Ruf nach dem Ausfallbürgen ist, der Aufgaben übernehmen soll, die der Staat nicht mehr finanzieren kann, weil er über seine Verhältnisse gelebt hat. Dieser vermutete Trend hat sich durch die nun intensiver wahrgenommene Verschuldungssituation noch einmal erheblich verstärkt.

Offenheit, Kritik und neu gewonnene Perspektiven sind also unerlässlich, wenn eine aktive Bürgergesellschaft florieren soll. Bürgerschaftliches Engagement wird in Deutschland seit Jahren aber nur in bürokratischen Grenzen gedacht und auf zahlreichen Kongressen wortreich zelebriert. Die Reden des Kanzlers zu diesem Thema waren gut. Aber sie waren auch folgenlos. Die Analyse dieser Redezyklen macht eines ganz deutlich: Es gibt kein stringentes Konzept für die Engagement-Politik in Deutschland. Es gibt keine klaren Konturen für die Akteure. Und es gibt keine Kontinuität in der Förderung bürgerschaftlichen Engagements. »Egoismus überwinden – Gemeinsinn fördern« – kein schlechter Slogan des Kanzlers, aber Glaubwürdigkeit wächst erst mit nachvollziehbaren Handlungsschritten für eine Politik, die mehr Demokratie wagen möchte.

Bürgergesellschaft ist machbar, Herr Nachbar!

Vorschläge für einen Ausweg aus der politischen Sprachlosigkeit

Von Milosz Matuschek

»Est igitur res publica res populi«

Der Staat ist die öffentliche Sache, die Sache des Volkes. So beschrieb Cicero in seinem Hauptwerk *de re publica* den Staat. Als das, was jeden angeht. Wir sind es, die als Menschen mit gleicher Rechtsauffassung vereint zu gemeinsamem Nutzen Gemeinsamkeiten formulieren. Wir sind es, die diese in die Form des Rechts gießen und mit einem Monopol legitimer Gewalt verbindlich durchsetzen. Wir, die so handeln sollen, dass möglichst alle zufrieden sind. Die Sache des Volkes also. Diese politromantische Definition muss heute jedem sofort die Tränen in die Augen treiben. Klingt sie nicht verklärt und schmalzig, irgendwie so abgedroschen, dass es fast verpönt zu sein scheint, sie überhaupt noch zu erwähnen? »Ist doch klar!«, rufen wir und winken gelangweilt ab.

Aber die Lehre des römischen Anwalts, Redners und Konsuls besitzt nach wie vor Gültigkeit und ist von erstaunlicher Aktualität. Cicero formulierte als einer der ersten die Grundlage unserer Gemeinschaft, die auch auf heutige Maßstäbe noch zutrifft. Er setzte nicht nur nach dem Baukastenprinzip ein paar Klötze zusammen, die gar nicht für seine Zeit gedacht waren, und nannte das dann »Staat«. Er unterstellte in seinem Werk glühendes Interesse des Bürgers (politisches Bewusstsein), profunde Kenntnis der Werkzeuge (Recht), geschickte Beherrschung der Instrumente (Rhetorik), und verlangte von *jedem* eine Zeit selbstlosen Engagements (*vita activa*). Damit formulierte er den Kern unserer politischen Identität: die Solidarität. Der Altruismus war und ist auch heute noch das sinnstiftende Element des gesellschaftlichen und politischen Zusammenlebens. Mit ihm steht und fällt das Staatsgebilde. Cicero und unsere Verfassungsväter hatten ein Ideal vor Augen und formulierten es ähnlich: »Die Staatsgewalt geht vom Volke aus«, so steht es auch heute in unserem Grundgesetz.

Wie ist die Realität? Aus der *res publica* wurde 2000 Jahre später die Republik, unsere Staatsform, und was wurde aus der Sache des Volkes? Vom »Staat« sprechen wir nur in der dritten Person, von einem *»political body«* oder anachronistisch-feudal vom »Vater Staat« – eine Bezeichnung die es nur in deutscher Sprache gibt. Der Herr gibt's, der Herr nimmt's. Doch die Entpersonalisierung bleibt nicht auf der Sprachebene stecken. Anstatt treibende Kraft zu sein, ist der Bürger immer mehr der Getriebene. In der Urform der athenischen Polis zieht der Bürger das Joch der Demokratie noch selbst und pflügt damit den politischen Acker. Später spannt er sich den Staat als Ochsen vor das Joch und gibt die Richtung an. Aber der Ochse wird störrisch und weicht auch gerne mal von der gewünschten Richtung ab. Inzwischen scheint es so, als triebe er den Bürger vor sich her und sei kurz davor, ihn auf die spitzen Hörner zu nehmen. In den letzten 30 Jahren wurde fiebrig nach Gelegenheiten gesucht, den Bürger zu mehr Engagement zu bewegen. Ständig

Wahlen auf allen Ebenen, gutes Zureden von Bundespräsidenten und in einigen Bundesländern hier und da ein paar Volksentscheide. Die Beteiligung wurde eher weniger als mehr. Schnell war eine Floskel dafür gefunden: »Politikverdrossenheit« – eher ein Euphemismus als eine treffende Zustandsbeschreibung, denn nicht zu Wahlen zu gehen ist oft schlicht und ergreifend Desinteresse. Vieles deutet darauf hin, dass kein Wille zu Engagement mehr da ist. Wenn die Verdrossenheit jedoch so weit geht, dass man gegenüber der Gesellschaft im Allgemeinen gleichgültig wird, läuft unsere Regierungskonzeption Gefahr, den Boden unter den Füßen zu verlieren. Wir haben uns zu lange von oben herab Gedanken darüber machen lassen, wie der politische Bürger in die Gesellschaft einzubeziehen ist, anstatt zu erkennen, dass politisches und gesellschaftliches Handeln nur von ihm ausgehen kann.

Gerade jetzt, im Jahr 2004 und 200 Jahre nach Kants Tod, wird die Aufklärung wiederentdeckt. Kants Postulate wie »wage zu wissen!« und »der Ausgang des Menschen aus seiner selbstverschuldeten Unmündigkeit« lachen uns auf den Titelseiten entgegen. Aber stellt sich irgendwer die Frage, wie weit unser politisches Selbstverständnis wirklich von der Aufklärung berührt wurde? Gerade heute, in Zeiten medialer Beeinflussung und Vielfalt, muss klar werden, dass wir nicht anderen das Denken überlassen dürfen. Die Protagonisten der Aufklärung kämpften gegen die Autoritätsgläubigkeit der Beherrschten gegenüber den Herrschenden. Daran hat sich nichts geändert, nur dass an Stelle von Papst und König nun Parteien und die Knallpresse unsere reflektierte und kritische Reaktion brauchen. Überprüfbarkeit von öffentlichen Akten, Transparenz von Entscheidungsfindung und freier Zugang zu Institutionen und Informationen sind Zeichen einer offenen Bürgergesellschaft. Diese wären wichtige Schritte zu einer neuen Übersichtlichkeit in der Politik, ganz im Sinne von John Rawls' öffentlichem Regelsystem – ohne den Schleier von Geheimnis,

Mystifikation und Mythologie. Ausgehen kann dies nur von einem Bürger, der innerlich aufgeklärt ist und äußerlich den Drang hat, in der Gesellschaft aufzugehen und einen Teil seines Lebens selbstverständlich ihrer aktiven Gestaltung zu widmen.

Solidarität als Kernbereich menschlichen Zusammenlebens ...

Solidarität ist vorab erst mal ein geniales Wort. Wie »soziale Gerechtigkeit«, »Gemeinwohl« oder neuerdings auch »Nachhaltigkeit«. Jeder kann es in den Mund nehmen und wird dafür von seiner Umgebung kaum Prügel, sondern eher Applaus ernten. Ob Sozialpolitik, Welthungerhilfe, »Brot statt Böller«, päpstliche Sozialenzykliken, streikende polnische Werftarbeiter der »Solidarnosc«-Gewerkschaft in den achtziger Jahren. Jeder hat etwas anderes vor Augen, aber jeder etwas Schönes, Wärmendes, Heimeliges – das Kopfnicken ist vorprogrammiert wie der Speichelfluss der Pawlow'schen Hunde. Wenn über Solidarität geredet wird, kann man sehr weit ausholen. Solidarität taucht auf allen Ebenen menschlichen Zusammenlebens auf, z.B. in der Familie, in Schule und Arbeit, wenn von gegenseitiger Hilfe ohne Erwartung von Gegenleistung die Rede ist. Ebenso auf staatlicher Ebene, im Sozialsystem und in der politischen Betätigung, wenn sie von Menschen wahrgenommen wird, die – im besten Sinne Max Webers – »für« die Politik leben und nicht »von« der Politik. Solidarität kann Hilfe ohne Wenn und Aber sein, das Einstehen für eigene Überzeugungen oder die anderer, aber auch das Zahlen von Steuern, Solidaritätszuschlägen und Beiträgen in soziale Sicherungssysteme. Solidarität ist wie ein Gewand mit wechselnder Form und Farbe, in das man je nach Situation schlüpfen kann. Eine Wesenseigenschaft ist ihr aber eigentümlich: die Zweck-Bruderschaft, wie es Hans Jonas formulierte, also die gegenseitige Unterstützung von Menschen mit gleicher Interessenlage. Diese Wesenseigenschaft, die sich die Franzosen während der Revolution noch mit *»fraternité«* auf die Fahnen schrieben und die erst Anfang des 19. Jahrhunderts durch *»solidarité«* ersetzt wurde, hat ihre Wurzeln in der Familie. Selbst wenn der Kontext oft ein politischer ist, möchte ich mir ein paar Kerngedanken zu diesem zwischenmenschlichen Ursprung erlauben, bevor ich mich der anderen Seite der Medaille zuwende.

... ist bereits im Ursprung gefährdet ...

Die engen persönlichen Beziehungen des Menschen sind die Wiege der Solidarität. Nirgendwo anders lernt der Mensch intensiver, dass einem gebratene Tauben nicht in den Mund fliegen, sondern der Beitrag eines jeden notwendig ist für ein harmonisches Zusammenleben. Die Urform der Solidarität, in der Familie und zu Menschen, die einem nahe stehen, zeichnet sich durch Selbstlosigkeit aus, die in dieser Form ihre ursprüngliche Wesenseigenschaft ist. Je näher die Beziehung zu einer Person ist, desto größer die Verantwortung, und die Bereitschaft, etwas von sich zu geben, ohne etwas zu verlangen. Die Gemeinsamkeit, Teil der gleichen Familie zu sein, oder einer der Partner in einer ehelichen Beziehung als engster Form menschlicher Gemeinschaft, verpflichtet schon moralisch zu gegenseitiger Solidarität und Beistand. Demjenigen, der das nicht tut, hilft in Deutschland das Bürgerliche Gesetzbuch auf die Sprünge, zum Beispiel wenn es um Unterhaltszahlung geht. Mit der Entfernung der Gemeinsamkeit von der persönlichen Ebene, nimmt auch die Bereitschaft zur Uneigennützigkeit ab. Was aber, wenn gerade dieser Kernbereich menschlicher Beziehungen gestört ist? Erzieherische Wertevermittlung entzieht sich – meistens Gott sei Dank, manchmal leider – staatlicher Kontrolle. Gleichzeitig können gestörte Familienverhältnisse nicht von Kindergärtnerinnen oder Grundschullehrern geradegebügelt werden wie ein faltiges Sonntagshemd. Ähnlich ist es mit dem Rückzug des Einzelnen ins Singleleben. Noch nie war die Anzahl der Single-Haushalte in Deutschland so hoch wie heute. Beziehungen werden zwar eingegangen, aber ohne die Bereitschaft, damit auch in der anderen Person aufzugehen, ein Stück von sich aufzugeben, um einen Teil des Nächsten zu bekommen. Der deutsche Philosoph Peter Sloterdijk hat die abnehmende Bindungsbereitschaft im Privaten mit der zunehmenden Konsumbindung an Unternehmen zu erklären versucht: Punkte sammeln beim Tanken und Kundenkarten im Kaufhaus werden zum Beziehungsersatz. Sollte das wirklich das Bild unserer Gesellschaft sein?

... und braucht als Motor das gesamtgesellschaftliche Engagement

Wenn Solidarität in etwa vergleichbar ist mit dem Fahren eines vielsitzigen Tandems, was das Treten eines jeden voraussetzt, dann fallen einem zwei Bereiche des politischen Lebens ein, in denen sich die Entfernung vom Gemeinsinn deutlich zu manifestieren scheint: einmal in der Sozialpolitik, durch das Handeln der Bürger, und in der Europapolitik, durch das Agieren von Politikern.

Unser Sozialsystem ruft in vielen Bürgern eine paradoxe Reaktion hervor: dem schwindenden Vertrauen scheint eine ungleich größere Bedienermentalität Seite an Seite zu gehen. Möglichst wenig einzahlen und möglichst viel herausbekommen scheint die Devise zu sein. Wenn jeder an sich denkt, ist an alle gedacht. Das Tricksen bei Krankenkasse und Arbeitslosenversicherung ist Volkssport geworden, und das Sozialsystem erinnert an einen aufgeplatzten Geldkoffer mitten auf dem Marktplatz:

Die Scheinchen fliegen durch die Luft, und jeder nutzt die Gelegenheit, um sich die Taschen voll zu machen. Das Bewusstsein, dass Ansprüche an den Staat sich an alle Bürger richten, ist längst *perdu*. Das scheint nur noch zu funktionieren, wo der Solidaritätsmangel sofort offenkundig wird. So gibt es beispielsweise Projekte in Indien, die wöchentliche Kleinkredite an Frauengruppen vergeben, die selbstständige Tätigkeiten, wie Erntehilfe oder Schneiderei anbieten. Die Zahlungsmoral könnte dort nicht besser sein. Da alle das Gefühl haben, im gleichen Boot zu sitzen, gibt es niemanden, der das gemeinsame Ziel aus den Augen verliert, nämlich den Kredit wieder zurückzuzahlen. Wo bleibt ein derartiger Gemeinsinn in der Gesellschaft?

Auch kein besseres Beispiel geben die Staats- und Regierungschefs ab, die über die Europapolitik zu bestimmen haben. Das Projekt Europa, das ursprünglich nur aus einer Gemeinsamkeit entstanden ist, nämlich dem Willen nach Frieden, wird zum Schauplatz eines egoistischen Nationalismus. Wenn beim Kuhhandel zwischen Regierungschefs bis zum letzten Liter Milch gekungelt wird und ein französischer Altpräsident den Verfassungsentwurf für die Europäische Union unter seinem Namen als Buch publiziert, um in den Kreis der vierzig Unsterblichen der Académie Française aufgenommen zu werden, so drängt sich der Eindruck auf, dass dieses Europa ein Basar oder die Bauchpinselvereinigung einer Altherren-Oligarchie ist – und nur noch in zweiter Linie ein internationales Organisationskonzept für Frieden und wirtschaftliche wie soziale Prosperität. Das Gebilde EU krankt daran, dass es einerseits virtuelle Abstrahierung, andererseits extreme Konkretisierung vereinigen muss: Auf der einen Seite ist es ein fast undefinierbares Konstrukt, das durch Fahne und Hymne eine künstliche Nähe zu erzeugen versucht und dabei Symbolik zum Selbstzweck stilisiert. Weder von einer Ausrichtung auf das Gemeinwohl noch von einem Interesse, den Bürger einbeziehen zu wollen, ist viel zu spüren.

Sorry, geschlossene Gesellschaft. Der Bürger muss leider draußen bleiben. Auf der anderen Seite steht die direkte Wirkung von Verträgen und Verordnungen auf die Mitgliedsstaaten, die jeden von uns täglich betreffen. Aber wer hat es zu verantworten, wenn ein Beamter in der Landwirtschaftsabteilung der Kommission oder ein Ausschuss des Rates Initiativen für Verordnungen auf den Weg bringt? Im Endeffekt der Bürger – steht im Lehrbuch. Klar gibt es die Rückkoppelung des Rates mit den Länderparlamenten. Aber ist es nicht wie beim Angeln? Wenn die Leine zwei km statt 20 cm lang ist, geht das Gefühl für den Köder verloren, selbst wenn man glaubt, dass er noch dran ist. Der Durchhänger muss beseitigt, die Zügel müssen wieder gestrafft werden. Repräsentative Demokratie ist nicht weniger demokratisch als direkte, aber der politische Arm des Bürgers lässt sich auch nicht beliebig oft auf die Streckbank legen. Und selbst wenn, wären wir wieder beim Bürger, der, wie wir am Beispiel des aufgeplatzten Geldkoffers gesehen haben, ja auch nicht viel mehr am Allgemeinwohl interessiert ist. Es zählt nur, was jedem Einzelnen im Säckel bleibt. Letztlich bewegen wir uns also in einem Teufelskreis und wählen zwischen zwei Übeln. Um auszubrechen, müssen wir uns endlich von gut gemeinten Appellen nach mehr Solidarität verabschieden. Das haben wir lange genug gemacht. Wir müssen uns dem Stützpfeiler der Solidarität widmen: dem Engagement. Interesse! Gemeinsinn! Anteilnahme! Das sind die Schwestern der Solidarität, die zuerst gestärkt werden müssen. Wir brauchen zuerst die Aktivierung des Willens, uns zu engagieren, und dazu die Möglichkeiten, es tun zu können, um ein Gefühl für die Belange aller herauszukristallisieren. Engagement ist die Voraussetzung für Solidarität. Hier muss angesetzt werden. Damit wären wir wieder bei dem Bild vom vielsitzigen Tandem, das nur mit der Kraft aller fahren kann: denn das gemeinsame Ziel des Fahrens (Solidarität) setzt das Treten aller voraus (Engagement).

Wenn wir über Engagement in Deutschland reden, kann die

Kernfrage nur lauten: *will* der Bürger und *kann* er nur nicht, oder *kann* der Bürger, aber *will* er nicht? Klopft der Bürger ständig an die Türen der Demokratie und keiner macht ihm auf, oder stehen die Türen gar offen und es will nur niemand eintreten? Zu sagen, der Bürger habe keine Lust, wäre zu einfach. Wir sehen ja vielfach, wie Bürgerinitiativen und zivile Projekte ins Leben gerufen werden. Daher bleibt nur die Annäherung von zwei Seiten: Zuerst muss beleuchtet werden, welche Veränderungen der gesamte Apparat der Entscheidungsfindung braucht, um dem Bürger die Chance zu geben, dass er *kann*, wenn er nur will, und dass es nur an ihm liegt, sich einzubringen; zweitens geht es darum, herauszufinden, was unternommen werden könnte, um ein Gefühl von Nähe, Bindung und Verantwortung für Gesellschaft und Gemeinwesen zu wecken und damit die Bereitschaft zu initiieren, wie selbstverständlich einen eigenen Beitrag leisten zu *wollen*. Es geht also sowohl um die Schaffung von Möglichkeiten für eine verstärkte Partizipation durch eine Neuorganisation von politischer Entscheidungsfindung als auch um die frühzeitige Sensibilisierung des Bürgers für Belange der Gesellschaft und damit die Schaffung einer neuen Geisteshaltung durch zivilgesellschaftliche Wertevermittlung. Bürgergesellschaft und Politik müssen zu einer Einheit verschmelzen. Sie sind jedoch nur zusammenzubringen, wenn zwei Voraussetzungen zusammentreffen: Die Öffnung der Demokratie für den Bürger und die Öffnung des Bürgers für die Demokratie.

Die Öffnung der Demokratie für den Bürger

Man kann an drei kumulative Mechanismen denken, um den Weg zwischen Mensch und Politik zu verkürzen. Der erste Mechanismus ist klassisch: die Einführung von direkten demokratischen Elementen, also die Einrichtung von Referenda und

Volksabstimmungen für wichtige politische Leitfragen, um Politiker unabhängiger zu machen und den Bürger in die Pflicht zu nehmen. Der zweite Mechanismus besteht darin, die bestehenden politischen Strukturen näher an den Bürger heranzuführen, zu entstauben, transparenter und zugänglicher zu machen sowie durch grundlegende Reformen der Entscheidungsfindung die Politik wieder zu ihrem wahren Selbst zurückzuführen. Der dritte Mechanismus schließlich bedeutet, politisches Engagement in Vereinen, Verbänden, Nichtregierungsorganisationen, Bürgerinitiativen usw. auf die politische Ebene zu führen, sprich: gesellschaftliches Engagement zu politisieren und aus den genannten Strukturen kleine Parteien bzw. politische Gruppierungen zu gründen – mit Machtanspruch auf lokaler oder kommunaler Ebene bis hin in die Bundespolitik.

Die direkte Demokratie und ihre Feinde oder: Wer gegen Plebiszite ist

Eine beliebte Floskel von Politikern aller Couleur ist es, »den Bürger mitzunehmen«. Offenbart diese Aussage nicht schon das ganze Dilemma? Das politische Tagesgeschäft hat sich offenbar bereits so weit vom Menschen entfernt, dass sich Politiker ab und an noch selbst daran erinnern müssen, wem sie ihre Daseinsberechtigung verdanken.

Politiker spielen ein doppeltes Spiel. Auf der einen Seite verlangen sie eine hohe Wahlbeteiligung und bemängeln die vermehrte Politikverdrossenheit, mit der wir Bürger am Ast der Demokratie sägen, auf dem wir selbst sitzen. Andererseits werden Forderungen nach mehr direkter Beteiligung am politischen Willensbildungsprozess als »Populismus« abgetan. Beteiligung ja – aber nur nach den Spielregeln, die die Politik setzt? Bei gewonnenen Wahlen heißt es, der mündige Bürger habe ein klares Votum abgegeben, bei der Forderung nach Volksentscheiden heißt es sinngemäß: vox populi, vox Rindvieh. Es riecht verdächtig nach einem vitalen Eigeninteresse der politischen Klasse. Klar, wo sich Bürger selbst einschalten, werden Mittelspersonen überflüssig. Die Bürgergesellschaft ist der größte Feind des Berufspolitikers. Es ist die Hybris der Mächtigen in unserer Republik, die Legitimation gerne schon aus institutionalisierten Verfahren schöpfen, Entscheidungen in Arbeitskreise, Kommissionen, Räte und Konferenzen aussondern und sich dabei selbst für unverzichtbar halten. So war es und so muss es auch bleiben. Muss es wirklich? Es muss doch auch bei uns möglich sein, direkte Partizipationsmöglichkeiten an der Politik einfordern zu dürfen, ohne mit dem Vorwurf konfrontiert zu werden, man wolle den Parlamentarismus abschaffen. Aber mehr Beteiligung zu fordern und gleichzeitig Partizipationsmöglichkeiten zu verhindern ist ungefähr so, wie wenn man Gäste einlädt und dann die Tür nicht aufmacht. Auf Weizsäckerdeutsch heißt das dann, dass Weltpolitik nicht auf der Dorfwiese gemacht werden kann. Deutschland sei nicht die Schweiz. Aber wer redet von Weltpolitik? Es geht auch nicht darum, ob nun die Sitze des Bundestags ein blaues oder schwarzes Polster haben sollen oder um andere Spezialfragen, sondern es könnte um zentrale Leitentscheidungen gehen, in der Dimension des Abtreibungsparagraphen, der Hauptstadtfrage, der Europäischen Verfassung, der Osterweiterung der EU oder auch der Wahl des Staatsoberhauptes. Es ist widersprüchlich, dem Bürger einerseits die politische Einsichtsfähigkeit bei einem direkten Votum abzusprechen und gleichzeitig zu verlangen, die im Bundestag abgestimmten Regelungen anwenden zu müssen. Entweder Politik ist zu kompliziert, dann muss sie vereinfacht werden, oder sie ist es nicht, dann kann sie auch Gegenstand von Volksabstimmungen sein. Dem Bürger nach über 40 Jahren Bonner und 13 Jahren Berliner Republik die politische Reife abzuerkennen ist absurd: Populistische Ausschweifungen gibt es auch bei Wahlen, erinnert sei an Hessen

1999 oder die Schill-Bürgerschaftswahl in Hamburg; müssten dann in gleicher Logik nicht auch die Wahlen abgeschafft werden? Der Vorteil bei Volksabstimmungen wäre, dass Propagandaredner, die sich vergaloppiert haben, leichter entlarvt würden, als wenn eine große Partei hinter ihnen steht. Irgendwann muss diese Republik erwachsen werden. Man kann sie nicht ewig als Negation von Weimar begreifen.

Die Einführung direkter Beteiligungsmöglichkeiten ist sicher nicht neu und sicher nicht das Allheilmittel gegen politische Vollnarkose. Aber sie kommen dem Konzept einer offenen und pluralistischen Gesellschaft am besten entgegen. Endlich gäbe es eine Alternative zur Parteienherrschaft, die Möglichkeit, zur Wahl zu gehen und trotzdem bei einer Abstimmung in einer Sachfrage abweichen zu können. Und nicht zuletzt gäbe es ein Korrektiv der öffentlichen Medienmeinung, die gerne vorschnell sagt, was der Bürger denken soll.

Parteien und Politikreform oder: Weg von den politischen Willensmachern der Zuschauerdemokratie

Die grundgesetzlich einbetonierte Partei wirkt nicht mehr nur an der politischen Willensbildung mit, sondern setzt diese vor. Bevorzugt als Schnellgericht, gekocht in der Mikrowelle plakativer Postillen. Leicht verdauliche Kost zwar, aber leider nicht sehr nährreich.

Parteien scheinen überall ihr Netz gezogen zu haben: Rundfunk, Richterwahl, Ausschüsse und Kommissionen. Was zählt ist der Proporz – der Bürger hängt irgendwo dazwischen. Zuerst als Stimmvieh im verrauchten Sitzungssaal der Parteijugendorganisation, dann vielleicht mal als Delegierter beim Landesparteitag, und ehe man sich versieht, hockt man mit Anstecknadel »40 Jahre Parteizugehörigkeit« im Seniorenarbeitskreis. Dabei fungieren Parteien am wenigsten als Steigbügelhalter für den interessierten Bürger. Zahlende Mitglieder sind zwar willkommen, nicht aber engagierte Querdenker. Zu groß ist die Angst – gerade auf kommunaler Ebene –, dass zu viele Newcomer einem die lieb gewonnenen Pöstchen streitig machen könnten. Das wirkt abschreckend auf die Mini-Apparatschiks. Kommt dann noch der Zeitaufwand und die Mühe der Ochsentour dazu, bis man etwas zu sagen hat, entscheiden sich viele schon wieder dagegen. Man wird förmlich aus der Sparte des Berufspolitikers gedrängt. Aber wenn man mal oben ist, sind die Hände wieder gebunden: Es wird weiter gekungelt und geschoben.

Hier muss Klarheit rein: Weg von der Konsensdemokratie und hin zu klaren Kompetenzen und einem strengen Majoritätsprinzip. Entscheidungen müssen schneller gefällt werden, mit gleicher Legitimität. Altbundeskanzler Schmidt behauptete: »Wer nicht konsensfähig ist, taugt nicht zur Demokratie.« Ich sage: Eine Demokratie, die sich vor Entscheidungen drückt und alles auskungeln muss, taugt nicht als Regierungsform. Konsens ist Nonsens. Demokratie ist kein Verschiebebahnhof von Meinungen, sondern das Organisieren von Mehrheiten und deren Durchsetzung. Und Klarheit gilt auch für den gesamten Staatsapparat, inklusive Verwaltung.

Warum sind die Hinterzimmer der Politik für den Bürger tabu? Transparenz ist in Schweden Grundrecht. Die Verwaltung als Dienstleister im Interesse des Bürgers. Warum nicht auch bei uns? Wer kontrolliert die Unabhängigkeit von Medienanstalten? Wer hinterfragt die Leistungsfähigkeit von Ministerien und Behörden? Warum brauchen wir zehn Jahre, um herauszufinden, dass die Bundesanstalt für Arbeit sich in erster Linie mit sich selbst beschäftigt? Wenn der Staat wirklich Sache des Volkes ist, so sind es auch alle Dinge, die mit der Ausübung staatlicher Befugnisse zu tun haben. Parlamentarische Untersuchungsausschüsse sind mehr dazu geeignet, in der Öffentlichkeit Stimmung zu machen als Sachverhalte aufzuklären. Wo wiederum der Proporz über die Wahrheit entscheidet, gerät Wahrheitsfindung zur Mogelpackung und ein Minderheitenrecht zur Hasenpfote in der Hose der Demokratie.

Wenn Parlamentarismus, dann bitte effektiv: Wo bleibt die strenge Kompetenztrennung zwischen Ländern, Bund und Kommunen, wo die Konnexität zwischen Entscheidungen und pekuniärer Verantwortung? Wo der Wechsel an Partei und Staatsspitze? Wie soll der Einzelne dazu bewegt werden, sich eine gewisse Zeit im Leben der Politik zu widmen, wenn dort seit 30 Jahren die gleichen Gesichter quasi institutionalisiert sind? Der Berufspolitiker ist eine eigene Spezies und verliert zwangsläufig den *link* zum Bürger. Sei es aufgrund seiner Stellung, sei es »dank« seines Unersetzbarkeitsdünkels. Schluss mit der inkorporierten Verantwortungslosigkeit! Wann beschließt endlich mal eine Kommission wie die der Kultusminister ihre Selbstauflösung? Der Bürger muss endlich die Gelegenheit bekommen, eigene Überzeugungen zu platzieren, selbst auf der politischen Bühne zu agieren und in Parteien und politischen Gruppierungen schneller Anschluss zu finden.

Der Vereinsmeier ist tot – Es lebe die Politisierung des gesellschaftlichen Engagements!

Kann sich der Bürger nicht auch anderweitig Gehör verschaffen als durch Inkorporation in Parteistrukturen? Er kann. Bestes Beispiel dafür ist *Attac*. Die Bewegung der Globalisierungsgegner, die *»Altermondialistes«*, die sich in Frankreich gegründet haben und der politischen Klasse bei jedem größeren Gipfeltreffen Angst einjagen, wehren sich vehement dagegen, eine Partei zu werden. Als beeindruckendste gesellschaftspolitische Strömung unserer Zeit bieten sie den Menschen etwas, was offenbar keine Partei bieten will: das Gefühl, direkt etwas bewegen zu können. »Eine andere Welt ist möglich« ist ihr Motto und wird nicht nur geplaudert, sondern von Hunderttausenden umgesetzt. Diese Stimmung entlädt sich bei *Attac* nicht in Gesetzen, die unsere politische Landschaft verändern könnten. Sie entlädt sich in Demonstrationen – *per se* nicht undemokratisch – und teilweise auch in gewalttätigen Ausschreitungen und dadurch in Druck auf die Regierenden. Doch die etablierte Politik wird eher eine Gefahr für *Attac* als umgekehrt. Was *Attac* tut, ist, Strömungen in der Gesellschaft aufzugreifen und zu kanalisieren, das Bewusstsein für Missstände zu schärfen. Oder mehr: *Attac* gilt als Ausdruck eines Missstandes, der bisher nicht ausreichend formuliert wurde. Das ist es aber, was jede Partei tut, wenn sie überleben will. Entweder die Agenda diktieren oder schnell auf einen Zug aufspringen. Die Politik hat die Möglichkeit, einer Bewegung die Lebensgrundlage zu entziehen, sie »trockenzulegen«, indem sie sich selbst inhaltlich wahrnehmbar an ihre Spitze setzt. Die Meinungsführerschaft zu übernehmen und Themen zu besetzen ist das tägliche Brot des politischen Diskurses. Ein Urheberrecht für politische Ideen gibt es nicht. Wer es verpasst, sich frühzeitig zu artikulieren, verliert. So geht es den Liberalen in Deutschland, die mit echtem Liberalismus zum einen nicht viel zu tun haben und zum anderen nicht ausreichend klar machen, dass das, was von der Regierung gerade umgesetzt wird, genau ihre Ideen sind. Und die gleiche Bedrohung besteht für *Attac*, wenn beispielsweise der Chef der französischen *Parti Socialiste*, François Hollande, damit liebäugelt, die Bewegung für sich vereinnahmen zu wollen.

Letztendlich muss jede gesellschaftliche Strömung irgendwann »politisch« werden und sich mit einem Programm zur Wahl stellen, um etwas bewegen zu können. Das kann, wie im Fall der Grünen, sogar als Themenpartei gelingen. Sie muss in den gesellschaftlichen Diskurs eintreten, muss streitbar werden und die direkte wörtliche Auseinandersetzung suchen. *Democracy is government by discussion!* Genau das macht *Attac* (noch?)

nicht. Die Globalisierungsgegner müssten zeigen, welche Gesellschaft sie wollen, einen politischen *spirit* entwickeln, der vielleicht nicht übermäßig konkret sein muss, aber breit genug für die verfassungsrechtliche Anerkennung und vorstellbar für die Menschen.

Eine Politisierung von gesellschaftlichen Gruppen wäre nicht nur für Vereinigungen von der Dimension *Attacs* wünschenswert. Gerade die Umwandlung kommunaler und regionaler Vereinigungen, Bürgerinitiativen und Verbände könnten der eingerosteten Parteienlandschaft neues Leben einhauchen. Dazu gehört aber auch, dass die Schwelle von benötigten Stimmen für einen Einzug in Gemeinderäte, Kreisräte, Landtage und den Bundestag heruntergeschraubt wird. Weg mit der Fünf-Prozent-Klausel! Eine gefestigte Demokratie kann sich mehr als fünf Parteien im Bundestag leisten. Die Befürchtung, damit nicht nur Themenparteien, sondern auch Extremisten von rechts und links eine Plattform zu bieten, sollte uns nicht abschrecken. Extremistische Strömungen totzuschweigen ist keine Gefahr für diese Gruppierungen, sondern befördert nur latent deren Zielsetzungen; ein offener und vor allem frühzeitiger Diskurs dagegen gibt der Demokratie die Chance, derartige Erscheinungen schon im Anfangsstadium zu demaskieren. Vielleicht hätte sich diese Republik damit schon den einen oder anderen Schönhuber erspart.

Zusammenfassend kann gesagt werden, dass Politik sich – abgesehen von direkter Beteiligung – wohl immer zu einem bestimmten Teil im Parteienapparat abspielen wird. Ziel ist es ja nicht, den Parlamentarismus abzuschaffen, sondern ihm ein repräsentativeres Gesicht dieser Gesellschaft zu verleihen. Denn gesellschaftliche Strömungen können stark und mitreißend sein – und gleichzeitig politisch marginal. Mit Demonstrationen und Plakaten ziehen wir uns in die Rolle des Ghostwriters zurück, anstatt in die des Politikers zu schlüpfen, der die Rede halten will. Verbände müssen unter Zugzwang gesetzt werden, sich konstruktiv zu äußern, anstatt mit Trillerpfeifen und Tröten ihre Klientel zu bedienen. Ein politischer Paradigmenwechsel ist nötig. Diese Gesellschaft soll irgendwann keine Parteien und Verbände mehr als Souffleur brauchen, sondern diese Strukturen selbst als Megafon für politische Botschaften nutzen. Doch dazu muss sie sich selbst erst öffnen wollen.

Die Öffnung des Bürgers für die Demokratie

Eine Veränderung muss dahingehend geschehen, dass der Bürger sich wieder aktiv in den politischen Diskurs einschalten *will.* Eine Demokratie, die Beteiligung leicht macht, aber keine Bürger hat, die davon Gebrauch machen, wäre ihrer Sinngrundlage beraubt. Sie kann zwar den Bürger unter Zugzwang setzen, aber das aktive Handeln muss trotzdem vom Bürger ausgehen. Nur so kann Einfluss auf Parteien genommen werden und Initiative zu Entscheidung werden. Es ist ja auch nicht der Schwanz, der mit dem Hund wedelt, sondern umgekehrt. Dabei stellt sich die Frage nach der Motivation: In einer freiheitlichen und offenen Gesellschaft kann politische Partizipation nicht verordnet werden wie ein Hustensaft: Engagement und Zwang schließen sich gegenseitig aus.

Ich denke, wir müssen uns wieder auf die Ursprünge der Demokratie besinnen. Was ist Demokratie? Nichts anderes als der Austausch von Meinungen, Diskussion und Mehrheitsentscheidung. Das setzt drei Dinge voraus: Erstens Meinungsfreiheit und Möglichkeit zur Kundgabe, zweitens eine freie Meinungsbildung durch Bildung, die sich auf das Wesentliche konzentriert, und drittens die Fähigkeit zu verständlicher Meinungsartikulation ohne Plattitüden und Floskeln.

»Ich möchte was sagen« … oder: Meinungsfreiheit als Basis der Demokratie

Meinungsfreiheit ist für die Demokratie, was der Beton für den Hausbau ist. Sie ist schlechthin konstitutiv. Schon in der französischen Menschen- und Bürgerrechtserklärung von 1789 wird sie als das kostbarste Recht überhaupt genannt: *Le droit le plus précieux*. Denn, so sagt es das Bundesverfassungsgericht, »die Meinungsfreiheit ermöglicht erst die ständige geistige Auseinandersetzung, den Kampf der Meinungen, der ihr Lebenselement ist.« Da kostbar immer nur das ist, was man sich selbst erarbeiten oder gegen Widerstände durchsetzen musste, bedeutet Freiheit heute vor allem, auf etwas verzichten zu können. Das Recht auf negative Meinungsfreiheit bzw. das Nichtssagen-Müssen ist ebenso verfassungsrechtlich geschützt wie die Kundgabe der Meinung. Wenn sich aber zu viele in diese Kuschelecke zurückziehen, wird dieses Recht ausgehöhlt und disponibel gemacht für diejenigen, die bereitwillig danach schnappen.

Woran liegt es also, wenn von Meinungsfreiheit kein Gebrauch gemacht wird? An fehlenden Möglichkeiten, sich zu artikulieren, oder am Willen? Wahrscheinlich an beidem. Könnte es nicht sein, dass wir von klein auf durch unser Bildungssystem bereits zu Passivität erzogen werden? Auf dem Stundenplan steht meistens Schweigen und Frontalunterricht. Lehrer reden auf Schüler ein, statt umgekehrt. Professoren reden auf Studenten ein, statt umgekehrt. Wenn wundert es dann noch, wenn Politiker auf den Bürger einreden, statt umgekehrt? Wir brauchen einen Paradigmenwechsel in der Bildungspolitik, weg von passiver Berieselung, hin zu aktiver Beteiligung. Wer etwas hört, behält 30 Prozent, wer etwas liest, vielleicht 50 Prozent, aber wer selbst intellektuell kreativ ist, wird sich noch an 70 Prozent erinnern können. Der beste Unterricht ist immer derjenige, bei dem der Lehrer als Moderator und Stichwortgeber fungiert, die Diskussion leitet und den Schüler selbst zum Nachdenken bringt. Klar, dass das nur eingeschränkt im Mathe- und Physikunterricht geht, aber in fast allen Fächern wäre diese Art des Unterrichts möglich, wenn Unterricht vermehrt als diskursive Vertiefung von zu Hause gelerntem Stoff verstanden werden würde. Es darf nicht sein, dass eine Schulstunde ausschließlich dafür genutzt wird, dem Schüler zwei Seiten ins Heft zu diktieren und das Ganze dann beim nächsten Mal abzufragen. Das ändert sich auch in der Universität nicht: Wenige Professoren lassen in Vorlesungen Diskussionen zu, Fragen werden teilweise als Störung empfunden und das gesprochene Wort hat kaum Konjunktur, es fehlt an geeigneten Plattformen für Meinungsaustausch und Diskussion. Talkshows und Debattierclub sind eher negativ belegte Begriffe geworden, Sinnbild für sinnloses Gequatsche. Ohne geeignete Plattformen für Meinungsaustausch in Schulen, Betrieben und Universitäten wird es keinen öffentlichen Diskurs geben, sondern nur den privaten – ein leerer Hall im Walde; ohne eigenen Antrieb degradiert der Bürger sein Recht auf Meinungsfreiheit selbst zu Verfassungslyrik.

Erst denken, dann reden: Bildung als Voraussetzung für öffentliche Artikulation

Die zweite Voraussetzung für einen demokratischen Diskurs, nach der Bereitstellung von Foren für mehr Meinungskundgabe, besteht darin, überhaupt etwas zu sagen zu haben. Dabei ist es erstaunlich, wie schwach die Kenntnis des Allgemeinen, ja Selbstverständlichen ist und wie gerne wir uns in Detailfragen verirren. Unsere Unfähigkeit und der Widerwille, sich mit anderen in eine Konkurrenz des Meinungsaustauschs zu begeben, verführen uns dazu, uns thematisch in Diskussionen auf einsame Wissensinseln zurückzuziehen, wo Widerspruch aufgrund von Unkenntnis der Zuhörer spärlich ausfällt. Dabei ist dieses Ausweichen in die Unverständlichkeit der beste Beweis für die eigene Unzulänglichkeit, Wichtiges von Unwichtigem zu unterscheiden, und damit gerade ein Mangel von Kompetenz. Wo dann in Talkshows oder Tageszeitungen zwei solcher »Experten« aufeinander treffen, tendiert der Informationswert für den Normalbürger gegen null, Frustration macht sich breit und der Bürger klinkt sich aus der politischen Diskussion aus. Spätestens hier sind dann alle Beteiligten zufrieden: Der Bürger benutzt die Komplexität des Themas als Feigenblatt für fehlenden Wissensdurst, denn es ist ja alles so kompliziert, Expertenrunden ohne Entscheidungsgewalt halten das Monopol des Wissens, denn nur so haben sie eine Existenzberechtigung, die Politik kann sich auf eine Floskelisierung des Themas beschränken, und am Ende steht meist das Aufspringen auf das nächste Thema und die Vertagung des Problems. Das Karussell dreht sich weiter.

Hier muss eine neue Bildungspolitik ansetzen. Wir müssen in der Schule gesellschaftliches Basiswissen vermitteln. Wirtschaft- und Rechtslehre, Geschichte und Politik könnten zu einem Fach zusammengefasst werden, wo das tägliche Brot des Staatsbürgers vermittelt wird, mit einem beträchtlichen Raum in flexiblen Lehrplänen – eine Art »Gemeinschaftsunterricht«. Grobe Linien, methodische Anwendung und der aktuelle Bezug müssten im Vordergrund stehen, während Detailwissen und Vertiefung dem Studium überlassen werden. Wie viele Schüler verstehen eigentlich den Wirtschaftsteil der Zeitung? Wer denkt beim demographischen Faktor an die Rente statt an einen Science-Fiction-Zweiteiler auf RTL 2? Wer kann unser Gesundheitssystem in zehn Sätzen beschreiben? Wir brauchen einen Trend zu Vereinfachung, Entwissenschaftlichung, Entmystifizierung und damit zu einer neuen politischen Aufklärung. Politik- oder Sozialkundeunterricht ist generell relativ unbeliebt und für viele ein nicht mal mehr »notwendiges«

Übel. Aber Politikunterricht müsste mehr sein als das Auswendiglernen von Wahlgrundsätzen und Kanzlernamen. Wo bleibt der Ansporn zum Zeitunglesen, die Widerspiegelung des Gelernten im aktuellen Zeitgeschehen? Wo die Sensibilisierung für Wahrhaftigkeit, die Entdogmatisierung von Gedrucktem und Gesprochenem? Wir brauchen eine Abkehr vom Unfehlbarkeitsglauben an so genannte Autoritäten und Scheinsachverständige mit Doktortitel.

Ebenso der Geschichtsunterricht: Warum kann das Mittelalter nicht in drei Wochen abgehandelt werden? Was wichtig ist, um Tagespolitik heute einordnen zu können, hat sich in den letzten 150 Jahren in Europa und in den letzten 300 Jahren in der Welt abgespielt. Die Walser-Bubis-Debatte geht unter, wenn Pippin und Konradin zu viel Zeit geschenkt werden. Aber was betrifft uns wohl stärker im täglichen Umgang mit Minderheiten? Klar, dass wir Römer und Griechen nicht vergessen dürfen, aber anstatt uns dabei auf die wichtigen Leitlinien zu beschränken, verlieren wir uns wiederum in verschlungenen Vierzeilern irgendwelcher zweitklassigen Dichter und kommen am Ende oft nicht mal bis zum Vietnamkrieg. Muss im Deutschunterricht wirklich jeder Gesellschaftsroman des 19. Jahrhunderts durchgekaut werden, oder hätten Auszüge aus den Buddenbrooks nicht genügt, um zu zeigen, dass Thomas Mann auch sterbenslangweilig sein kann? Wie steht es mit der Literatur des 20. Jahrhunderts? Wer wird sich denn noch wirklich über die Lesebereitschaft heutiger Schüler wundern, wenn der Horizont vieler Deutschlehrer bei Kleist und Fontane stecken geblieben ist? »Lesen« wird heute fast nur mit alten Schinken assoziiert. Schade, dass es noch keine Erhebungen darüber gibt, wie viele Schüler durch den Lehrplan in die virtuellen Arme von »Super Mario« und »Mortal Kombat« getrieben worden sind.

Bildung muss zu einer soliden Allgemeinbildung werden, die Lust auf mehr macht. Es darf nicht sein, dass erst der studierte Staatswissenschaftler wirklich in der Lage ist, überlegt und mit gutem Gewissen ein Kreuz auf dem Wahlzettel machen zu können. Deshalb gehört ein breites Lehrprogramm nicht nur in Gymnasien, sondern auch in Haupt- und Realschulen. Es darf nicht einer vermeintlich höheren Bildung zugeschrieben werden, ob jemand politisch und gesellschaftlich durchblickt. Doch auch hier ist der Staat uneigennützig: Je weniger der Bürger weiß, desto mehr haben »Experten« ihre Daseinsberechtigung, desto mehr kann sich der Politiker hinter Floskeln und Gummiwahrheiten verstecken. Bildung ist auch die Voraussetzung für eine effektive direkte Partizipation: Wo Bildung, Aufklärung und Informationszugang nicht oberste Priorität haben, nützen auch Referenda und Volksabstimmungen nichts. Selbst dann ist der Bürger nur Stimmvieh und Wahl-Kunde.

Streitkultur: Kopf aus dem Sand und raus mit der Sprache!

Wer die Möglichkeiten zur Meinungskundgabe hat und den fachlichen Hintergrund besitzt, ist noch lange nicht am Ziel angekommen. Denn nun kommt die schwerste Prüfung: das Komplizierte verständlich auszudrücken. Dass das nicht klappt, sehen wir jeden Sonntagabend bei Sabine Christiansen oder wenn wir die Leitartikel großer Tageszeitungen aufschlagen – liest diese der Normalbürger überhaupt noch?

Wir werden weniger dazu heranerzogen, schwere Sachverhalte so leicht wie möglich auszudrücken, sondern mehr dazu, Banalitäten und Binsenweisheiten in Fachbegriffe und verschlungene Satzkonstruktionen einzuwickeln, um dieses Bündel dann als die Essenz absoluten Wissens unserem Empfänger aufzutischen. Nicht nur Geisteswissenschaftler müssen mit dem Vorwurf leben, zwanzig Wörter zu benutzen, wo zwei genügt hätten. Thilo von Trotha, der ehemalige Redenschreiber Helmut Schmidts hat es so formuliert: »An deutschen Universitäten wird die Unverständlichkeit wie ein Berufsethos kultiviert.« Intellektualität und Intelligenz wird bei uns eben gerne mit aufgesetzter Fachidiotie gleichgestellt. Kein Wunder, dass sich dies in der politischen Debatte niederschlägt.

Zur Demokratie gehört neben dem Inhalt auch die Form des politischen Diskurses. Natürlich bedeutet Demokratie vor allem Kommunikation mit dem Nächsten und Respekt vor dessen Überzeugungen. Aber eben auch die sachliche Auseinandersetzung und der Konflikt. Wer Angst davor hat, dass ihm der eisige Wind der öffentlichen Meinung ins Gesicht bläst, hat in einer Demokratie eigentlich nichts verloren. Warum wird in Konsensdemokratien wie bei uns der Streit vermieden? In anderen Demokratien wird er geradezu gesucht. Unsere Debatten in Bundestag und Bundesrat fußen auf festen Redemanuskripten, Entscheidungen sind längst im Hinterzimmer gefallen, Mehrheiten sind bereits organisiert. Showdebatten also, und dazu oft ziemlich schlechte – für wen eigentlich?

Es ist kein Wunder: Wenn es darum geht, sich in strittigen Diskussionen verständlich zu positionieren, sind wir Deutsche Entwicklungsland. Uns fehlt eine über die Jahrhunderte gewachsene demokratische Streitkultur. Im Gegensatz zu Bildungssystemen wie denen in England und den USA wird bei uns Duckmäusertum und reflexartiges Abnicken verinnerlicht. Die ehemaligen Ostblockstaaten, die nach dem politischen Umbruch Demokratie erst neu lernen mussten, sind uns auf diesem Feld schon Meilen voraus. Falsche Harmoniesuche ist bei uns nur der Ausdruck dieser Unfähigkeit, sich adäquat zu äußern, gepaart mit der Furcht anzuecken. Dieses Phänomen ist in Politik wie Gesellschaft gleichermaßen verbreitet. Das hat Folgen für die Wahrhaftigkeit und Aussagekraft des politischen Diskurses: Jeder weiß, was gemeint ist, aber niemand will das Buh-Wort in den Mund nehmen. So kreisen die Gesprächspartner wie Satelliten um den Wahrheitskern herum und bauen dabei abstrakte Parallelwelten auf, in die man fliehen kann, wenn es in der Realität mal zu kalt ist.

Streitkultur bedeutet nicht, friedliche Bürger zu Aufrührern und Streithähnen zu machen. Aber es genügt nicht, das Erlernen von Debatte und intelligentem Schlagabtausch im Bildungskanon auszusparen und irgendwann als selbstverständlich zu unterstellen. Es ist heuchlerisch, die Verflachung des öffentlichen Gesprächs zu brandmarken, aber nichts dagegen zu unternehmen. Das ist eine Benachteiligung der Stillen und Schüchternen in Schulklassen, Hörsälen und Büros auf der einen und eine Vernachlässigung von fähigen und integren Nachwuchspolitikern auf der anderen Seite. Demokratie zu lernen bedeutet insbesondere, eine solche Streitkultur in unseren Schulen zu etablieren. Schon seltsam: Mit drei Jahren lernen wir sprechen, aber reden lernen wir nie. Warum steht nicht auch argumentative Rhetorik auf dem Stundenplan – so wie es in England seit 200 Jahren zum guten Ton gehört? Die negativen Erfahrungen mit Propagandareden im Naziregime hätten uns ein Warnschuss und gleichzeitig Anlass für die verstärkte Förderung der demokratischen Redekultur sein müssen – nicht deren Aussparung. Beim Debattieren geht es darum, *wie* wir denken, und nicht, *was* wir denken. Es geht nicht darum, zu sagen, dass einer Recht hat und der andere Unrecht. Es geht nicht darum, die absolute Wahrheit zu finden oder sie für sich in Anspruch zu nehmen, sondern sich ihr zu nähern dadurch, dass man zwei Seiten von ihr betrachtet. Es ist das intellektuelle Spiel von *checks and balance* des gesprochenen Wortes, keine Suche nach Dogmen. Ein diskursives Gespräch zwingt, die Argumente der gegnerischen Seite aufzugreifen und dadurch Toleranz und Verständnis für die Gegenposition zu entwickeln. Und es ist gerade nicht das Produzieren von Wortblasen und das Herauslassen unüberlegter Geisteswinde. Im Gegenteil: Die Lautstarken werden argumentativ unter Zugzwang gesetzt, die Schüchternen bekommen ein formalisiertes Podest, von dem aus ihnen zugehört wird – wie im Parlament, mit festen Regeln und Redezeiten.

In einer Regierungsform, in der das gesprochene Wort unabdingbar ist, muss es zum kleinen Einmaleins gehören, rhetorische Tricks und leeres Gerede zu durchschauen sowie Falschinformationen sachlich zu reflektieren. Dazu gehört, sich *selbst* eine Meinung bilden zu können – davon sind wir meilenweit entfernt. Was viele unter Toleranz verstehen, ist oft nur der Mantel der Gleichgültigkeit gegenüber der Meinung des anderen und damit ein offenes Eingeständnis, gar keine Meinung zu haben. Dieses Eingeständnis gilt gegenüber Politik und Medien gleichermaßen. Erfuhren wir nicht vor einiger Zeit aus der Boulevardpresse, wie ein deutscher Sozialhilfeempfänger in Florida die Sozialkassen plündert? Schockiert hat das den trainierten Leser schon längst nicht mehr. Eher bestätigt. Schlimm genug, wenn kollektiv geschürter Sozialneid den Blick auf die Sozialstaatsdebatte vernebelt. Ernst wird es aber, wenn Regierungen Schlagzeilen als Steilvorlage für Gesetzesinitiativen verstehen. Das Hauptproblem ist dabei gar nicht mal die Medienpolitik. Es ist lächerlich, wenn sich Politiker zu abhängigen Medienopfern stilisieren, denn niemand muss über jedes Stöckchen springen, das ihm hingehalten wird. Es ist vielmehr die Instrumentalisierung des Mediums, um auf den Bürger einreden zu können, die uns stören muss. Schuld ist nicht die Tröte, sondern der, der reinbläst, weil er glaubt, es sich erlauben zu können. Ausgangspunkt muss wieder der Bürger sein. Zeitungen und Rundfunkanstalten folgen nur den Gesetzmäßigkeiten des Marktes. Gebildete und aufgeklärte Bürger werden sich nicht mehr mit Plattitüden abspeisen lassen, sondern den Medienapparat unter Zugzwang setzen.

Wir dürfen das Vakuum der fehlenden intelligenten Auseinandersetzung nicht länger hinnehmen. Ich bin überzeugt: Wir brauchen dringend wieder mehr Streit in unserer Gesellschaft, erlernt in formalisierten Debatten als Ergänzung des Unterrichts. Wir brauchen eine Vermittlung von demokratischen Basisfähigkeiten – wie den rhetorischen *soft skills* –, verbunden mit der aktiven Bearbeitung von ausgewählten Politikbereichen. Politik als Sandkastenspiel muss salonfähig werden, sonst brauchen wir uns später nicht zu wundern, wenn bei jungen Menschen kein Interesse für die echte Politik vorhanden ist. Das Interesse für das Gemeinwohl könnte sich auch in der Gesellschaft bemerkbar machen. Wer sich wie selbstverständlich für die Gesellschaft stark macht, kommt auch mit seinem Nächsten besser klar. Ist das nicht letztlich auch die Geburtstätte der Zivilcourage? Wer gelernt hat, strittige Positionen zu vertreten und vor Menschen zu sprechen, dem fällt es leichter, sich im Supermarkt oder in der U-Bahn in Konflikte einzumischen, anstatt wegzuschauen. Wäre es letztlich ganz ausgeschlossen, wenn über den Umweg der Schule wieder mehr Kultur und solidarischer Umgang in die vom Staat losgelösten Bereiche, wie Nachbarschaft, Ehe, Familie und Freundschaften, hineingebracht werden würde?

Wann, wenn nicht jetzt? Oder: Die beste Zeit, um umzudenken, war gestern

Wenn sich Gemeinsinn im Betrieb darauf beschränkt, eine gemeinsame Kaffeekasse in der Abteilung einzurichten, dann stimmt etwas mit den Strukturen nicht. Keine dezidierte Meinung zu haben gilt als chic, sich zu enthalten zählt schon als Meinungskundgabe und kaschiert nur vornehm politisches Unvermögen und Nicht-Wollen. Wer sich engagiert, wird schief angeschaut, es gilt als Wichtigtuerei, sich aktiv zu Wort zu melden, »da spielt wieder jemand Politiker«. Wir müssen uns wieder auf die Grundlagen des demokratischen Diskurses besinnen. Die hier vorgestellten Gedanken mögen weder revolutionär noch gänzlich neu erscheinen. Aber ist unser Problem wirklich der Mangel an Innovationen? Mit der EU wurde ein Staatenverbund *sui generis* gegründet, wir können heute im Internet Zeitungen aus der ganzen Welt lesen, und bald werden wir Politiker per Mausklick wählen und abwählen. Unser Problem ist der Umgang mit diesen Innovationen, weil wir die Grundlagen der Demokratie vernachlässigt haben. Echte Demokratie ist nur unter Menschen mit gleichem Bildungszugang, gleichen sozialen Fähigkeiten und gleichem Partizipationsdrang möglich. Wir können es schaffen, über die Vermittlung demokratischer Basiskenntnisse zusammen mit der Öffnung des Staats- und Parteienapparates politisches Engagement zu initiieren oder zumindest den Nährboden dafür zu schaffen. Für Engagement ist kein Zuckerl nötig, sondern die Bildung einer innerlichen Motivation. Engagement ist die Voraussetzung für ein Gemeinschaftsgefühl, das wiederum Voraussetzung für einen respektvollen Umgang mit unserem Mitmenschen ist – niemand kann sich an die eigene Schulter lehnen.

Tief im Inneren ist der Mensch der Gesellschaft zugeneigt. Doch das *zoon politicon* in uns will auch Nahrung erhalten. Der Idealismus der jungen Jahre, die kindliche Leichtfüßigkeit und der Glaube, dass die Welt veränderbar ist, lösen sich irgendwann in alltäglichen Verpflichtungen auf, vergessen zwischen Matheklausur und Geschichtsreferat, zurückgestellt hinter Chefbesprechung und Geschäftsreise, verschlafen nach der Spätschicht in Altenheim, Krankenstation oder Gaststätte. Selbst wer mit 14 noch Pläne gegen den Hunger in der Welt hatte, will mit 54 oft nicht mal mehr im Elternbeirat der Schule seiner Kinder Geld für den nächsten Ausflug organisieren. Wenn Krankenhausärzte im Anschluss an ihre normale Arbeitszeit noch »ehrenamtlich« auf Station bleiben sollen, so liegt das nur zum Teil am beruflichen Ethos und Idealismus dieser Berufsgruppe. Wann soll nach einer 60-Stunden-Woche der Aufstand organisiert werden? Und mit wem, wenn alle anderen Kollegen gerade Schicht haben? Arnulf Baring wäre bei uns wahrscheinlich ziemlich einsam auf den Barrikaden. Aber liegt der Fehler wirklich im System? Wir leisten uns gesamtgesellschaftlich gesehen mit die kürzesten Arbeitszeiten, die längsten Ferien und die beste soziale Versorgung und bekommen trotzdem den Hintern nicht aus dem Sessel. In Amerika sind fast 50 Prozent der Bürger gesellschaftlich aktiv. Es ist die Geisteshaltung, die wir ändern müssen.

Die heute 15- bis 30-Jährigen müssen sich entscheiden, ob sie sich dieser Gesellschaft anpassen wollen, oder umgekehrt. Wollen wir nur die Segel nach dem Wind richten, oder setzen wir uns selbst ans Ruder? Wollen wir nur die Weichen stellen, oder nicht doch lieber gleich neue Gleise verlegen? Inaktiv sind wir ganz und gar nicht: Aktive Mitgliedschaften in gemeinnützigen Vereinen, gesellschaftlichen Verbänden und konfessionellen Gruppen sprechen eine deutliche Sprache, selbst wenn nur drei von 100 in einer politischen Partei mitmischen. Viele sind es leid, sich auf der Spielwiese Jugendorganisation auszutoben, nur um dann irgendwann ohne Drive und Visionen ans Ruder gelassen zu werden. Politik muss wieder auf die Agenda kommen, ohne dass man sich dafür schämen muss. Wirtschafts-, Außen- und Arbeitsmarktpolitik bieten genug Zündstoff und sind mindestens genauso spannend wie das Züchten von Kaninchen oder das Betreuen von Topfpflanzen. Doch das Unruhepotential von uns jungen Leuten ist erschreckend gering. Die Generation nach 68 ist angepasst und abgetörnt. Die einzige Rebellion gegen die Eltern scheint darin zu bestehen, sich den Hemdkragen des Polo-Shirts hochzuklappen – die gleichen Klamotten tragen wir ja schon. Wir brauchen eine Neuordnung von Strukturen, Prozessen, Institutionen. Wer nur in die Fußstapfen anderer tritt, wird nie jemanden überholen. Wir müssen Demokratie neu begreifen. Ich behaupte: Wir haben Demokratie nie richtig gelernt. Dazu gehört weit mehr, als wir bisher darunter verstanden haben. Es ist höchste Zeit, eingefahrene Wege zu verlassen. Oder wie der amerikanische Dichter Robert Frost wusste: *»Two roads diverged in a yellow wood and I, I took the one less travelled by, that made all the difference.«* Wann fangen wir endlich an, den Staat funktioneller zu betrachten? Schließlich ist er für uns da und nicht umgekehrt. Wir sind immer noch Entwicklungsland, was Transparenz angeht, und Weltmeister in der Eigenverwaltung. Der Blick auf das große Ganze ging vor lauter Spezialregelungen verloren. Zusammen mit Bildung und gelernter Demokratie könnten wir Rousseau gerecht werden, der verlangte: »Es muss alles ans Licht der Öffentlichkeit gezerrt werden, und siehe, es wird wahr.« Ich bin überzeugt: Wir brauchen eine neue Aufklärung, eine Synthese aus Bildung und Mobilisierung zu aktiver Wahrnehmung von Rechten.

Ob Cicero unserer Regierungsform wohl noch den Stempel der Demokratie aufgedrückt hätte? Kaum mehr als die Hälfte der Wahlberechtigten wählen, geeignete Personen suchen das private Glück im Winkel, der Bürger hält sich vornehm aus der Politik raus, mächtige Lobbyisten und Verbände beeinflussen offen und ungeniert politische Entscheidungen und die Deutschland AG ist eine Oligarchie verknöcherter, alter Männer.

»Unsere Demokratie ist reformbedürftig«, zumindest das haben wir erkannt.

Cicero hätte es wohl härter ausgedrückt: »Diese Regierungsform ist entartet.«

Der Verlust des Patriarchen

Von Simone Labonté

FAMILIE ALS SOZIALE EINHEIT. Mit dem Vater als Oberhaupt. – Wann war das gleich? – Gemeinnütziges Engagement. Mütter in Ehrenämtern. – Wozu? – Was in den Familien der Vergangenheit, in Vereinen oder in der Religion gepflegt und gefördert wurde, hat bei den jüngsten Generationen nur noch selten eine Bedeutung. Bedeutung haben GZSZ und DSDS. – WTC, WTO oder WHO. – Was machen die für Musik? – BSE und SARS sind schon wieder vergessen, da nimmt Orwells »1984« zum vierten, oder ist es schon das fünfte Mal?, Gestalt an. Irgendwo in einem Container, beobachtet von der Welt, wissen Menschen nichts von der Welt. Und es scheint, als wäre es ihnen gleich. Sie leben weiter, leben dahin, leben; während draußen der Terror tobt und die Welt neu geordnet wird. – Wie damals. – Zwei Türme stürzen ein, und plötzlich ist die Welt eins, jeder Egoismus vergessen und alle sind sich einig: uneingeschränkte Solidarität mit einem Kriegstreiber. Mit einem Krieg. – Einen weinenden Gott später weiß die libride Nation: die Kollateralschäden waren notwendig. – Notwendig, um Menschen in einem kriegsgebeutelten Land Hoffnung zu geben. (Gleichzeitig überflüssig. Überflüssig, weil sich am Alltag nicht viel verändert hat. Bis auf das Regime. – Das denkt man so. Man kennt sich jetzt aus. Hat begonnen, sich für die Welt zu interessieren. Der Koran wird zum Bestseller und jeder ist plötzlich Islamkenner. Nur die gelben Stückchen vom türkischen Bäcker sind einem immer noch suspekt. Dabei weiß doch jedes Kind: Safran macht den Kuchen gel.) – Gerade wirbelt PISA den deutschen Schulstaub auf, da liest eine Shirin-Gol ihr erstes Wort, in afghanischen Staub geschrieben. Und während Reformen sich selbst zu reformieren scheinen und der Reformeifer der Reformer reformierungsbedürftig ist, meldet sich der Kriegstreiber wieder. Dieses Mal will der Rüstungsprophet Solidarität pro forma. – Darf man in einer Freundschaft kritisch sein? Kritisch gegenüber einer Intention, die nicht zu rechtfertigen ist? Die Intention, einen Machthaber zu stürzen, der über die Wiege der Menschheit gebietet. Und unter der Wiege fließt schwarzes Gold. Manche sagen noch 50 Jahre, dann versiegten die Quellen. Noch 50 Jahre, dann können die Weltmeere wieder aufatmen, und es werden keine toten Vögel mehr an den Stränden liegen. – Solidarität nicht um jeden Preis. Und schon gar nicht um den der toten Vögel. – Der Koalition der Willigen fehlt die europäische Mitte. – Die Trümmer der Zwillingstürme sind beseitigt, Pläne für eine Neubebauung schon ausgelobt, ein Diktator vergessen und im zu demokratisierenden Zweistromland tobt der Guerillakrieg, da soll der nächste Schlag die Welt erschüttern. – Terror. – Die verursachte Welle indes hat nur noch einen Bruchteil der Wellenlänge jener der Zwillingstürme. Einzig das Wissen um die Unsicherheit überall auf der Welt wird immer deutlicher. Sei es in New York, Moskau, auf Bali, in Ägypten, in Casablanca, Madrid oder immer wieder in Israel bzw. Palästina … wenn das Menschenleben, das den Humanisten, was die Humanen alle sein wollen, doch so wertvoll ist, eingesetzt wird, ist der Mensch machtlos. Der Mensch machtlos gegen den Menschen. – Märtyrer für Allah. – Martyrium. –

Vermeintlich. – Vielleicht tatsächlich die einzig wirksame Waffe gegen die Ignoranz auf dieser Welt. – Und Allah sendet Zeichen. – Zeichen, wie das Zusammenbrechen von Wahrzeichen. Wahrzeichen des Kapitalismus. – Und der Mensch begreift die Zeichen. – Begreift sie als Aufforderung, sich aufzuraffen und Solidarität zu beweisen. – Das Ende der Spaßgesellschaft? Vielleicht. Der Beginn von globaler Verantwortung? Wer weiß. – Osama sei Dank! In den Katastrophen liegt die Kraft. Katastrophen wie einstürzende Neubauten. Katastrophen aus Hoffnungslosigkeit, die zu Amokläufen führt, Katastrophen durch reißende Fluten, die Existenzen zerstören. Solche Katastrophen sind es, die mobilisieren, was totgeglaubt: Solidarität. Solidarität inmitten Individualismus und Egoismus. – Schlafend. – Schlummernd. – Lauernd. Bereit, im entscheidenden, richtigen Augenblick auszubrechen. Jetzt wird jeder zum Gutmenschen. Und spendenbereit. Spendenbereit für die Medien, die auf diesen Moment nur gewartet haben. Dankbar für jede Katastrophe, ergreifen sie die Gelegenheit und spielen soziales Gewissen. Soziales Gewissen der Gesellschaft. Spendenmarathone erzielen Rekordzahlen, und mit geringem Einsatz wird einem das Gefühl vermittelt, auch was getan zu haben. Und wer wirklich alles richtig machen will, schafft sich ein Patenkind in der Dritten Welt an. – So egoistisch kann die Gesellschaft also gar nicht sein. – Theoretisch. – Überhaupt, was meckern denn alle am Egoismus herum? Waren nicht persönliche Freiheit und damit das Tor zur Selbstverwirklichung Ziel der Gesellschaft? Und da hat niemand den Egoismus vorausgesehen? – Hat man ihn nicht gerade mit dem Individualismus heraufbeschworen? – Vielleicht ist es an der Zeit, sich selbst in Frage zu stellen. Sich selbst und seine Ziele. Vielleicht haben ja Osama und Co. Recht und unsere Gesellschaftsordnung ist nicht die richtige. Vielleicht sollten sich Frauen wirklich nicht mehr zeigen dürfen. Keine Rechte haben. – Sauber geschlechtergetrennte Geselligkeit. – In der freien Wirtschaft arbeitende Frauen vernichten ohnehin nur Arbeitsplätze. Also warum nicht zurück zum Patriarchat? – Patriarchat! Ein Unwort für jede Frauenrechtlerin. Ein Wort für eine Gesellschaftsordnung, die selbst gestandene Frauen von heute noch in Rage bringt. – Gottlob sind diese Zeiten vorbei! Sagt Frau. – Gleichberechtigung steht auf dem Programm. – Kampfansagen strickender Feministinnen im Bundestag sind längst Wirklichkeit geworden. – Ohne Krieg. – Frauen brauchen keinen Krieg. – Männer jagen, kämpfen und versorgen den Clan. (Im Verlauf der Geschichte bleibt ihnen immerhin die Versorgung – Jagd und Kampf werden zu Spiel und Sport). Frauen kochen, gehen in die Kirche, erziehen Kinder. – Die drei Ks. – Seit Menschengedenken! – Vergangenheit! – Endlich! – Und genau genommen ist die Kirche schuld. Hätte die Kirche nicht die Kreuzzüge angezettelt, wäre es wahrscheinlich nicht zu Humanismus und Renaissance gekommen. Jedenfalls nicht zu diesem Zeitpunkt. Wissen und Kultur aus fremden Welten sowie Handel mit fernen Ländern hätte es womöglich nie gegeben. – Und nie den Aufbruch in neue Zeiten. – Neuzeit. – Eine wunderbare Kettenreaktion wird in Gang gesetzt. Ein neues Denken führt ins Zeitalter der Erfindungen und Entdeckungen. So wie zur Innovation des Jahrtausends: Gutenbergs Buchdruck mit beweglichen Lettern. (Außen vor, dass China schon einige Jahrhunderte vor Johannes Gensfleisch aus Mainz mit beweglichen Lettern aus Holz arbeitete.) Der fortan mögliche, preiswert gewordene Massendruck von Information führt vom Humanismus über Reformation und Staatsphilosophie zur Aufklärung, die Aufklärung zu Bildung, Bildung zu Wissen, Wissen zu Erkenntnis, Erkenntnis zu Fragen, Fragen zu Forschung, Forschung zu Erfindungen, zu Entdeckungen, und diese zu Fortschritt. – Technisierung und Industrialisierung sind nur eine Frage der Zeit. – Die Technisierung vieler alltäglicher Aufgaben hat Freiräume geschaffen. Immer bessere alltagsunterstützende Erfindungen, immer ausgeklügeltere Haushaltshilfen, immer interessantere

Produkte der Lebensmittelindustrie und nicht zuletzt die Mobilität, seit Erfindung der Dampfmaschine, haben Freiräume geschaffen. – Der Fortschritt also. – Der Fortschritt hat Freiräume geschaffen. – Besonders den Frauen. Freiräume, die anderweitig genutzt werden konnten. – Waschmaschinen und Spülmaschinen als Auslöser des Geschlechterkampfes? – Henkel und Nestlé Förderer der Emanzipation? – Sogar die Politik hat sich um die Schaffung von Freiräumen bemüht. – Damals. – Freiräume, in denen die Marktwirtschaft angekurbelt werden soll. – Die Gewerkschaften Begründer der Konsumgesellschaft? – Fortschritt. – Freiräume. – Marktwirtschaft. – Konsum. – Die geschaffenen Freiräume müssen gefüllt werden. Gefüllt mit Sinn. – Mit Unsinn. – Freizeit(industrie). Unterhaltung(sindustrie). – Die Gesellschaft hat sich verändert: weg vom Patriarchat zur heutigen wohlstandsverwöhnten, konsumierenden Individualgesellschaft. Frauen besetzten Männerberufe, wollten Männersport treiben, eroberten Männerdomänen. Kfz-Mechanikerinnen und Frauenfußball. Selbst die Freimaurer mussten zusehen, wie erste weibliche Logen entstanden. – Und mit der Eroberung der Männerwelt verloren die Frauenaufgaben mehr und mehr an Bedeutung. Aufgaben wie Haushalt, Kindererziehung und soziales Engagement. Die Großfamilie, im fortschrittsarmen, nicht technisierten Mittelalter noch eine Notwendigkeit, um überhaupt alle anfallenden Aufgaben bewältigen zu können, ist überflüssig. Die Arbeitsteilung nicht mehr notwendig. Einkochen, kochen, waschen, nähen, all das können heute Maschinen erledigen, und für wenig Geld kann man schließlich das fertige Produkt kaufen. Und Energie gibt's aus der Steckdose. Die Wälder weichen nur noch dem Verkehr. Oder Wissen. – Wissen auf Papier. – Mit dem Verlust der Großfamilie gerät ein wichtiges Glied der Gesellschaft in Bedrängnis. – Die Alten! – Früher in der Familie aufgefangen und von den Jüngeren zusammen mit den Kindern versorgt, wenn krank und schwach, müssen sie heute immer häufiger ihre letzten Tage bis zum oft leidvollen Ende in Alten- und Pflegeheimen fristen. Je nach Vermögen und Charakter nicht immer das schönste Dasein. – Und wo keine Zeit und kein Raum mehr für die Alten ist, passen auch Kinder immer weniger in den Lebensplan von Lebens(abschnitts)partnern. Und das alles nur, weil die Frauen die Gleichberechtigung, und damit die Möglichkeit zur Selbstverwirklichung wollten. – Gleichberechtigung! – Längst keine Kampfansage mehr. Mit den Erfahrungen aus zwei technisierten Kriegen, an denen die ganze Welt teilnahm (wenigstens jene Teile, die zu dieser Zeit von wirtschaftlicher Bedeutung waren), vollzog sich der gesellschaftliche Wandel. Der Wandel zu einer gleichberechtigten und damit gerechteren Gesellschaft. – So hoffte man. – Gleichberechtigt mit einem starken Hang zur Toleranz. – Toleranz anstelle von Massenvernichtung. – Globalisierung anstelle von Nationalisierung. Und die Medien, ohne Gutenberg nicht denkbar, tun das Ihre zur Verbesserung (?) der Welt. – Zu einer Welt im Wachstum. – Wachstum! – Wachstum auf Kosten der sozialen Gesellschaft. – Auf Kosten der Armen in dieser Welt, die dafür zahlen. Die mit Pfenniglöhnen dafür zahlen, dass hierzulande Gehaltserhöhungen, Urlaubs- und Weihnachtsgeld gezahlt werden können. Die mit zwölf Stunden Arbeit dafür zahlen, dass hierzulande nach 7,6 Stunden Feierabend sein kann. Die mit Kinderarbeit dafür zahlen, dass hierzulande Kinder nicht arbeiten müssen. Sie zahlen dafür, dass sich hierzulande eine Wegwerfgesellschaft in einer Discountwelt über Geiz definieren kann. Das Ganze nennt man dann Globalisierung. Klingt irgendwie kosmopolitisch. – International will man sein. Multikulturell. Will die ganze Welt kennen. Will tolerant sein. Man ist jetzt Weltbürger. – Leben und leben lassen. Die Kirche lässt man im Dorf. Oder besser: Im Dorf zurück. Man braucht keine Kirche mehr. Was man über Moral wissen muss, weiß man, ist überdies theoretisch ein besserer Mensch als andere, denn man ist toleranter. So tolerant, dass man sich für andere gar nicht mehr interessiert. Interessiert ist man nur noch an sich selbst und der persönlichen Entfaltung. Seit der Bildungsdebatte ist klar: Dem Nachwuchs fehlt die soziale Kompetenz (ganz abgesehen von all den anderen Kompetenzen). – Soziale Kompetenz im Kapitalismus? – Kapitalismus braucht Ellenbogen. – Ellenbogengesellschaft. – Egoismus. – Egoismus gleich Individualismus. Individualismus contra Kommunismus. Und Kommunismus ist nicht mehr zeitgemäß. Eine gescheiterte Erscheinung einer ideologisch verblendeten Generation der Vergangenheit. Heute weiß man es besser. Heute weiß man. – Weiß aus den Medien. – Weiß alles. – Alles besser. – Über Politik, über Geschichte, über Kultur, Wissen, Bildung. Die Medien bilden. Vermitteln Wissen. Präsentieren Kultur. Lassen Geschichte auferstehen. Lassen Politiker sich selbst inszenieren. Die Medien machen Meinung. Und Meinung ist subjektiv. Subjektiv ist egoistisch. Und Egoismus führt zu Millionen. – Manchmal. – Und potentielle Millionäre fragen sich: Wer ist ein Menschenfreund? a) Der Philosoph, b) der Philanthrop c) der Philatelist oder d) der Philologe. Man ist sich nicht sicher, nimmt die 32000 € und geht nach Hause. Aus der Traum von den Millionen. Aber ein neues Auto ist drin. Vielleicht sogar eine Reise in ein Land, wo alles anders ist. So anders, dass man nach Hause kommt und bei einem guten Glas Wein einen Spendenschein ausfüllt. Dann lehnt man sich beruhigt in seinen Sessel zurück und leidet mit den Protagonisten des romantisierten Elends. – Hollywood. Ja da will man auch noch mal hin. – Irgendwann. – Vielleicht beim nächsten Quiz. Bis dahin ist noch ein wenig Geld übrig. Ein wenig Geld zum Konsumieren. Was darf es sein? Etwas zum Anziehen? Eine CD? Vielleicht ein neues Computerspiel? Oder ein neues Mobiltelefon? (Mit Funktionen, über die das alte noch nicht verfügte.) – Eine digitale Kamera? Die analoge ist längst out. Und Papierabzüge kosten so viel. – Oder wie wäre es mit einer digitalen Videokamera. So was hat man sich schon immer mal überlegt. Ein Laptop wäre auch nicht schlecht … – Wie gut, dass man schon Kinder hat, da findet sich immer etwas, was man noch kaufen kann. – Wie gut, dass man noch keine Kinder hat, sonst müsste man denen was zum Anziehen kaufen. Oder was zum Spielen. Etwas, was sie noch *nicht* haben. – Kinder passen nicht in den Lebensplan. – Noch nicht. Demographischer Faktor hin oder her. Sollen doch die anderen die Renten sichern. – Renten! Was kümmern einen die Renten. Man ist noch jung. Jung und dynamisch. Erfolgreich. – Oder jung und arbeitslos? – Was soll's. Die da oben werden schon wissen, was sie tun. – Politik? – Langweilig. – Wen wundert's? Die Politiker. – Warum? Weltfremd. – So weltfremd, dass sie nicht erkennen, wie desillusioniert junge Menschen sind. Desillusioniert und frustriert. Frustriert, weil ohne Perspektiven. Immer häufiger hört man von Gewalttaten junger Menschen. Die Gewaltbereitschaft unter Jugendlichen nimmt zu. – Unaufhaltsam. – So meint man, wertet man die Medien aus. – Plötzlich mutieren Schüler zu amoklaufenden Monstern. Da fragt man sich doch: Was ist schief gelaufen? Was ist falsch an dem System, auf das man so lange hingearbeitet hat. – Ist es der Individualismus? – Macht Individualismus einsam? – Verbittert? – Schürt er Hass? – Ist die Kleinfamilie folglich nicht das richtige Modell für eine funktionierende Gesellschaft? – Fehlt die Großfamilie? – Gerade erst hat man die alten Werte über Bord geworfen, da sollen sie plötzlich wieder her. Man will erkannt haben, dass zu viel Toleranz auch nicht das Wahre ist. – Die Toleranz verkommt zu Ignoranz. – Selbstverwirklichung wird zum Deckmantel für gelebten Egoismus. – Während Jugendliche noch immer den Traum von der perfekten Beziehung träumen, wird langsam deutlich, der Gesellschaft kommt die Kompromissbereitschaft abhanden. – Auf beiden Seiten. Männer haben nie gelernt, Kompromisse einzugehen, schließlich mussten sie jagen, kämpfen, versorgen. Und die Frauen? Sie wollen keine Kompromisse mehr. – Kinder, Küche, Kirche? – Ein klares: Nein! – Ohne Kompromiss! – Logische Konsequenz: Das Scheitern von Ehen! Und gegenwärtig noch nicht einmal mehr das. – Das Scheitern von Beziehungen. Oder besser: Das Ende von Lebensabschnitten mit jeweiligen Lebensabschnittspartnern. – Allein erziehend? Na und? – Kompromissunfähig in allen Bereichen. Und die Politik macht es vor. Widerspruch aus Prinzip. – Eine Politik, die sich selbst zermürbt. – Wahlkampf ohne Ende! – Alle wissen: So kann es nicht weitergehen, doch anstatt an einem Strang zu ziehen, legt man sich gegenseitig Steine in den Weg. Baut Barrikaden auf. – Und der Wahlkampf geht weiter. – Man weiß ja: Der ewige Kreislauf regelt früher oder später alle Probleme. Auf die ein oder andere Weise. – So, wie auf magere Jahre immer irgendwann fette folgen, so zwangsläufig ist es auch umgekehrt. Und in Krisenzeiten rücken die Menschen wieder zusammen. – Warten wir also auf die nächste Krise!? – Aber ist die nicht angeblich schon da? – Wachstumsschwäche, Rezessionsgefasel, Rentenangst und Bildungsabsturz ... nicht alles Krisenzeichen? – Zeichen von Allah? – Vielleicht *die* Chance, wieder Gemeinschaft zu pflegen! – Wo ist Osama, der uns zeigt, wo's lang geht? – Wenn wir nicht schon mitten in der Krise stecken, man aber die Solidargemeinschaft am Ende wähnt, vielleicht sollte man dann eine echte Krise simulieren. – Inszenieren! – Aber wie viele sind es, werden es sein, die sich von der Couch daheim erheben und rausgehen, ihre Solidarität zu demonstrieren? Wie damals. Beim Niedergang des WTC. – Ist es nicht viel bequemer, zum Telefon zu greifen und irgendeinen Betrag für irgendwelche Organisationen zu spenden, von denen man nicht weiß, ob sie das Geld auch wirklich weiterleiten? – Solidarität vom Sessel aus. Sofern man genügend übrig hat. *Nach* dem Konsumrausch. – Konsumsucht. – Man ist auf Turkey. Was als Nächstes kaufen? – Schnäppchenjagd! – Billig muss es sein. Preiswert reicht auch. Es ist nach Ladenschluss. Woher was kriegen? – Drei – zwei – eins – meins. – EBAY! – (Vorausgesetzt man ist online, hat also einen Computer; aber seit Aldi 97 schwindet die Zahl der Nichtvernetzten ja Gott sei Dank.) Ja was wäre die Welt von heute ohne Ebay. – Es gibt alles. Mal billiger, mal aber auch nicht. Der Spieltrieb wird mobilisiert. Powerseller verkaufen in der Grauzone, machen Gewinne! – Verluste? – Ebay! – Wieder eine Geschäftsidee, die es geschafft hat. – Eine von vielen. – Eine, die überlebt hat. – Eine der wenigen. – Wie die wunderbare Idee der Discountmärkte. Jede Woche ein neues Angebot. – Das dachten sich die Gebrüder Albrecht. Aldi im Norden, Aldi im Süden. – Ein Angebot an Dingen, über die man immer schon mal nachgedacht hat, die man sich aber nicht hat anschaffen wollen, weil es einem nicht wichtig genug und vielleicht auch zu teuer erschien. Jetzt aber winken die kleinen Preise. Jetzt lockt jede Woche eine neue Welt. Gerade leistbar für einen Durchschnittsverdiener. Und nur solange der Vorrat reicht. Da muss man doch zugreifen. – TCM, ein Markenzeichen? – Wenn sich eine Gesellschaft jede Woche aufs Neue ködern lässt, Dinge zu kaufen, die sie bisher nicht vermisste, kann es ihr nicht schlecht gehen. Nicht schlecht genug für Solidarität. – Solidarität mit wem eigentlich? – Angenommen, es gibt gerade keine Katastrophen, auf die man reagieren muss, will; mit wem soll man dann solidarisch sein? Solange es einem gut geht und man keine Angst haben muss, dass einem das Elend zu nah kommt, muss man überhaupt nicht solidarisch sein. – Denkt man. – Bis es einen selbst trifft. Und dann ist man glücklich, dass man in einer Solidargemeinschaft lebt. Einer Solidargemeinschaft, in der *die Elenden* aufgefangen werden. – Dann ist man froh, Steuern und Abgaben gezahlt zu haben. – Froh, dass die anderen noch zahlen. – Indes, diese Solidargemeinschaft bröckelt. – Droht zu zerbrechen an der mangelnden Bereitschaft zur Solidarität in Tatkraft. – Ohne große Katastrophen vergisst man die kleinen Schicksale. – Einzelschicksale. – Man verdrängt, dass man helfen könnte, würde man nicht gerade konsumieren. Man trägt das Geld lieber zu

Konzernen, die ohnehin genug haben, und meint durch den Konsum auch noch Gutes zu tun. Man fördert ja das Wachstum. Sichert Arbeitsplätze. Außerdem verschafft Konsum Befriedigung. Macht glücklich. Und man hat was davon. Was Bleibendes. – Dass die Arbeitsplätze oft in Asien liegen, wo Kinder zu Hungerlöhnen Spielzeug für andere Kinder fertigen, Spielzeug, das sie sich selbst nie werden leisten können, verdrängt man. So, wie man verdrängt, dass man durch das Wachstum lediglich die Reichen noch reicher macht. Und das weltweit. – Man braucht keinen Club of Rome, um zu erkennen, dass Wachstum Grenzen hat. – Immer weniger Konzerne teilen die Welt unter sich auf. – Die Kluft zwischen Arm und Reich wächst. – Und während die Politiker daran verzweifeln, woher sie das Geld zur Sicherung der sozialen Systeme nehmen sollen, wandern die Reichen ab, um ihr Vermögen zu sichern. – So viel zum Thema Vermögenssteuer. – Man wird sich damit abfinden müssen, dass sich, solange weltweit nicht die gleichen (Steuer-)Gesetze herrschen, Menschen immer den für sie steuergünstigsten Platz aussuchen. Das bedeutet, dass die Haupt-Steuerlast immer auf der Masse ruhen wird. Also auf den Kleinverdienern und dem Mittelstand. – Und trotzdem kann man die Reichen nicht verurteilen. Sie haben getan, was jeder tun würde, wenn er könnte. Sie haben ihr Vermögen vermehrt und sind daran interessiert, es zu schützen. – Der Börsenhype vor der Jahrtausendwende hat gezeigt, wie euphorisch sogar Normalverdiener plötzlich sein können, wenn ihnen das große Geld vorgerechnet wird. Mit Dollarzeichen in den Augen katapultierten sich risikofreudige Kleinanleger in Scharen selbst in den finanziellen Ruin. – Den Reichen kann man das nicht anlasten. Sie tun, was alle in ihrer Situation tun würden. Sie nutzen Chancen. Und sie nutzen die Schlupflöcher, die das System ihnen bietet, um der Steuerlast zu entfliehen. – Die bösen Reichen! – Warum nur ist man immer wieder geneigt, die Reichen zu den Buhmännern wirtschaftlicher oder sozialstaatlicher Krisen zu machen? Gäbe es die Reichen nicht, wäre die Welt womöglich noch ein ganzes Stück elender dran, denn nicht selten ist es dem Steuervorteil bei Spenden (Parteispenden bewusst ausgenommen) zu verdanken, dass Armen, Kranken und anderen Hilfsbedürftigen immense Gelder zufließen. Im Gegensatz zum Normalbürger können hier gerade die Reichen finanziell etwas bewegen. Und viele tun es, auch wenn sie nicht darüber sprechen. Täten sie es, würden immer mehr um Hilfe betteln. Ihre Namen findet man dafür auf Stiftungsanschlägen. Oder auf Listen von Wohlstandsveranstaltungen. – Reich, berühmt und hilfsbereit. – Und manchmal sieht man sie vor laufender Kamera in fremden Ländern Not lindern. – Tatkräftig Not lindern. – Not, von der man hierzulande nicht einmal eine Ahnung hat. – Also wer spricht da von Egoismus ohne Bereitschaft zur Solidarität? – Vielleicht könnte man Solidarität in Zukunft sogar entgegen aller anarchischen Horrorszenarien wieder im gesellschaftlichen Alltag etablieren, wenn man nur in ein neues Verantwortungsbewusstsein investierte. Die Solidaritätsbereitschaft existiert. – In allen Generationen, in allen Schichten. – Gleichberechtigt. – Der Eigenantrieb wird allerdings nicht reichen, die schlummernden Ressourcen zu wecken. Will man nicht erst die nächste Katastrophe oder Krise abwarten, muss man die Bereitschaft zur Solidarität anerziehen, also von unten aufbauen. – Würde man zum Patriarchat als Gesellschaftsordnung zurückkehren, würden sich vielleicht alle Probleme von alleine lösen. Männer würden die berufsverirrten Frauen aus *ihren* Domänen verdrängen, und die gute alte Ordnung wäre wieder hergestellt. Die so arbeitslos gewordenen Frauen müssten nun ihre Zeit irgendwie anders sinnvoll füllen. Dies würden sie ganz sicher, ihrem kontaktfreudigen Naturell gemäß, in Form von sozialem Engagement tun. Wäre der Mann also wieder der alleinige Versorger der Familie und die Frau lediglich noch für die Erziehung zuständig, müsste man sich keine Sorgen mehr um die Solidarität innerhalb der Gesellschaft machen. Der Gesellschaft der Zukunft. Man müsste die Frauen zwar erst einmal wieder für die neuen, alten Aufgaben schulen, aber anschließend wäre alles in bester Ordnung. – Da das Patriarchat indes, solange Frauen mitzureden haben, nur noch Utopie und Hirngespinst männlicher Tagträume ist, müssen andere Lösungen für das Problem gefunden werden. – Das Problem einer finanzierbaren, funktionierenden Solidargemeinschaft. Und wo könnten soziales Gewissen und Verantwortung für die Gesellschaft besser ausgebildet werden als in den Bildungseinrichtungen des Staates? – Hier liegt eine wahrhaft große Aufgabe für die Politik. Insbesondere die Bildungspolitik der Zukunft.

Die Bildung ist schon länger ins Visier der Reformer geraten und PISA hat bestätigt, was seit Anfang der 1990er Jahre vermutet wurde: Veränderungen im Bildungssystem sind dringend erforderlich. Der Reformprozess hat längst begonnen, da werden erste Zweifel wach, ob wirklich alle Ziele erreicht werden können. Allzu gern wird der Faktor Mensch übersehen. – Übersehen, über so hochtrabenden Zielen wie lebenslanges Lernen, Qualitätssicherung im internationalen Wettbewerb, Förderung von Chancengleichheit und neuer Lern- und Lehrkultur. In den Leitsätzen eines Gremiums, das eigens für die (von 1999 bis 2002 ausgesprochenen) *Empfehlungen* zur Bildungsreform geschaffen wurde, eines Gremiums, das sich Forum Bildung nannte, fand man die Forderung nach Schlüsselkompetenzen. Schlüsselkompetenzen wie Medienkompetenz, naturwissenschaftlich-technische Kompetenz, Sprachenkompetenz und soziale Kompetenz. Was bis heute von all den Forderungen und Empfehlungen umgesetzt werden konnte, ist unklar. Die sozialen Kompetenzen wahrscheinlich eher nicht, sonst würde das Elend trotz der gegenwärtig vermeintlichen Krise abnehmen anstatt zunehmen. – Wie aber muss man Erziehung, staatliche Erziehung dann verändern? – Was passiert in der Erziehung? – Die Erziehung des Nachwuchses einer Gesellschaft, in der das Individuum über der Gemeinschaft steht, sollte gesteuert werden. – Die Gesellschaft der globalen Zukunft ist angehalten, tolerant, nicht aber ignorant und gleichgültig zu sein. – Oder will man das Phlegma eines Großteils der Gesellschaft von heute kultivieren? – Ein Phlegma, das nicht zuletzt durch die Reizüberflutung und Konsumüberschüttung hervorgerufen wird. – Der Mensch der Zukunft muss sich über seine globale Verantwortung im Klaren sein. Nur so können in Zukunft Probleme gelöst werden. – Die Probleme der Zukunft. – Erziehung beschränkt sich nicht allein auf die Vermittlung von Wissen oder Werten, sie gibt auch Traditionen und Gewohnheiten weiter. Traditionen und Gewohnheiten, die von der erzogenen Generation weitergelebt und ihrerseits weitergegeben werden. Diese Tatsache *muss* als Grundlage der neuen Bildung angesehen werden. Vielleicht sollte man schon Heranwachsende auf die immer schwieriger zu bewältigende Aufgabe Erziehung vorbereiten. Wenn man also schon über neue Lehrpläne nachdenkt, könnte man über ein Fach »Familie, Erziehung und Gesellschaft« nachdenken. – Die Ganztagsschule wird gerade flächendeckend eingeführt, da könnte doch jeder das Seine dazu beitragen, die neue Erziehung zu gestalten. Das wäre doch *die* Gelegenheit, Gemeinschaftssinn auszubilden. – Gemeinschaftssinn, indem man ein längst vergessenes Schulmodell bemüht: jahrgangsübergreifendes Lernen und Lehren. – Die Älteren könnten die Jüngeren unterstützen. – Man könnte so genannte Patenschaften einrichten, wobei ältere Schüler sich um jüngere kümmern müssten. – Ähnliche Patenschaften könnte man für alte Menschen in Alten- oder Pflegeheimen etablieren. Schülern könnte die *Aufgabe* gestellt werden, sich sozial zu engagieren. – Wo, wenn nicht in der Schule, könnte man Solidarität wieder in die Köpfe pflanzen? – Solidarität trainieren. – Und wer weiß, vielleicht würde man dadurch sogar Schulmuffel und notorische Schwänzer, denen bislang vielleicht nur eine anspruchsvolle Aufgabe gefehlt hat, wieder zur Schule motivieren können. – Vorausgesetzt, sie wachsen mit dieser Aufgabe vom ersten Schuljahr an auf. – Für das Gelingen einer so gearteten Bildungsreform wäre es hilfreich, wenn auch aus den unteren Schichten Reformansätze zur Bildungsreform beigetragen würden. Gerade das Interesse dieser Schichten wäre ein erster Schritt zur Verringerung der sozialen Kluft zwischen den einzelnen Schichten. (Und immer wieder Kant: Der Weg des Menschen aus seiner selbstverschuldeten Unmündigkeit. – Mündige Bürger sollten mündig handeln. Mündig Verantwortung zeigen, für sich und den Rest der Welt. Darin eingeschlossen ihr Nachwuchs.) Hier ist nun auch die größte Macht im Staate aufgefordert, aufzuklären. Hier müssen die Medien ihren Teil dazu beitragen, Interesse zu wecken. Sie müssen informieren und wachrütteln. – Die Medien und ihre Publikumslieblinge. – Wenn Bildungseinrichtungen, Familien (oder das, was noch davon übrig ist), Medien und Politik dann zusammenarbeiten, ist eventuell sogar in einer scheinbar egoistischen Individualgesellschaft tatkräftige Solidarität möglich. – Solidarität, nicht nur auf Spendenüberweisungen. – Solidarität, nicht nur mit den Opfern außergewöhnlicher Umstände oder einmaliger Katastrophen, sondern Solidarität im Alltag. – Solidarität mit den schwächsten Gliedern dieser Gesellschaft: Alten, Kranken, Behinderten und Hilfsbedürftigen. – Oder will man vielleicht doch einfach nur auf die Terrorpropheten Osama und Co. hoffen? Hoffen und warten! – So lange, bis das gelobte Land importiert und der Verlust des Patriarchen endlich wieder Vergangenheit ist.

Praktizierte Solidarität wirkt: innovativ und nachhaltig

Von Katharina und Helmuth Rose sowie einem Autorenkollektiv aus Hamburg

Was Solidarität ausmacht und wie sie gefördert wird, darüber gibt es viele Sichtweisen. Sie stellt letztlich den Konsens einer Gemeinschaft oder Gruppe darüber dar, was diese als Kollektiv erreichen will und wie ihre Mitglieder miteinander umgehen wollen.

Wir sind eine Gemeinschaft, die sich Gedanken über Solidarität gemacht hat und ihren Konsens dazu auch lebt. Und da wir meinen, dass sich Solidarität auch in unseren gegenwärtigen Zeiten, in denen eher über Werteverlust lamentiert wird, als eine Gemeinschaft tragende Perspektive beschreiben lässt, haben wir beschlossen, über unsere Erfahrungen mit Solidarität zu berichten. Damit wollen wir anderen Mut machen, darüber zu diskutieren, und wir möchten zudem mit anderen Interessierten in einen Diskurs über dieses Thema treten.

Wir: das ist eine politisch interessierte Gruppe der Bau- und Wohngenossenschaft Brachvogel eG als Autorenkollektiv. Da wir uns als soziale Praktiker verstehen, wollen wir unsere Argumentation allerdings nicht mit einem akademischen Exkurs beginnen, was unter dem Begriff Solidarität allgemein in traditionellen Gemeinschaften gemeint war oder in unserer Zeit gemeint sein könnte, um dann von einer derartigen Klärung ausgehend Vorschläge zur praktischen Förderung von Solidaritätsbereitschaft zu machen. Wir sind vielmehr der Auffassung, dass ein auf die Praxis zielendes Konzept zur Förderung von Solidaritätsbereitschaft sich mit den gelebten Intentionen einer bestehenden Gemeinschaft und deren Rahmenbedingungen auseinander setzen muss, um zu plausiblen und anwendbaren Schlussfolgerungen zu gelangen. Aus diesem Grunde haben wir die Gemeinschaft unseres Wohnprojektes, in dem wir alle leben, als Bezugspunkt unserer Argumentation gewählt.

Wir sind uns bewusst, dass unser Ansatz, an theoretischen Metadiskursen über den gegenwärtigen Wandel der Postmoderne gemessen, als praxeologisch und nicht genügend fundiert eingestuft werden könnte. Hinsichtlich dieser möglichen kritischen Haltung geben wir allerdings Zweierlei zu bedenken. Zum Ersten lassen sich kleine Gemeinschaften im Sinne von Fraktalen als Subsysteme der großen sie umgebenden Gemeinschaften auffassen, wenn sich deren Strukturen und Dynamiken ähneln. In diesem Falle ist es erkenntnistheoretisch statthaft, davon auszugehen, dass sich der Zustand ebenso wie die Weiterentwicklung großer Gemeinschaften in den kleinen Gemeinschaften spiegelt. Eine Analyse der diskursiven und praktischen Prozesse in kleinen Gemeinschaften lässt deshalb auch Schlussfolgerungen für vergleichbare Vorgänge in den größeren zu. Zum Zweiten können wir mit unserem Ansatz das grundsätzliche Problem einer sich allein oder hauptsächlich auf theoretischen Annahmen gründenden Argumentation vermeiden, inwieweit die Schlussfolgerungen für die Praxis relevant sind. Wenn wir Ansprüche an unser Zusammenleben im Wohnprojekt stellen, zeigt sich in unserem Alltag unmittelbar, ob diese Ansprüche umsetzungsfähig und handlungsleitend oder lediglich Proklamationen zur Selbstbeschwichtigung oder Schönfärberei sind.

Dass die kleine Gemeinschaft im Wohnprojekt der Bau- und Wohngenossenschaft Brachvogel eG der sie umgebenden Gesamtgesellschaft strukturell ähnlich ist, zeigen ihre Zusammensetzung ebenso wie die in ihr geführten Diskurse. Zum besseren Verständnis wollen wir beide Aspekte zunächst einmal darstellen. Wir beginnen mit der Zusammensetzung und berichten dann kursorisch über ausgewählte Diskurse im Wohnprojekt.

Die Bewohner und Bewohnerinnen des Wohnprojekts stammen aus sehr unterschiedlichen Herkunfts- und Lebensbereichen. Das gilt sowohl hinsichtlich Nationalität, Ausbildung, Beruf, Beschäftigung und Einkommen wie auch hinsichtlich Familienstand, Alter, körperlicher Verfassung und Freizeitverhalten. Auch wenn die Zusammensetzung der Bewohnerinnen und Bewohner statistisch gesehen nicht repräsentativ für die Gesamtgesellschaft ist (es gibt z.B. mehr Kinder und weniger Alte), finden sich gleichwohl die wesentlichen zur Beschreibung unserer Gesellschaft typischen Strukturaspekte wieder. Ebenso wie in unserer Gesellschaft, in der sich aufgrund ihrer Struktur unterschiedliche Erwartungshaltungen und Handlungsbereitschaften für Zusammenleben ergeben, entwickeln sich auch in der Praxisgemeinschaft des Wohnprojekts Eigendynamiken, die Auseinandersetzungen und Aushandelungsprozesse über Maßstäbe und Ansatzpunkte für Solidarität nach sich ziehen. Das wollen wir exemplarisch an drei im Wohnprojekt geführten Diskursen darstellen. Zunächst wird hier kurz über die Diskussion zu den Vorstellungen über eine Beteiligung am Wohnprojekt berichtet, danach über die Planung und Durchführung von Gemeinschaftsaufgaben und schließlich über die Vorgehensweise bei Konflikten.

Für das Wohnprojekt haben sich Menschen aus verschiedenen Gründen interessiert. Ein wichtiges Motiv ist die Suche nach längerfristig preiswertem Wohnraum. Ein anderer Grund ist der nach ökologisch hochwertiger Bauqualität. Ein weiterer ist der räumliche Kontext des Wohnprojekts: der nahe Supermarkt, die Schule und die Kindergärten nebenan, eine Bushaltestelle und ein städtischer Park an der Grundstücksgrenze. Letztlich sind es aber neben diesen sachlichen, rational nachvollziehbaren, deshalb eher »objektiv« eingestuften Vorzügen auch noch einige weitere »subjektiv« empfundene, emotional verankerte Motive, die für die heutigen Bewohnerinnen und Bewohner des Wohnprojekts ausschlaggebend zur Teilnahme waren.

Vor allem die Projektionen, mit denen das Projekt gestartet wurde, verdeutlichen sie. Sie wurden mehr »gefühlt« als programmatisch formuliert. In einem Workshop der heutigen Bewohnerinnen und Bewohner noch vor Bezug der Bauten wurden hierzu verschiedene Aussagen gemacht und aufgezeichnet. Sie lassen sich in zwei größeren Komplexen zusammenfassen.

Einer dieser Komplexe bezieht sich auf Aussagen wie »Wir wollen weg von Pfennigfuchserei – alles nur gegen Gegenleistung –, weg von Egoismus und Intoleranz, zunehmender Isolation und Kontaktarmut, weg von Missgunst, Rücksichtslosigkeit und Desinteresse an anderen Personen oder dem Sich-nicht-verantwortlich-Fühlen« und »Wir wollen Gemeinschaftssinn pflegen, in einer Nachbarschaft mit einem gesunden Verhältnis von Nähe und Distanz leben, das Zuhausegefühl auf die Gemeinschaft ausdehnen, das Wohnprojekt gemeinsam gestalten sowie Hilfsbereitschaft und gegenseitige Unterstützung zum Zuge kommen lassen.«

Wie diese Aussagen nahe legen, besteht eine der grundlegenden Projektionen der Bewohnerinnen und Bewohner darin, sich dem sich gegenwärtig ausbreitenden gesellschaftlichen Klima der »sozialen Kälte« entziehen zu wollen, in der Geldorientierung und Maximierung individuellen Vorteilszugewinns als Maßstab des Zusammenlebens gelten. Die Bereitschaft zur Solidarität erwächst somit aus dem Bedürfnis, dem Trend zur Vereinzelung, gegenseitiger Abschottung und abnehmender wechselseitiger Unterstützung in einer kollektives Handeln und Absprachen erfordernden Heim- und Wirkstätte trotzen zu wollen. Auslöser ist ein kulturelles Unbehagen, ein gefühlter Mangel an sozialer Nähe, Antrieb ist die Hoffnung, eine andere Art des Zusammenlebens zu finden. Es sind keine sehr präzisen Visionen, die diese Hoffnung speisen, sondern eher unvollkommen artikulierte Gefühle, sich auf eine Sinnsuche mit anderen zusammen einzulassen.

Der zweite Komplex der Aussagen auf dem Workshop bezieht sich auf Aussagen wie »Wir wollen weniger Rechthaberei und weniger gegenseitiges Misstrauen, wir wollen davon weg, immer alles schlecht oder nur Worte ohne Inhalte zu machen« und »Wir wollen mehr Dialogbereitschaft, mehr Mut und Fähigkeit, Dinge beim Namen zu nennen, mehr Kommunikationsbereitschaft und Bereitschaft zum Zuhören, wir wollen gemeinsam konstruktive Lösungen suchen und finden, lernen, Kompromisse zu schließen, durch verlässlichen Umgang untereinander Vertrauen möglich machen und durch Ausschöpfung der verschiedenen Fähigkeiten die gemeinsame und eigene Kreativität weiterentwickeln.«

Auch diese weitere Projektion erwächst aus einer gefühlten Mangellage, dass bei der Kommunikation heute Informationen immer weniger authentisch, sondern eher manipuliert sind, dass in öffentlichen Diskussionen der ökonomische Nutzen als wichtigster Maßstab dient und dass politische Debatten häufig nur noch zu Inszenierungen mit Worthülsen und Ritualen gewollten gegenseitigen Missverstehens ausarten. Gewünscht wird die offene Kommunikation, in der durch Respekt voreinander alle Beteiligten Beiträge einbringen können. Gewünscht wird vor allem, dass eine Vertrauenskultur durch Verlässlichkeit der Aussagen erwächst. Auch hier handeln die Wohnprojektmitglieder mehr aus dem Gefühl heraus, es anders machen zu wollen und zu können, als dass sie sich bereits im Klaren darüber wären, unter welchen Bedingungen so eine Kultur entstehen könnte.

Beide hier kurz skizzierten Erwartungshaltungen gründen sich somit weder auf einer nostalgischen Verherrlichung früherer gesellschaftlicher Zustände noch auf utopischen beziehungsweise klar definierten visionären Ansichten über zukünftig anzustrebende gesellschaftlicher Zustände. Es geht nicht um die Wiederherstellung »intakter« Großfamilien oder Dorfgemeinschaften mit ihrer oft auch als Einengung empfundenen sozialen Kontrolle, in denen auf Grund von Notwendigkeit oder tradierter beziehungsweise als humanitär erstrebter Werte wechselseitige Hilfe zum Organisationsprinzip wird. Es geht auch nicht um die Umsetzung einer zukunftsweisenden programmatischen Perspektive, die sich nur durch einen Kampf gegen Unrecht, gegen eine repressive Gesellschaft oder für eine gerechtere Gesellschaftsordnung mit der Verminderung von Risiken gegen Krankheit und Armut erreichen lässt, wie es beispielsweise die Arbeiterbewegung verfolgte.

Die Erwartungshaltungen reflektieren demgegenüber zum einen ein tiefer sitzendes Leiden an den gesellschaftlichen Trends zur Ökonomisierung, Ausdifferenzierung, Exklusion und gegenseitigen Abschottung aller Lebensbereiche. Zum anderen werden die Erwartungshaltungen durch die Hoffnung gespeist, dass den Menschen ihre historisch immer wieder aufkeimenden Potenziale für ein alle bereicherndes Zusammenleben noch nicht endgültig verloren gegangen sind beziehungsweise dass sie noch gar nicht entfaltet werden konnten. Es ist die Hoffnung, dass Individualität und Kollektivität nicht gegensätzliche Dynamiken hervorbringen müssen, hierfür aber passives Hinnehmen mit gelegentlichem »Herumkritisieren« und »Jammern« nicht reichen, sondern Bereitschaft für eine aktive Mitgestaltung des Zusammenlebens erforderlich ist.

Merkmale der im Wohnprojekt gelebten Solidarität sind die freiwillige Teilnahme am Zusammenleben, die Einsicht, individuelle und kollektive Interessen im Sinne eines Gemeinwohls zu wechselseitigem gemeinsamen Gewinn verknüpfen zu wollen und die Bereitschaft zu aktiver Beteiligung an Erhalt und Weiterentwicklung der Gemeinschaft. Das sind Aspekte, die auch in der Kommunitarismusdebatte häufig diskutiert werden. Im wissenschaftlichen Diskurs um die vielseitigen, kontextuell geprägten Solidaritätssemantiken ließe sich die im Wohnprojekt gelebte Solidarität deshalb am treffendsten als eine Form kommunitärer Solidarität bezeichnen, wie sie beispielsweise der Soziologe Prisching (2003: 178) beschreibt. Dieses Verständnis meint, dass sich kollektive wie individuelle Identität durch wechselseitige Beeinflussung wandeln und entwickeln.

Die im Folgenden weiter kurz skizzierten Diskurse im Wohnprojekt beziehen sich auf die Förderung sozialer Nähe durch kollektives Handeln sowie die Sicherung offener Kommunikation auf der Basis gegenseitigen Respekts und Verlässlichkeit.

Begegnungskulturen fördern Solidaritätsbereitschaft

Das Wohnprojekt ist durch einige konstitutive Merkmale gekennzeichnet. Generell ist das Wohnprojekt in einer Genossenschaft angesiedelt. Bewohner und Bewohnerinnen haben Nutzungsrechte für Häuser und Wohnungen. Alle Bauten und Grünflächen sind aber Kollektiveigentum. Die Pflege und Wartung des Kollektiveigentums ist Aufgabe der Gemeinschaft. Die

Nutzung des Kollektiveigentums sowie die Möglichkeiten, durch Kooperation Freiräume und Vorteile zu erzielen, bilden laufend Anlässe für Aushandelungen und Absprachen.

Die Genossenschaft betreibt ein LAN-Netz, über das Telefonate und Internetanschluss laufen. Der Zugang zu den Räumen erfolgt durch einen kodierten elektronischen Schlüssel. Die Grünflächen um die Bauten werden durch die Genossenschaft gepflegt. Einzelne kleine Parzellen werden von denen, deren Terrasse anschließt, bearbeitet. Alle anderen Grünflächen sind frei betretbar und dienen als Spielfläche für Kinder oder Erholungsfläche für Erwachsene. Es gibt einen größeren Gemeinschaftsraum für Veranstaltungen und einige Gemeinschaftskellerräume für besondere Zwecke wie Sauna, Töpferei, Fahrradwerkstatt und Fitness.

Diese baulichen Gegebenheiten müssen gepflegt werden. Ihre Nutzung kann nur in Absprache erfolgen. Sollen die notwendigen Aktivitäten für die Pflege der Wohnqualität nicht nach außen vergeben werden, bedarf es einer Aufteilung der notwendigen Arbeiten untereinander. Auch zur individuellen bis kollektiven Nutzung der Gemeinschaftsräume bedarf es einer von allen zugestimmten generellen Regelung wie fallweisen Einzelabsprachen. Ohne eingespielte Kommunikation, Koordination und Kooperation lässt sich dies nicht bewältigen.

Zum anderen beziehen sich die konstitutiven Merkmale auf weitere, nicht nur baulich bedingte Kontakte für Abstimmungen. Dazu gehören die alltägliche Begegnungen im Tages- und Wochenverlauf. Wer sein Haus oder seine Wohnung verlässt, betritt einen offenen Kommunikationsraum. Da sich alle kennen, kann er jeden ansprechen oder kann auch von jedem anderen angesprochen werden. Im Sommer spielen tagsüber die Kinder auf den Grünflächen, abends kommen die Erwachsenen am Grill oder Feuer zusammen. Es gibt Zusammenkünfte wie Wohnprojekttreffen oder Sitzungen von Arbeitsgruppen zur Pflege der Bauten und Räume oder des Gartens. Hin und wieder finden Feste oder gemeinsame Ausflüge statt. Private Treffen zum Plausch oder zum Kartenspielen erfordern keine langen Anfahrten. Nach einem Umtrunk kann man zu Fuß sein Haus oder seine Wohnung erreichen. Die Nutzung von Gemeinschaftsräumen steht jedem Wohnprojektmitglied zu. Darüber hinaus kommt es auch zu Treffen, um durch gemeinsamen Einkauf Preisvorteile zu erlangen.

Die zur Pflege, Wartung und Nutzung des kollektiven Eigentums notwendigen Aushandlungs- und Entscheidungsprozesse ebenso wie die formalen und informellen Zusammenkünfte zum Meinungsaustausch sowie zur Klärung von Perspektiven und Abstimmung über Maßnahmen schaffen und festigen über die vielfältige Begegnungsarchitektur nach und nach eine handlungsleitende Begegnungskultur.

Die im Wohnprojekt vorhandene Begegnungskultur erfährt durch zwei weitere Vorgänge eine erhebliche Ausweitung. Zum einen ist die das Wohnprojekt verwaltende Bau- und Wohngenossenschaft bestrebt, weitere Wohnprojekte, die ökologische und sozialintegrative Perspektiven verfolgen, zu etablieren. Auf diese Weise kommen die Bewohnerinnen und Bewohner mit weiteren an Projekten interessierten Personen zusammen. Darüber hinaus beteiligen sich Mitglieder aus dem Wohnprojekt maßgeblich am Aufbau einer auch das Wohnfeld umfassenden Stadtteil-Genossenschaft, die sich zum Ziel setzt, den das Wohnprojekt umgebenden Siedlungsraum zu revitalisieren und rekultivieren und als Dach für Erwerbswillige zu fungieren, die je für sich nicht genügend Ressourcen zur Ausübung von Tätigkeiten besitzen.

Die grundlegende Begegnungskultur im Wohnprojekt wie auch deren Erweiterung durch neue Projekte der Genossenschaft und im Stadtteil festigen kollektives verlässliches Handeln der beteiligten Akteure. Durch den vielfältigen Perspektivenwechsel vergrößert sich der Handlungshorizont, da die auftretenden Problemstrukturen neu geordnet werden können, ebenso vergrößert sich auch das verfügbare Kreativitätspotential, Lösungen für Probleme zu finden.

Kooperation stabilisiert die Solidaritätsbereitschaft

Im Wohnprojekt wohnen Personen mit sehr unterschiedlichen Kompetenzen und Handlungscharakteren gegenüber einem kollektivem Handlungsanspruch. Fachkompetenzen wie auch soziale Kompetenzen sind unterschiedlich verteilt. Es gibt Akteure, die sich aus Interesse und Bereitschaft, eine neue Form von Solidargemeinschaft zu etablieren, engagieren. Genauso gibt es eine Gruppe von Personen, die sich mittels Einsicht, durch angepasste Beteiligung insgesamt mehr Vorteile zu erreichen als ohne Beteiligung, aktivieren lassen. Weiter lassen sich Mitläufer finden, die mit möglichst wenig Eigenbeitrag im Sinne von »Freerider«-Verhalten die möglichen Vorteile ausschöpfen wollen. Und schließlich gibt es auch einige wenige, die noch keine Möglichkeit der Beteiligung für sich gefunden haben und möglicherweise deshalb aus mangelnder Erfahrung den gemeinschaftlich erarbeiteten Zielsetzungen eher misstrauisch gegenüberstehen. In dieser Hinsicht ist das Wohnprojekt ganz ähnlich strukturiert wie andere Organisationen auch, seien es nun Initiativgruppen, die ein partikulares Ziel verfolgen, oder Vereine, die ein gemeinnütziges Ziel verfolgen, Protestgruppen oder Parteien, die gesellschaftlichen Fortschritt proklamieren, oder Unternehmen, die durch Organisationswandel ihre Innovationsrate steigern und dadurch letztlich Gewinn machen wollen.

Auch wenn somit nicht alle Akteure die gleichen Handlungsbereitschaften zeigen beziehungsweise aus gleichen Motiven handeln, lebt das Wohnprojekt doch dadurch, dass die Hälfte bis zu drei Viertel der Erwachsenen sich engagieren.

Interessant ist in diesem Zusammenhang, dass sich die sich Einsetzenden angesichts der Nichtaktivität eines geringeren Teils nicht entmutigen lassen. »Denen entgeht etwas an möglicher Lebensqualität«, ist die einhellige Auffassung der Aktiven. Dabei weisen sie darauf hin, dass infolge der gemeinsamen Aktivitäten durch emphatische Zuwendungen sowohl positive Anlässe für die Selbstwertentwicklung wie auch Anregungen zur individuellen Kreativität und Ausbildung sozialer Kompetenz gesteigert werden. Die Koordination verteilter Arbeit wird nicht als lästige Pflicht empfunden, sondern als Möglichkeit, Sinn und Zweck gemeinsamer Aufgaben zu hinterfragen und zu optimieren. Dass diese Einstellung vorherrscht, ist dabei sicherlich auch auf die Partizipation der heutigen Bewohnerinnen und Bewohner an der Bau- und Gartenplanung zurückzuführen, also ein gemeinsames Lernprodukt.

Die Hälfte bis zu drei Viertel der Erwachsenen erarbeiten gemeinsame Zielsetzungen für die Sicherung von Wohnqualität und setzen sie kooperativ um. Gleichwohl geht es bei der Abstimmung über Zielsetzungen durchaus um Alternativen. Das gilt sowohl hinsichtlich der Quotierung der verfügbaren Mittel für Investitionen, für die Weiterentwicklung der Genossenschaft durch neue Projekte wie auch für die inhaltliche Festlegung von Maßnahmen zur Bewirtschaftung. Hier werden Vor- und Nachteile gegeneinander aufgewogen. Die Entscheidungs- und Umsetzungsorgane sind der Aufsichtsrat und der Vorstand der Genossenschaft, die Wohnprojektversammlung und die Arbeitsgruppen des Wohnprojekts. Ihr Zusammenspiel bestimmt wie in Initiativgruppen, Vereinen, Parteien und Unternehmen auch die Effektivität. Um die nötige Transparenz zu erreichen, ist eine technische Unterstützung zur Informationsaufbereitung mit Hilfe von Dokumentenverwaltung und Anwendung von Workflow-Technik mit einer Plattform in einem Kommunikationsnetz im Aufbau.

Für dieses Zusammenspiel bedarf es der Herausbildung und Weiterentwicklung sozialer Kompetenz, verstanden als Fähigkeit und Bereitschaft, sich auf andere Individuen einzulassen, eigene Standpunkte nicht zu überdehnen, sondern auch anderen zuzuhören, um deren Standpunkt zu verstehen sowie eigene Interessen offen, mitunter in Konflikt zu anderen, zu formulieren, letztlich aber auch durch das eigene Verhalten ausgelöste Kritik zu ertragen. Im Verlauf der Wohnprojektentwicklung, d.h. von der Phase der Vorbereitung bis zur Umsetzung, hat sich diese Kompetenz bei vielen Akteuren erhöht. Kennzeichen hierfür ist, dass Akteure trotz heftiger Meinungsverschiedenheiten einander offen gegenübertreten können.

Dass es mehrerer Jahre bedarf, diese Kompetenz zu gewinnen, sollte nicht überraschen. Koordination von verteilter Arbeit und Kooperation in dezentralen Aufgabenstrukturen bedarf der Übung. Vor allem die Teilkompetenz, Konflikte aufgrund unterschiedlicher Interessen und Wahrnehmung als Chance zu tiefer gehender Verständigung und Gemeinschaftsentwicklung zu begreifen, wird in Familien, Schulen, Ausbildungsstätten und zumeist auch am Arbeitsplatz kaum gefördert.

Über die alltäglichen Abstimmungsprobleme hinaus gibt es natürlich auch Konfliktfälle, die von besonderer Durchschlagskraft sind. Dazu gehören individuell empfundene Zurückstellungen bei der Inanspruchnahme von kollektiv erbrachten Leistungen, weiter eher interpersonelle Konflikte, die sich durch unterschiedliche Einschätzungen und Herangehensweisen der Bewohnerinnen und Bewohner ergeben, sowie Konflikte in der Folge von nicht den Interessen und Bedürfnissen der Beteiligten entsprechenden Formen der Entscheidungsfindung im Zusammenspiel der formalen Organe, Aufsichtsrat, Vorstand, Wohnprojektversammlung und Arbeitsgruppen. Für derartige Fälle hat das Wohnprojekt eine Konfliktregelungsgruppe eingesetzt. Diese ist bemüht, mit den Konfliktparteien im Sinne von Mediation eine Lösung zu erarbeiten, die von den beteiligten Konfliktparteien akzeptiert werden kann. Der Umstand, dass es diese Gruppe im Wohnprojekt gibt und dass sie häufig in Aktion tritt, lässt sich als Hinweis darauf verstehen, dass auch miteinander im Konflikt liegende Personen und Gruppen letztlich an Kooperation im Rahmen einer durchschaubaren »Streitkultur« interessiert sind.

Wie der Beschreibung des Bedingungsgefüges der alltäglichen Kooperationen im Wohnprojekt zu entnehmen ist, kann das Wohnprojekt für die Bewohnerinnen und Bewohner als eine dauerhafte Erfahrungswerkstatt für Solidarität verstanden werden. Sie ist anders als die sonstigen institutionellen Erfahrungswelten wie Schule, Ausbildungsstätten oder Betriebe, in denen es mehr darum geht, im Wettbewerb aller sich individuell gegen andere durchzusetzen. Und, wie Sebastian Jutzi kenntnisreich im Essayband »Chancengleichheit, Sozialpartnerschaft, Gerechtigkeit – Werte mit Zukunft?« in einer Abwägung der Organisationsprinzipien Konkurrenz und Kooperation darlegt, führt die vermehrte Einübung von Konkurrenz zu deren Verschärfung und diese wiederum zu einer immer größeren Abhängigkeit von den Konkurrenzbedingungen (2001: 71).

Die Erfahrungswerkstatt Wohnprojekt lässt dagegen ganz andere Prozesse der Kontingenz zu. Akteure haben die Möglichkeit, andere Perspektiven, Sichtweisen, Motive und Wissensbestände kennen zu lernen und können so ihren Horizont erweitern. Bei der Informationssuche zur Beurteilung von Situationen und zur Bewertung der Relevanz von Informationen werden sie durch andere unterstützt. Kritische Differenzierungen sind hierbei nicht die Ausnahme, sondern Ergebnis unterschiedlicher Meinungen und Herangehensweisen. Auf dieser Grundlage kann gelernt werden, Konflikte als Anlass für ein tiefer gehendes Verstehen zu nutzen und damit als Chance zu begreifen, die unterschiedlichen Potentiale in viel umfassenderer Form miteinander zum allseitigen Vorteil zur Wirkung zu bringen. Die für die Alltagsbewältigung oder Planung der Weiterentwicklung getroffenen Handlungsstrategien gründen sich auf der Zusammenfassung unterschiedlicher Fach- und Methodenkompetenzen und senken deshalb das Risiko des Scheiterns. Rückkopplungen finden unmittelbar in der alltäglichen Praxis statt, so dass Erwartungsannahmen und Verhaltenshypothesen relativ schnell augenfällig bestätigt oder widerlegt werden.

Diese Verhaltensbeobachtungen machen auf zwei Wirkungsmechanismen des »Crowding-Out« von Solidarität aufmerksam. Zum einen: Wird Solidarität nicht »eingeübt«, so schwindet die Fähigkeit, solidarisch zu handeln. Zum anderen: Auch solidarische Handlungen müssen gelernt werden. In gleichem Sinne betont deshalb auch der Soziologe Manfred Prisching (2003: 180), dass praktisch ausgeübte Solidarität sich mehrend weitere Solidaritätsakte hervorruft, also nachhaltig wirkt. Erlebte Solidarität sichert auf diese Weise die höchste Umsetzungswahrscheinlichkeit für neue Ideen des Zusammenlebens und erhöht dadurch auch das Innovationspotential einer Gemeinschaft.

Solidarität entsteht im Rahmen selbstorganisierter Prozesse

Nachdem wir dargelegt haben, was wir unter Solidarität verstehen und wie sie im Alltag des Wohnprojektes wirkt, möchten wir darauf bezogen die Voraussetzungen und Prozesse zur Förderung und Stabilisierung von Solidaritätsbereitschaften als verallgemeinerungsfähige Erkenntnisse beschreiben. Im Anschluss daran werden wir Schlussfolgerungen für nationale Demokratiereformen und die Weiterentwicklung der europäischen Gemeinschaft ziehen. Unsere Erkenntnisse sind:

Erst ein gemeinsam erarbeiteter und getragener Sinn verleiht Gemeinschaften den Kitt für ein von allen akzeptiertes und als bereichernd empfundenes Zusammenleben. Dabei kommt es darauf an, dass dieser gemeinsame Sinn möglichst oft erfahren werden kann. Appelle und Maximen allein reichen nicht aus. Wer immer wieder Solidarität im Alltag erfährt, für den wird sie selbstverständlich.

Kollektives Eigentum ermöglicht es, auch einkommensschwächeren oder sozial benachteiligten Akteuren, sich Lebensressourcen zu erschließen, von denen sie ansonsten ausgeschlossen sind. Außerdem bewirkt kollektives Eigentum andere Formen der Nutzung. Es geht mehr um Kooperation und weniger um Konkurrenz, da das kollektive Eigentum in der gemeinsamen Verantwortung liegt.

Damit kollektives Eigentum im Alltag die Kooperation fördert, kommt es auf die Etablierung von Begegnungskulturen auf der Grundlage von Projekten, Aktionen, Initiativen, geplanten Zusammenkünften und losen Treffen sowie die Verdichtung von Begegnungserfolgen zu einer sich auf Vertrauen und Offenheit gründenden Kommunikation an. Damit die Kooperation dauerhaft und verlässlich ist, bedarf es der Teilhabe der Mitglieder einer Gemeinschaft an Entscheidungsprozessen und des Mittuns möglichst vieler bei deren Umsetzung. Teilhabe und Mittun werden jedoch nur dann dauerhaft, wenn der dabei entstehende Aufwand als der Umsetzung des gemeinsamen Sinns dienend und somit als akzeptabel empfunden wird beziehungsweise die Art der Zusammenarbeit selbst als Qualität begriffen und genossen werden kann.

Durch Begegnungskulturen können unterschiedliche Sichtweisen und Perspektiven unmittelbar erlebt werden. Durch Erfahrungsaustausch erweitern sich die Horizonte. Durch Verständigungs- und Abstimmungsprozesse wächst die soziale Kompetenz.

Erweiterte Horizonte und vermehrte soziale Kompetenz schaffen auch neuartige Erfahrungsräume, in denen qualitativ andere Wege für die Beantwortung von Fragen und für Problemlösungen gesucht und gefunden werden können. Durch formelle und informelle Kooperation kann die Kontingenz individuellen und kollektiven Handelns und dadurch das Kreativitätspotential gesteigert werden. Das lässt Verbesserungen ebenso wie Innovationen für die gemeinsamen Lebensressourcen zu.

Durch Begegnungskulturen und dadurch unterstützte informelle Kooperation ergeben sich zwischen den Kommunizierenden auf der Basis eines »Wir-Gefühls« Kommunikationsobjekte, die wiederum eine Grundlage für gemeinsame Orientierungen und Handlungsmuster darstellen. Diese alltägliche Lebenskultur bildet als kollektive Identität einen Hintergrund für die individuelle Identität. Damit erweitert sich das Spektrum von Bewertungskriterien, die durch Akzeptanz als für die individuelle Identität bereichernd, bei Nichtakzeptanz aber als soziale Kontrolle empfunden werden können.

Eine auf Sinn sich gründende Gemeinschaft mit Kooperation fördernden Begegnungsarchitekturen verlangt von den Akteuren das Bedürfnis nach Teilhabe und die Bereitschaft zum Mittun. Das Individuum bekommt den Zugang zu erweiterten Lebensressourcen, wenn es sich generell auf die Gemeinschaft einlässt. Dabei kann es seine Lebensqualität vor allem dadurch steigern, dass es sich aktiv einbringt.

Dass diese hier durch die Betrachtung des Wohnprojekts gewonnenen Erkenntnisse hohe Relevanz für die Gestaltung der Rahmenbedingungen komplexer Systeme haben, zeigen vergleichbare Ergebnisse von an anderer Stelle durchgeführter sozialwissenschaftlicher Forschung. Um den Rahmen dieser Abhandlung nicht zu sprengen, wollen wir uns hier mit nur einigen ausgewählten Hinweisen aus Diskursen über Unternehmensmanagement und Gesellschaftsentwicklung begnügen.

Der erste Hinweis erfolgt in Richtung auf Erkenntnisse, dass Kommunikationsnetze, die einen wechselseitigen Wissens- und

Erfahrungsaustausch zwischen Akteuren zulassen, im Sinne emergenter Innovationsfelder fungieren.

Aus der Sicht der Theorie über Strategien zum Management komplexer Systeme stellt nach Ansicht des Wirtschaftswissenschaftlers Fredmund Malik das informelle Kommunikationsnetz die Tiefenstrukturen einer Organisation dar, mit denen erst das Funktionieren der Teile einer Organisation als Ganzes gesichert wird (2002: 492, 509). Dieser informellen Kooperation liegen allerdings andere Handlungsstrukturen zugrunde als der formellen Kooperation. Dem Soziologen Fritz Böhle zufolge ist informelle Kooperation vermehrt durch situative Selbststeuerung, exploratives Vorgehen, Initiierung von Verhandlungen und Absprachen, gemeinsamen Bezug unterschiedlicher Akteure auf Gegenstände und Handlungen und Möglichkeiten zum Perspektivenwechsel charakterisiert (2002: 185ff). Insbesondere implizites, d.h. erfahrungsgebundenes Wissen lässt sich eher durch direkte Kommunikation face to face vermitteln. Das ist vor allem im Hinblick auf Innovationen bedeutsam, für die zukunftsfähige Visionen unter heutigen Bedingungen zumeist aus der Selektion und Neukombination von Wissens- und Erfahrungsbeständen entstehen. Wie die Psychologen Martin Schweer und Barabra Thies hervorheben, lassen Perspektivenverschränkung und Neukombination von Wissens- und Erfahrungsbeständen sowie sich selbst verstärkende Kreislaufprozesse aus Vertrauen, Transparenz und Kommunikation eine Potenzierung der eigenen Ressourcen zu (2003: 107).

Ein Kooperationsgefüge oder eine Organisation, die diese wechselseitigen Austauschprozesse von Wissens- und Erfahrungsbeständen zulässt, lässt sich deshalb nach Aussagen des Wirtschaftsfachmanns Adrian Fröhlich als emergent bezeichnen (2002: 156f.). Das qualitativ Neue wird durch die Dynamik im Wechselspiel der Komponenten hervorgebracht. Solidarität, wie sie im Wohnprojekt erlebt wird, ist, wenn man diese

Erkenntnis der Managementlehre anlegt, somit ein Emergenzphänomen der Begegnungsarchitekturen und -kulturen.

Das durch die Beziehungskultur und die vielfältigen Kooperationen entstehende Kommunikationsgefüge im Wohnprojekt und seinem Umfeld lässt sich als soziales Netzwerk nicht abhängiger Individuen mit unterschiedlichen Kommunikationsfunktionen für die Organisation von Planungs-, Entscheidungs- und Kontrollprozessen verstehen. Es ist deshalb auch in Anlehnung an die Psychologen Theo Wehner und Michael Dick als Praxisgemeinschaft (2001: 97) oder als Learning Community interpretierbar, wie sie die Psychologen Katrin Winkler und Heinz Mandl konzipiert haben (2002: 138ff.). Solidarität ist, diesen Erkenntnissen folgend, eben auch ein Lernprodukt. Wir sind, wie der Psychologe Daniel Schacter es ausdrückt, ein Produkt unserer Erinnerung (2001).

Der zweite Hinweis erfolgt in Richtung auf Erkenntnisse, dass sich unsere heutige Gesellschaft im Zuge reflexiver Modernisierung weiterentwickelt.

Die sozialwissenschaftliche Theorie reflexiver Modernisierung ist eine soziologische Denkfigur, die auf einer Diskussion zwischen den Soziologen Beck, Giddens und Scott Mitte der Neunzigerjahre des 20. Jahrhunderts beruht. Wie Ulrich Beck hervorhebt, wird die westliche Moderne sich selbst zum Thema und zum Problem. Ihre Basisprinzipien, Grundunterscheidungen und Schlüsselinstitutionen lösen sich im Zuge radikalisierter Modernisierung von innen her auf. Im Zuge der reflexiven Modernisierung entstehen eine neue Art von Kapitalismus, eine neue Art von Arbeit, eine neue Art globaler Ordnung, eine neue Art von Gesellschaft, eine neue Art von Subjektivität, eine neue Art alltäglichen Zusammenlebens und eine neue Art von Staat (2001: 13). Der Meta-Wandel beruht dabei auf der öffentlichen Reflexion bisheriger sozialer und technischer Sicherheitsversprechen der einfachen Moderne. Unsicherheit, Ungewissheit und Uneindeutigkeit nehmen für das Individuum zu. Es gibt keine kalkulierbaren Gestaltungsmuster mehr. Die Arbeitsgesellschaft verwandelt sich biographisch, sozial und politisch in eine Risikogesellschaft mit schwindenden Sicherheiten und neuen sozialen Ungleichheiten (2001: 57). Gleichzeitig öffnet der Wandel aber auch Spielräume von Dissidenz und Differenz, Potentiale für Eigenwilligkeit und Widerständigkeit, für emanzipatorische Erweiterung von Ich-Grenzen und für Verweigerung gegenüber den gesellschaftlichen Identitätszwängen, so dass sich die individuellen Optionen vermehren. Um in diesem Umfeld von Bedrohung und Befreiung bestehen zu können, muss sich das Individuum anders als bisher verorten und vor allem selbst aktiv werden. In dieser Sichtweise stellt das Wohnprojekt einen Bezugspunkt dar, subjektive Sicherheitsbedürfnisse zu reflektieren, und macht es auch einkommensschwächeren und benachteiligten Individuen möglich, aktiv Risikovorsorge durch Inklusion zu betreiben.

Schlussfolgerungen für nationale Demokratiereformen

Aus den Befunden über die Voraussetzungen und Prozesse zur Förderung und Stabilisierung von Solidaritätsbereitschaften und daraus abgeleiteten Erkenntnissen wollen wir nun in deren Auslegung einige Schlussfolgerungen für nationale Demokratiereformen ziehen.

Wir setzen dabei ein hier nicht weiter begründetes generelles Verständnis von Demokratie voraus. Danach ist Demokratie durch Prinzipien der Gleichheit vor dem Gesetz, Absicherung von Risiken für die Bürger und Gewaltenteilung gekennzeichnet. Sie wandelt sich stetig, da sich die Vorstellungen über Wohlfahrt, Wirtschaft und Kultur verändern. Reformen greifen diese sich wandelnden Vorstellungen auf und leiten daraus Konzepte, Projekte und Maßnahmen ab.

Demokratie ist in diesem Sinne ein Koordinationsmodus eines sich selbst organisierenden Prozesses beteiligter Akteure. Sie kann also nicht von oben verordnet werden. Die Qualität der Reformideen und ihrer Umsetzungswahrscheinlichkeit ist abhängig vom Einbezug der Akteure. Soll das höchst verfügbare kollektive Innovations- und Umsetzungspotential für Reformen eingesetzt werden, kommt es auf synergetische Effekte durch kollektives Handeln in einem kommunikativem Mehrebenennetzwerk an.

Auf der Basis dieses Demokratieverständnisses führen die hier herausgearbeiteten Erkenntnisse zu drei Konsequenzen für Demokratiereformen in einem nationalen Staat.

Erstens: Neben den schon bestehenden politischen Institutionen, wie Parteien und Verbände als zentrale, mehr dauerhafte Knotenpunkte in einem sozialen Netzwerk, sind, und das ist neu, selbstorganisierte Projekte und Initiativen für gemeinschaftliches Handeln im Alltag ebenso wichtige Knotenpunkte für einen demokratisch gesteuerten gesellschaftlichen Wandel. Ganz ähnlich lassen sich auch spontane Bewegungen und Aktionen als kurzzeitige Knotenpunkte am Rand von Netzwerken als zukunftweisende Innovationskerne für Demokratiereformen interpretieren. Neben einer vertikalen Vernetzung bedarf es eben auch einer horizontalen Vernetzung.

Da demokratische Entwicklung durch Synergie der Handlungen beteiligter Akteure aus Institutionen, Expertenkreisen und Aktivgruppen die möglichen Kreativitäts- und Umsetzungspotentiale am besten ausschöpfen kann, gilt es für den Staat, die Vernetzung dieser Akteure zu unterstützen. Projekte, Transaktionen und Transformationen sind die Aktionsfelder der Entwicklung. Damit es auf diese Weise aber tatsächlich zu einer Erweiterung des Horizonts politischer Kultur kommen kann, gilt es, einer »Spaltung der Bürgergesellschaft« entgegenzuwirken. So stellt der Soziologe Eckart Pankoke in seinen Untersuchungen über bürgerschaftliches Engagement fest, dass eher hoch kompetente und hoch aktive soziale »Eliten« als die neuen Ehrenamtlichen alle Verantwortung an sich ziehen und die Aktivitätsbereitschaft der Bürger für die klassischen Massenorganisationen mit niedrigschwelligem Zugang sinkt, während sie für regional verankerte und vor allem partikulare Interessen verfolgende Aktivgruppen steigt (2002: 74).

Eine zweite Konsequenz bezieht sich auf die erreichbare Wohlfahrt für die Bürger. Die bisherige Vorgehensweise, bei der der Staat von oben nach unten das Wohlergehen seiner Bürger regulierte, gerät gegenwärtig an die Grenze seines Leistungsvermögens. Hier bedarf es eines neuen Konzepts, dem entsprechend der Staat dem Bürger lediglich Dienste und Institutionen zur Verfügung stellt. Dieses Leitbild eines eher aktivierenden Staates ist nach dem Staatsrechtler Folker Schuppert dadurch gekennzeichnet, dass es dem Staat die Aufgabe zuweist, überall dort die Übernahme gesellschaftlicher Verantwortung zu fördern, wo dies möglich ist, und sich bei der Erfüllung öffentlicher Aufgaben an dem Leitgedanken einer Stufung der Verantwortung zwischen Staat und Gesellschaft zu orientieren (2003: 185). Aktivierender Staat und aktivierte Gesellschaft bedürfen somit einander im Sinne interaktiven Aufeinander-Einwirkens (2003: 189). Wie die Ökonomin Eva Lang betont, sind aber bestimmte Voraussetzungen zu schaffen, um das Leitbild des aktivierenden Staates umzusetzen. Für eine Neuorientierung in der Arbeitsteilung und Zusammenarbeit von Politik, Verwaltung und Bürgern kommt es darauf an, die Prinzipien der Dezentralisierung und Subsidiarität, der Delegation und Verknüpfung von Aufgaben- und Ressourcenverantwortung sowie der verständigungsorientierten Kooperation und der Partizipation bei der Gestaltung eines dynamischen Prozesses wirksam werden zu lassen (2003: 179).

Damit ergibt sich aber eine dritte Konsequenz. Für die aktive Beteiligung des Bürgers gilt es Anreize zu schaffen. Nach der hier dargelegten Argumentation gibt es dafür zwei motivationale Ansatzpunkte. Zum einen geht es darum, dass ein aktiver Bürger Sinn in seiner Beteiligung sieht, und zum anderen, dass er sich akzeptiert fühlt. Um diese beiden Voraussetzungen zu schaffen, bedarf es einer Öffnung der verfestigten Kommunikationsstrukturen für Vorschläge durch Projektgruppen und spontane Bewegungen wie auch einer Klärung der Gratifikation im Verhältnis von Erwerbsarbeit und ehrenamtlicher Arbeit für die Bereitstellung und Förderung kollektiv zu bewirtschaftender Ressourcen zur Beteiligung. Neben den bisherigen Formen der ehrenamtlichen Arbeit in Institutionen und Arbeit in Selbsthilfegruppen, die durch Sponsoring-Dienste vergüten können, sind, so betont der Politologe Sebastian Braun, Formen ehrenamtlicher Arbeit zu fördern, bei denen, wie bei Arbeit im eigenen familiären Bereich, allerdings für Dritte eines Nahraums, durch Tausch von Diensten Bedürfnisse gedeckt werden können (2003: 62). Soll es zudem nicht zu einer Exklusion einkommensschwacher, ausbildungsarmer sowie benachteiligter Gruppen von ehrenamtlichen Aufgaben kommen, bedarf es letztlich auch der Bereitstellung von Ressourcen durch den Staat, um deren Beteiligungskompetenzen zu fördern. In diesem Zusammenhang erscheint es auch vorteilhaft, in Zukunft vermehrt die Bildung von Genossenschaften zu unterstützen, um finanziell aufwendige Projekte zu realisieren oder Gruppen von Erwerbswilligen, beispielsweise freiberuflich Tätigen, gemeinsam mit ehrenamtlich Tätigen einen Träger für ihre Arbeit zu ermöglichen (vgl. hierzu die Verlagsbeilage der *taz* zum Thema Genossenschaften 2003: 34).

Schlussfolgerungen für die Europäische Union

Auch für die Weiterentwicklung der Europäischen Union lassen sich aus den Befunden im Wohnprojekt und daraus abgeleiteten Erkenntnissen zukunftsweisende Schlussfolgerungen ziehen.

Wie der Soziologe Claus Offe in seiner Analyse über die Leistungsfähigkeit politischer Institutionen darlegt, ist die gegenwärtige Europäische Union lediglich ein vertraglicher Staatenbund ohne gemeinsame Verfassung, dessen Ziel vor allem in der Herstellung eines Binnenmarktes und der Aufrechterhaltung einer stabilen Währung liegt. Für weitergehende Politiken fehlt zur Zeit die grundlegende Legimitation ebenso wie die fiskalische Verfügungsgewalt. Die Union ist weder eine gouvernamentale Wirkungseinheit noch eine demokratische Willenseinheit (2003: 257). Bedauerlicherweise werden die gegenwärtigen Integrationsbemühungen vor allem durch negative Politisierung bestimmt. Mit der Osterweiterung ist, da diese Nationen eher als Nettoempfänger einzustufen sind, eine weitere Steigerung dieses Trends zu erwarten. Als reine Zweckgemeinschaft zur Absicherung eines übergreifenden Wechselkurses oder zur Durchsetzung von Bereichspolitiken fehlt der Europäischen Union aber ein tiefer gehender Sinn, der letztlich auch so etwas wie ein Wir-Gefühl entstehen lassen könnte. Die meisten Europäer befinden sich in der Sicht der meisten anderen Europäer nicht im Status von »unseresgleichen«. Diese Vorstellung einer gewissen »Familienähnlichkeit« wird typischerweise für ausgewählte »Nachbarn« reserviert und nicht auf alle Europäer ausgedehnt (2003: 259).

Die gemeinsame Verbesserung der Lebensressourcen und die Förderung einer sozialökologischen Lebenskultur könnten hier den Rahmen bilden. Wie der Soziologe Kaufmann in seiner sorgfältigen Studie »Varianten des Wohlfahrtsstaates« belegt, hat Europa durch seine kulturellen Wurzeln im Vergleich mit den USA, aber auch postsozialistisch orientierten und ostasiatischen Staaten, trotz bedeutender institutioneller Unterschiede in vier von ihm näher untersuchten Wohlfahrtsstaaten (Großbritannien, Schweden, Frankreich und Deutschland) ein weitreichendes gemeinsames Solidaritätskonzept, das den arbeitsrechtlichen Schutz der abhängig Beschäftigten, den

Schutz vor extremer Armut und weitgehende Zugangschancen zu sozialen Dienstleistungen beinhaltet (2003: 324). Um einen verbindenden Sinn für die Weiterentwicklung der europäischen Gemeinschaft zu entfalten, wäre es aussichtsreicher, nicht wie gegenwärtig in der Debatte der europäischen Eliten nur über den symbolischen Gehalt Europas, sondern auch vermehrt über diese gemeinsamen Wertvorstellungen Öffentlichkeit herzustellen, so dass allen europäischen Bürgern ihre kulturellen Wurzeln wie auch die durch aufwendige politische Arbeit erworbenen sozialen Errungenschaften deutlich werden, die es zu erhalten und auszubauen gilt. Die Organe der Europäischen Union können dabei schon heute die Aufgabe übernehmen, durch Empfehlungen und Mitteilungen im Sinne von best practice die nationalen Sozialpolitiken anzuregen und anzugleichen. Die Einrichtung eines demokratisch verwalteten europäischen Sozialfonds für beschäftigungswirksame Investitionen und zur Ergänzung nationaler Sozialprogramme wäre darüber hinaus bedeutsam. Die Förderung des Genossenschaftswesens in Europa würde einen Weg zur Bildung der notwendigen nationalen wie auch transnationalen Träger öffnen. Auf diese Weise könnte die Europäische Union das Vertrauen der Bürger gewinnen, um für positive Integrationsprogramme einer transnationalen Sozialpolitik letztlich die legitimatorischen wie fiskalischen Grundlagen zu erhalten. Wenn man bedenkt, dass auch in den Nationalstaaten das Bewusstsein für staatsbürgerliche Solidarität erst allmählich durch Massenkommunikation und einzelne soziale Maßnahmen entstanden ist, besteht, wie der Soziologe Jürgen Habermas betont, hierbei kein Grund zum Defaitismus (2001, 102). Interessant ist in diesem Zusammenhang auch die Sicht von außen auf Europa. Amerikanische Intellektuelle wie der Politologe Robin Blackburn oder der Ökonom Gailbraith sehen in einem am Prinzip der sozialen Gerechtigkeit orientierten Europa als Gegenmodell zum amerikanischen Konzept eine wichtige Alternative für die Entwicklung der Weltgesellschaft (2004: 4). Vielfalt macht Hoffnung, nicht Einfalt im Zuge von Hegemonie.

Am Ende soll noch einmal ein Rekurs auf den erkenntnistheoretischen Standort erfolgen. Wie die Ausführungen über das Wohnprojekt dargelegt haben, erwiesen sich die geschilderten Strukturen der beteiligten Akteure und Prozesse im Wohnprojekt denen in der Gesellschaft als ähnlich. Aus diesem Grunde zeigt auch die Bezugnahme der Argumentation auf die Diskussion um Bürgergesellschaft und Selbsthilfe, dass deren Diskursfiguren sich im Alltag des Wohnprojektes wiederfinden. Auf Grund dieser rekursiven Verschränkung erhalten die daraus abgeleiteten Konsequenzen umso mehr Gewicht. Wir sehen in der Methode, bei der die Ideenfindung zur Gestaltung und Ausschöpfung von Lebensressourcen durch die Akteure sozialer Prozesse selbst organisiert wird, eine Solidarität anregende und stärkende Argumentations- und Vorgehensweise. Wie der Neurowissenschaftler Daniel Schacter eindringlich belegt, bilden vor allem Geschichten, die Vergangenheit und Gegenwart verknüpfen, den Kern der Identität (2001: 156). Und da bei selbstorganisierten Prozessen die Kommunikation der Akteure untereinander von den Strängen der durch gegenseitige Beeinflussung entstehenden Geschichten und Diskurse lebt, lässt sie sich im Anschluss an die Gedanken des Soziologen Siegfried Schmidt als sich selbstfundierende Methode im theoretischen Ansatz eines sozialen Konstruktivismus bezeichnen (2003:150).

Literaturhinweise

Beck U., Bonß W., Lau Ch., Theorie reflexiver Modernisierung. In: Beck U., Bonß W. Die Modernisierung der Moderne, Frankfurt, 2001:11–62.

Blackburn R., Gesucht: ein anderes Europa. Ein EU-Sozialstaat als Projekt gegen das angelsächsische Modell, in: Le Monde diplomatique/taz, januar, 2004; 4.

Böhle F., Bolte A., Die Entdeckung des Informellen, Frankfurt; 2002.
Braun S., Begriffsbestimmung, Dimensionen und Differenzierungskriterien von bürgerschaftlichem Engagement, in: Deutscher Bundestag (Hrsg.): Bürgerschaftliches Engagement und Zivilgesellschaft, Opladen, 2002: 55–71.
Fröhlich A., Mythos Projekt, Bonn 2000.
Habermas J., Euroskepsis, Markteuropa oder Europa der (Welt-)Bürger, in: Zeit der Übergänge, Frankfurt 2001.
Jutzi S., Das Ende des Individuums, in Büchergilde Gutenberg: Chancengleichheit, Sozialpartnerschaft, Gerechtigkeit – Werte mit Zukunft?, Frankfurt/M, 2001; 61–91.
Kaufmann F.-X., Varianten des Wohlfahrtsstaats, Frankfurt, 2003.
Lang E., Wendezeit für den Staat, in: Nilgün Y., Plöger P. (Hrsg.): Die Vielfalt der Wechselwirkung, Freiburg/München, 2003;163–186.
Malik F., Strategie des Managements komplexer Systeme, Bern 2002.
Offe C., Demokratie und Wohlfahrtsstaat, in: Herausforderungen der Demokratie, Frankfurt/M, 2003.
Pankoke E., Freies Engagement, zivile Kompetenz, soziales Kapital, in: Deutscher Bundestag (Hrsg.): Bürgerschaftliches Engagement und Zivilgesellschaft, Opladen, 2002;73-.87,
Prisching M., Solidarität. Der vielschichtige Kitt gesellschaftlichen Zusammenlebens, in: Lessenich St. (Hrsg.): Wohlfahrtssstaaliche Grundbegriffe, Frankfurt/M., 2003; 157–190.
Schacter D., Wir sind Erinnerung, Reinbek 2001.
Schmidt SJ., Geschichten und Diskurse, Reinbek 2003.
Schuppert GF., Aktivierender Staat und Zivilgesellschaft – Versuch einer Verhältnisbestimmung, in: Deutscher Bundestag (Hrsg.): Bürgerschaftliches Engagement und Zivilgesellschaft, Opladen, 2002;185–210.
Schwer M., Thies B., Vertrauen als Organisationsprinzip, Bern, 2003.
Taz. thema Genossenschaften, Verlagsbeilage taz vom 27./28.9.2003; 33–40.
Wehner T., Dick M., Die Umbewertung des Wissens in der betrieblichen Lebenswelt, in: Schreyögg G. (Hrsg.): Wissen in Unternehmen, Berlin, 2002;89–117.
Winkler K., Mandl H., Learning Communities, in: Pawlowsky P., Reinhard R. (Hrsg.) Wissensmanagement für die Praxis, Neuwied, 2002; 137–164.

Biografische Notizen

Horst Böttinger-Thyssen
Geboren 1959 in Calw, mit dem Realschulabschluss Ausbildung zum Informationselektroniker, Hochschulreife am Kolleg in Sindelfingen. Seit 1988 für ein kleines Unternehmen in Konstanz im Bereich der Gebäudeautomation tätig. Nebenberuflich Weiterbildung zum Techniker, stark in der Jugendarbeit eines Sportvereins engagiert, seit 1989 Mitglied bei den Grünen.

Dr. Leo Dembicki
Geboren 1920 in Prag, Studium der Medizin in Prag und Frankfurt a. M. Seit 1961 Facharzt für Psychiatrie und Neurologie. 1976 bis 1981 leitender Arzt der Geriatrie am Psychiatrischen Krankenhaus Eichberg, 1981 bis 1984 Chefarzt der Psychiatrischen Klinik Zülpich. Tätigkeit als nervenärztlicher Sachverständiger an verschiedenen Land- und Oberlandesgerichten. Von 1952 bis 1972 ständiger Mitarbeiter bei verschiedenen Rundfunkstationen, Veröffentlichungen zahlreicher Essays und Romane, darunter Psychologie im Rückspiegel, Die sieben Farben des Regenbogens. Psychologie – Modell und Wirklichkeit.

Stefan Tomas Gruner
Geboren 1950 in München, Studium der Anglistik, Philosophie und Psychologie. Arbeit als Verhaltenstrainer, 4 Romanveröffentlichungen, lebt zur Zeit in Bielefeld.

Maren Hombrecher
Geboren 1967, Studienjahre in Wuppertal, Düsseldorf und Amsterdam in den Fächern Romanistik, Philosophie und Kommunikationsdesign; im Rahmen eines DAAD-Stipendiums Studienabschluss im Fach Audiovisuelle Kunst an der Amsterdamer Gerrit-Rietveld-Academie. 1996 Umzug nach Berlin. Praktikantin hier und dort, Briefesortiererin bei der Post, Kellnerin, Screendesignerin ... 2001 Arbeitsstipendium des Kultursenats für Berliner AutorInnen für die Ausarbeitung des bislang unveröffentlichten Romans »Pistolenstern«. Zur Zeit schriftstellerisch tätige, Finnisch studierende, sich bei attac engagierende, freiberufliche Designerin.

Sebastian Jutzi
Geboren 1967 in Bad Kreuznach, Studium der Biologie in Saarbrücken, Aufbaustudium Journalistik in Hohenheim/Stuttgart, als Journalist u.a. freie Mitarbeit bei Rhein-Main-presse, bild der wissenschaft, BASF, amnesty international, anschließend mehrere Jahre Online-Redakteur bei bild der wissenschaft und dem ZDF. Seit 2001 Redakteur beim Nachrichtenmagazin Focus.

Simone Labonté
Geboren 1971 in Wiesbaden, Studium des Bauwesens und der Geologie an der TU Berlin. Neben Job (n-tv) und Studium arbeitet sie am Ausbau des Schreibens, ihrer eigentlichen Passion.

Dr. Thomas Leif
Geboren 1959 in Daun/Eifel, Studium der Politik, Publizistik, Pädagogik in Mainz und Frankfurt, Chefreporter für das SWR Fernsehen und SWR Mainz Fernsehen; Vorsitzender der Organisation netzwerk recherche; jüngste Veröffentlichungen: Die stille Macht, Lobbyismus in Deutschland (hrsg. zus. mit Rudolf Speth), 2. Aufl. Wiesbaden 2004, (hrsg.) Mehr Leidenschaft Recherche, Wiesbaden 2003.

Milosz Matuschek
Geboren 1980 in Bytom/Polen; siedelte 1983 mit seiner Familie nach Bergen/Chiemgau um. Seit 2001 Jura- und Politikstudium in München und zur Zeit in Paris. Gründungsmitglied des Debattierclub München e.V., Matuschek nahm an zahlreichen Debattenturnieren im In- und Ausland teil und organisierte an der Münchener Universität öffentliche Rededuelle mit Professoren und Politikern (www.debattierclub-muenchen.de, www.vdch.de).

Dr. Anna Mitgutsch
Geboren 1948 in Linz, Studium der Germanistik und Anglistik in Salzburg, Dr. Phil. 1974. Lange Jahre Auslandsaufenthalte und Lehrtätigkeit an Universitäten in England, USA, Israel, Korea. Seit 1985 freischaffende Schriftstellerin, lebt in Linz und Boston. Writer-in-residence an verschiedenen amerikanischen Universitäten. Literaturwissenschaftliche Publikationen, Essays (Erinnern und Erfinden, 1999) und Veröffentlichungen von sieben in mehrere Sprachen übersetzten Romanen, zuletzt: Haus der Kindheit 2000, Familienfest 2003. Inhaberin verschiedener bedeutender Literaturpreise, darunter Anton-Wildgans-Preis 1992, Solothurner Literaturpreis 2001, österreichischer Würdigungspreis 2000.

Katharina und Helmuth Rose
Katharina Rose, geboren 1980 in Hamburg, in der Ausbildung zur Erzieherin, Berufsziel Projektentwicklerin im sozialen Bereich; Dr. Helmuth Rose, geboren 1941 in Posen, Diplompsychologe und Diplomvolkswirt, Promoter mehrerer Wohnprojekte, langjährige Forschungstätigkeit als Arbeitspsychologe in der Industrie.

Zum Kollektiv im Wohnprojekt Lurup der Brachvogel eG Hamburg gehören neben Katharina und Helmuth Rose mehrere hinsichtlich Alter, Familienstand und Beruf unterschiedliche Bewohnerinnen und Bewohner: Susanne Bettenhausen, Regina und Tomas Ciura, Gisela und Bodo Falk, Christiane Gerth und Jörn Tengeler, Almut Isbary und Ralf Baron, Kai Kuhlmann, Elke Kraake, Kersten Kraake und Andreas Zillen, Marianne Nußpickel und Andreas Werda, Cornelia und Ralf Sadewater, Susanne Sailer und Manfred Eger sowie Sabine Tengeler.